感谢国家社科基金（17CTY006）、广东省社科项目（GD19YTY04）、广州市社科联"羊城青年学人"项目（18QNXR02）、中央高校基本科研业务专项青年教师培育项目（19wkpy21）的资助。

| 国 | 研 | 文 | 库 |

武术教育集群战略转型研究

——基于中华"合"文化

康 涛 —— 著

光明日报出版社

图书在版编目（CIP）数据

武术教育集群战略转型研究：基于中华"合"文化 /
康涛著 . -- 北京：光明日报出版社，2021.9
ISBN 978 - 7 - 5194 - 6236 - 9

Ⅰ . ①武… Ⅱ . ①康… Ⅲ . ①武术—体育教育—研究
—中国 Ⅳ . ①G852 - 4

中国版本图书馆 CIP 数据核字（2021）第 160739 号

武术教育集群战略转型研究：基于中华"合"文化
**WUSHU JIAOYU JIQUN ZHANLÜE ZHUANXING YANJIU：
JIYU ZHONGHUA "HE" WENHUA**

著　　者：康　涛

责任编辑：曹美娜　　　　　　　　责任校对：叶梦佳
封面设计：中联华文　　　　　　　责任印制：曹　净

出版发行：光明日报出版社
地　　址：北京市西城区永安路 106 号，100050
电　　话：010 - 63169890（咨询），63131930（邮购）
传　　真：010 - 63131930
网　　址：http// book. gmw. cn
E - mail：caomeina@ gmw. cn
法律顾问：北京德恒律师事务所龚柳方律师

印　　刷：三河市华东印刷有限公司
装　　订：三河市华东印刷有限公司
本书如有破损、缺页、装订错误，请与本社联系调换，电话：010 - 63131930

开　　本：170mm×240mm
字　　数：230 千字　　　　　　　印　　张：16
版　　次：2021 年 9 月第 1 版　　　印　　次：2021 年 9 月第 1 次印刷
书　　号：ISBN 978 - 7 - 5194 - 6236 - 9
定　　价：95.00 元

目 录
CONTENTS

绪　论

转变发展方式，是当今中国和世界一个极为重要且无可争议的关键词，从国家到城市，从城市到企业，无不面临着各种转型和革命。社会发展是一个连续与变迁、累积与更迭的动态变化过程，同时伴随着社会的转型。而教育本身，就是一项长期的战略性的活动，武术教育集群战略转型的实质，从深层次讲，就是为了顺应"科教兴国""加快发展"及"中华民族伟大复兴"的社会发展目标而进行的战略活动。

第一节　选题缘由

一、问题的提出

武术是中国人民在长期的社会实践中不断积累和丰富起来的一项宝贵的文化遗产。当代中国承担着民族复兴与文化复兴的历史重任，青少年是中华民族伟大复兴中国梦的筑梦人，中国的教育不仅要培养身心健康的人才，更要重视学生对传统文化的传承。由此，学校体育与中国传统文化的典型性代表——武术，就成为当代中国教育乃至中国社会发展进程中至关重要的元素。学校武术作为武术文化传承的主渠道，是中国武术教育发展的基石。随着教育国际化进程不断地深入，学校武术教育的发展暴露出了严重的问题，状况不容乐观。国家体育总局对全国共 30 个省、自治区、直辖市的 252 所普通中小学（其中有的中学含高中、初中、小学）进行了抽样调查，① 70.3% 的学校没有开设武术课。而作为我国基础武术教育单位的武术学校，所面临的困境和存在的问题更加突出，随着国家对社会力量办学的政策鼓励支持，大大小小的民办武校日益增多，规模与效益等问题随之凸显，影响了我国武术学校的整体发展。有的武术学校招生困难，运营不畅，甚至停办关门，不利于武术文化的推广普及，若不加以重视，武术这块中华民族的金字招牌将后继无人，优秀传统武术文化将岌岌可危。

1982 年，国家体委在北京召开了第一次全国武术工作会议，允许民间开办武术馆校授拳传艺，给社会武术馆校的发展注入了激励因素。随后，随着电影《少林寺》的热映，中国大地掀起了一阵习武热潮，武术学校开始迅猛发展。改革开放以来，武术学校由家庭庭院式的拳脚教育形式转化为担当人才培养重任、实施学历教育的正规教育形式，在普及群众性武术活动、传承发扬中华优秀传统文化方面发挥着重要作用。伴随着改革开放，在"武术热"的带动之下，各色各类武术学校如雨后春笋般蓬勃发展。据国家武术运动管理中心不完全统计，在鼎盛时期，全国有各类武术馆校 13000 余所，在校生近百万人。尽管我们可能对这些数据的可信度存有质疑，但数据所反映的现象却是真实存在的。然而，从国家层面到个体武术学校，都缺乏相应的战略发展规划，没有具体明确的发展目标，对于如何进行战略定位、实施发展构想、改进提高武术学校整体发展状况没有清晰的思路和设定，缺乏战略管理理念和实践经验，致使我国武术学校的发展思路不清、定位不明、质量不高。无节制的扩张和盲目办学，使得骤然增加的武术学校办学目的模糊、办学硬件不足、教学软件不硬、教育质量低下、生源恶性竞争，致使武术学校的形象在人们心目中逐年降低，因此导致的后果则是求学人数逐年减少，而倒闭的学校数量却逐年增加。2006 年起，武术学校的发展就呈现出了没落状态，全国许多武术学校纷纷转型变为以文为主（如南山教育集团）的学校，有的甚至直接转型为职业

---

① 《关于学校武术教育改革与发展的研究》课题组．我国中小学武术教育状况调查研究［J］．体育科学，2009（3）：82 – 89.

技术学校（如湖南娄底潇湘职业学院），而一些办学效益低的武术学校开始关门、倒闭。然而，在生源锐减的大趋势下，河南省登封市的武术学校教育集群却能逆着潮流稳步向前发展，生源不但没有减少，反而增加。更为难能可贵的是，登封的武术学校始终贯彻德才兼备、文武双全的办学宗旨，坚持文武协调发展，而没有在全国武校以文为主、武为特色的主旋律下，削减武术教学内容，或把武术作为课后或空余时间的学习内容。没有高素质管理人才，缺乏现代学校的管理制度，是什么力量让登封的武术教育集群长盛不衰？用主流的西方管理理论确实很难解释，但登封武校确实有其自身无比强大的竞争力，在行业中保持了长期的优势，犹如少林武功的劲猛力实、刚健有为。如何挖掘、整合、培育、提升这种优势力量，使登封武术教育集群保持长久的生命力，进而为我国其他地区的武术学校提供理论和实践上的借鉴，值得研究者深思。未来若干年将会成为中国武术学校生存与发展的重大考验期和转型期，对于每一所武校来说，这都不仅是考虑学校发展优与劣的时期，而且是看其能否存活且长期健康发展的关键时刻。社会经济文化的变迁以及教育思想观念的转变，给武术教育产业的发展带来了新的挑战，如何转型发展、提高办学质量、增强竞争能力成为关系当代武术教育生死存亡的必然需求。近年来，跆拳道、空手道、泰拳等境外武技的文化冲击，占领了部分习武群体资源，以东方传统文化为背景的武术学校，亟待探索出一条务实的、符合我国国情的武术教育产业特色发展战略思路，以促进中华武术文化的大繁荣、大发展。

在对各地武术教育行业进行实地调查时发现，我国武术学校整体暴露出规模小、管理差、教学质量低下等乱象。在这里，怀着对中国武术学校未来发展和武术教育前景的忧思，展开对武术学校战略管理实践的研究，通过实地调查我国武术教育集群的发展现状，摸清其发展中存在的问题并深入剖析成因，进而探讨武术教育集群发展的机遇与挑战；分析其战略转型的必要性，结合内外部战略环境对办学目标、思路、权限进行探讨，通过实证研究分析武术教育集群未来发展的转型方向，并借鉴成功转型的武校案例进行经验总结，提出武术教育集群战略转型的相关政策建议。划分致力于拓展武术教育管理的研究疆域，进一步增进对武术教育产业战略管理的系统认识，探寻可以解决武术教育集群发展的具体对策及措施。

二、研究意义

（一）理论意义

我国武术教育产业如何发展，成为传统武术文化传承和民办教育发展共同关注的话题。随着社会环境的新变化和外来武技的强势冲击，武术教育和武术学校的发展面临着新的形势与挑战，也肩负着更大的责任和担当，许多新的问题需要从新的视角展开探讨，并做出新的理论诠释。本次研究以组织转型理论为支撑，从战略管理的视角对登封市武术学校发展的战略环境、战略规划、战略选择、发展模式、管理创新等方面进行深入分析，有利于拓展院校管理和武术教育研究的视角，促进研究思维的转换。回顾以往关于武术教育产业发展的研究，大多是基于局部的某些具体问题进行的微观研究，较少从武术教育集群的整体发展战略和武术教育系统发展的角度展开宏观研究。武术学校如何予以总体控制、合理布局以及提高办学效益和质量的问题亟待研究者进行宏观系统的研究，提出武术学校健康发展的正确方向。本次研究所归纳的武校管理理论是在中华传统合文化的基础上对现有战略管理理论的辩证补充和强化，其内在的管理思想是新颖的、务实的、开放的，研究在传统文化的基础上针对武术学校的资源状况和我国制度转型构建了武术教育集群发展战略转型分析的框架，是对主流战略管理理论的拓展与延伸。

（二）现实意义

武术教育行业不仅为竞技武术培养了大批人才，而且对弘扬中华民族优秀的传统文化、普及群众性武术活动、提高全民健康水平起到了积极的推动作用。在武术产业化发展的趋势下，武术学校对当地的经济发展具有一定的带动作用。同时，武术学校相关产业还能直接带动当地交通、运输、金融、商业、饮食、服务等行业的发展。所以，一些地区武术学校的生存发展情况将关系到地方经济文化的兴衰。作为改革开放后的新生事物，武术学校如何健康持续地发展已成为迫切需要研究和解决的重要课题。

本次研究旨在通过分析武术教育集群的发展状况，对其进行全面评价，特别针对办学理念、市场环境、营销管理和法律法规等制约武术教育行业发展提升的因素进行了深入剖析，探寻其发展困境的症结所在。武术教育集群战略转型的理论基础来源于中国国情和文化背景中新兴的"中国的管理理论和实践"，本次研究为组织转型理论提供了进一步的实证研究支持，依据战略转型理论来建立武术教育集群的竞争优势，弥补其竞争劣势，针对性地提出对策建议，为武术教育集群的规范办学、良性发展，提高教育质量和办学水平建言献策，以期更好地推动我国武术教育行业的整体发展，传承弘扬中华武术文化。同时，本次研究对加强武术人才的整体素质培养及规范社会力量办学机构的管理具有重要的现实意义。

第二节 核心概念界定与理论基础分析

一、核心概念的界定

（一）武术

武术作为中国传统文化的象征和金字招牌，是中华民族在漫长的社会实践中不断积累、丰富起来的一项宝贵的文化遗产。它独特的攻防技击、健体养生功效和深厚的文化底蕴，不但深受国人喜爱，而且受到了各国人民的青睐。武术作为我国具有广泛社会基础的传统体育活动，迄今已有漫长的历史。但是，不同时期人们对它的认识不尽相同。"什么是武术？"这样一个关于武术本体的基本问题，不仅世人不好作答，觉得既熟悉又陌生，也一直让武术工作者感到困惑。2009 年 7 月，武术定义和武术礼仪标准化研讨会在河南省登封市召开，笔者也有幸参加了研讨会，由国家体育总局武术运动管理中心召集国内有关学者经过反复讨论、推敲后所做出的

"武术"的定义是:"武术是以中华文化为理论基础,以技击方法为基本内容,以套路、格斗、功法为主要运动形式的传统体育项目。"①

概念是反映事物特有属性的思维方式,是认识事物的起点。要了解和认识武术,首先应从其概念入手。中华武术源远流长、内容丰富。由于武术门派林立、流派众多,致使人们有时会被它的形态万千所迷惑,混淆其与其他体育类项目。武术的根基是中国传统文化。"文化影响技术,技术反映文化。"武术作为中国传统文化孕育的一支民族奇葩,必然与生俱来沿承了中国的文化精神和历史积淀,武术的整个渊源就是中国传统文化,习练武术就是直观地体悟中国文化,所以这也是它受到世界人民普遍喜欢的根本原因。武术通常以打、踢、拿、靠、摔等攻防技击动作为素材,套路是其对实战格斗动作的提炼,将假想模式的攻防技击进行集合,是武术实践的经验总结,所以一招一式必然有其特定的攻防技击用意,通过练习武术套路可以培养练习者的实战技击意识。例如,在武术功法练习中有"石锁功",在《少林七十二艺》中就专门记载了它有锻炼两臂提掖之力的功效,属武术硬功范畴。武术功力的锻炼目的就是增强人体的攻击力度和抗击能力,以武术技击为核心,是武术的主要组成部分和表现形式。武术界素来就有"练拳不练功,到老一场空"一说,为了加强各界人士对武术功力的认识,国家体育总局武术运动管理中心、中国武术协会从 2004 年起每年举办"全国武术功力大赛",众多民间习武者踏进赛场,展示武术功法的魅力,也深刻地体现了武术功力在武术习练中所占的重要地位。由此可以看出,诸如此类的功法练习形式,其最终的目的都是为了提高武术技击的能力,应该将其划分为武术范畴。概念界定清晰了,就能准确地区分武术与其他体育项目或游艺杂技类等项目。②

自 20 世纪 30 年代有人提出"武术"之定义以来,人们对"武术"的概念已有诸多表述,武术界人士总是喋喋不休地论争,武术概念的认识也

---

① 周伟良."武术"定义的新成果 [J].中华武术,2009(8):34.
② 康涛,马麟.我国武术非物质文化遗产传承发展的思考 [J].中国学校体育(高等教育),2015(3):13-17.

在不断地衍化。武术最早同源于狩猎、战争中的实用技术，后来随着不断地总结发展和适应需求，从形式到内容有了很大的变化，但是技击这一精髓却万变不离其宗。"武术以技击为主要内容"，表达了它的本质属性，无论是套路还是格斗，都离不开攻防技击。这一特性使它既有别于舞蹈、杂技等人体运动形式，也有别于体操等体育项目。当然技击并不是中国独有的，它是人类从本能需要到文明需要必然出现的技能和文化。如角斗、拳击、击剑、泰拳、空手道、跆拳道、桑勃、摔跤等，也具有技击攻防的属性。重要的是华夏民族，炎黄子孙长期以来，在自己的土地上，以自己的实践，按照自己的需求，总结出了自己的传统技击术，诸如踢法中有蹬、踹、铲、截、弹、缠、扫、挂、摆、点、弹、踩、撅等，打法中有冲、撞、挤、靠、崩、挑、劈、砸、贯、撩、盖、鞭、抛、抄、钉、砍、插、穿、标等，踢打摔拿击刺六法中都有许多丰富的技击法，各地域、各拳种又不尽相同。此外，武术中的擒拿法、快摔法、桥法、十八般兵器的击法等，均有其独到之处。武术的技击属性，反映了武术概念的内涵。①

　　一个概念界定能否成立，还必须经受逻辑验证，其中最重要的是看其是否阐明了被定义概念的内在本质属性以及是否涵盖了它所概括的内容形式。大约自 20 世纪 90 年代开始，有关武术的概念成为武术理论研究中的一个热点，不少论著纷纷提出自己的观点，由国家体育总局武术运动管理中心所做出的武术概念定义与以往的武术概念定义相比，有了三点突破：一是在武术的表现形式上强调除套路、格斗外，功法同样是武术运动形式的有机构成，弥补了原定义中外延的不足；二是去掉"传统体育"后的"项目"二字，更突出了武术文化归属的社会性；三是去掉了非概念定义要求的"注重内外兼修"几字，使其更符合逻辑学有关定义的要求。另外，该定义的逻辑顺序清晰，文句简洁明了。从逻辑学上认识，中国传统体育是武术的上属概念，武术的套路运动和格斗运动则是概念的外延。比

---

① 康戈武. 中国武术实用大全［M］. 北京：今日中国出版社，1992：7-13.

较确切的提法，体育项目中的武术应称其为武术运动。① 武术与其他体育项目的共性是它们都以身体运动为特征，都有着强健体魄的共同价值，但武术也有着与其他体育项目不同的个性特点，如鲜明的中国传统文化特色、攻防再现性和表现性兼修的本质特点、多样性统一的运动形式特点、整体统一的运动观念特点。由于武术以中国传统文化为理论基础，其技术和技法都受到了中国传统文化的严格规范，促成了武术与西方体育既相同、又有异的运动特征。因此，本次研究完全赞同国家体育总局武术运动管理中心对武术所做出的定义，整个研究将沿用此定义及相关概念。

（二）武术学校

武术学校的诞生和发展与过去各种武术组织馆社有本质上的区别，虽然它们都是习练武术的专门机构，都以培养武术专门人才为主要目的，但二者从办学性质到内容、形式都很大的差别。从掌握的文献和资料来看，"武术馆校"与"武术学校"交替使用的情况时常出现，这其中也包括政府职能部门下发的规定公文。一直以来，这种把两个名词等同的情况，导致人们通常将武术学校与武术馆、武术拳社等概念相混淆，也使武术学校在管理上出现了权责不清等问题。武术学校是教育机构，不同于武术馆、拳社、武术辅导站等社会武术组织，它以学校的形式存在，就必须遵循我国的教育方针，遵守教育行政法规，符合国家对学校的各项基本要求，要根据国家规定开设文化课程，进行文化知识学习。武术学校的培养对象是青少年学生，最终目的是使每个受教育者都能成为对社会发展有益的人，而武术馆、拳社、武术辅导站等社会武术组织则是以培养群众武术爱好和武术技能为目的，进行非学历武术训练和武术学习的机构，它的对象是武术爱好者，目的是满足人们对习武的需求，同时推动社会武术运动的发展。

国家公安部、教育部、国家体育总局在 2000 年 7 月下发的《关于加强

---

① 周伟良. 武术概念新论［J］. 南京体育学院学报（社会科学版），2010，24（1）：10-13.

各类武术学校及习武场所管理的通知》① 一文中也指出："武术学校是指经县级以上教育行政部门按照学校设置标准设立，实施武术理论教学、进行武术技能训练，具备颁发学历文凭资格的各级学校。"首次明确了武术学校与习武场所的区别。武术学校与其他学校的武术专业不同，它是社会力量办学的形式之一。社会力量办学是指企事业单位，社会团体及其他社会组织和公民个人利用非国家财政性教育经费，面向社会开办学校及其他教育机构的活动。很多体育部门的主管负责人也认为，武术馆和武术学校一样，只是同一事物的不同称谓而已，都是由有关行政部门按照学校标准设立，以培养武术专业人才为主要目的，在学习文化课的同时，实施武术理论教学、进行武术技能训练，具备颁发学历文凭资格的学校。在国家有关教育、行政部门下发各种文件时，如《武术馆校的教材》《武术馆校的文件》《关于武术馆校的暂行规定》等，也都把它们看成同一事物来要求执行。在调研中还发现，一些地方的行政管理部门，包括学术研究机构，甚至把有武术项目的公办体校都划归到了武术学校的范畴。虽然目前还没有准确可靠的武术学校统计数据支撑，但研究对以往主管部门、学术研究所宣传的"全国武术学校有超过万家，顶峰时达到 13000 家"的数据存有较大质疑，因为在估算时，一些武术辅导站、武术馆、武术俱乐部、武术组织，甚至是体育运动学校都被统计入内。譬如北京什刹海体育运动学校，虽然这里培养、走出了李连杰这样的国际功夫巨星，但从办学性质上来说，它却是北京市体育局所属的"国家级重点中等职业学校"。国人所熟知的乒乓球国手王涛、张怡宁、马龙，跆拳道奥运冠军罗薇等都出自该体校，李连杰的恩师吴彬也是在这里培养出了甄子丹、吴京等国际功夫明星和左娟、孔祥东、刘清华这样的世界武术冠军。但我们也并不能够因为它的名气大，就把它划归为武术学校的范畴。

相关机构、学者对"武术学校"的提法大致分为以下五种：第一，安

---

① 公安部、教育部、体育总局关于加强各类武术学校及习武场所管理的通知［J］. 教育部政报，2000（9）：402 – 404.

徽省体育运动委员会1998年发布《安徽省社会武术管理办法》①，文件中明确规定："凡以培养武术人才为目的，在学好文化知识的同时，根据武术专业人才业务规定的要求，系统学习武术理论，进行武术技术训练，并具备颁发学历文凭资格的武术教育机构，称为武术学校。"第二，国家公安部、教育部、国家体育总局在2000年7月下发的《关于加强各类武术学校习武场所管理的通知》② 中指出，武术学校是指经县级以上教育行政部门按照学校设置标准设立，实施理论教学，进行武术技能训练，具备颁发学历文凭资格的各级学校，首次明确了武术学校与习武场所的区别，即武术学校是教育机构，不同于过去的武术馆、拳社、武术辅导站等社会武术组织，它以学校的形式存在，必须遵循我国的教育方针，进行九年义务教育，遵守教育行政法规，根据国家规定开设文化课程，它的培养对象是青少年学生，最终目的是使每个受教育者都能成为对社会主义建设有用的人才。③ 第三，江百龙、黄治武的《我国民办武术学校兴起的社会学原因探微》④ 认为，"所谓武术学校是以培养专门人才为目的，在学好文化知识的同时，根据武术专业人才培养质量的要求，系统学习武术理论，进行武术技术训练，并具备颁发学历文凭资格的武术教育机构；与武术馆明显分了开来，而武术馆是以培养武术专长为目的，开展非学历武术技能训练，并进行武术理论知识学习的武术培训机构。"它们之间有着本质的区别，一种是学历教育，另一种则是非学历教育，这就界定了各自的办学性质。第四，李萍的《论新形式下武术学校的作用》⑤ 中认为武术学校是指经县级以上教育行政部门按照学校设置标准设立，由社会力量举办，以培养武术专业人才为主要目的，在学习文化知识的同时，实施武术理论教学，进

① 法律法规网.安徽省社会武术管理办法［EB/OL］.法律法规网，1998-05-20.
② 公安部、教育部、体育总局关于加强各类武术学校及习武场所管理的通知［J］.教育部政报，2000（9）：402-404.
③ 姚丽华.河南省武术学校现状与对策研究［D］.开封：河南大学，2001.
④ 江百龙，黄治武.我国民办武术学校兴起的社会学原因探微［J］.武汉体育学院报，2005（2）：70-73.
⑤ 李萍.论新形式下武术学校的作用［J］.体育文化导刊，2005（1）：16-18.

行武术技能训练，具备颁发学历文凭资格的各级学校。第五，晃岳春在《山东省武术（馆）学校现状与对策研究》①一文中指出："武术馆和武术学校一样是由社会力量办学，经县级以上行政部门按照学校设置标准设立，以培养武术专业人才为主要目的，在学习文化课的同时，实施武术理论教学、进行武术技能训练，具备颁发学历文凭资格的各级学校。"

马克思曾说过，一物的属性不是由该物同他物的关系产生，而只是在这种关系中表现出来。② 有介于事物的联系或关系是多种多样的，每一种事物都有多种属性，而本质属性是多种属性的统一。毫无疑问，武术学校的属性也是在武术教育与其他社会活动关系中才能表现出来的，即通过相互之间的作用、比较而暴露和显现。由此亦可见，相互作用、比较的条件和情形不同，武术学校表现出来的属性亦不相同。从武术学校本身内在所包含的诸多要素来看，要素与要素之间存在着复杂的作为，同时，与其他多种社会因素还有种种直接或间接的关系。因而武术学校蕴含着极为丰富的属性，社会性、文化性、产业性、价值性、适应性、职业性等都是武术学校的属性，它的本质属性则是多种属性的统一，即武术教育特色。武术教育属性既然是教育的感性特质和一般性质规定的，那么，也就是教育的表面特征和内在联系。它的表面特征是通过其表面形象来显现的，它的内在联系是由其内部因素构成的。由此可见，武术学校的本质属性就是武术教育的表面形态和内部因素的联系。分开来说，武术教育的表面形态是教育的属性，武术教育的内部联系也是教育的属性。在客观上，武术教育的外属性是显而易见的那些感性特质和表面形态，是通过人的感官知觉便可发现的，如武术技艺传承、武术训练教学等，这些属性常以显现的方式存在；而武术教育的内属性是因由武术教育的内在联系而决定的，故不易觉察，难以发现，常以潜在的方式存在。不论是外属性还是内属性都是武术教育本身固有的性质特征，都是武术学校本质在不同的条件下的表现，而

---

① 晃岳春. 山东省武术（馆）学校现状与对策研究［D］. 桂林：广西师范大学，2007.

② 马克思，恩格斯. 马克思恩格斯选集［M］. 北京：人民出版社，1995：72.

非由它物所给予的。武术学校是当前我国民办教育机构中的特殊形式，它既有民办教育的一般属性，又与其他类型的民办教育机构存在诸多不同。

研究提出武术学校的概念具有广义和狭义之分：广义的武术学校是指由社会力量开办，以武术理论和技能为学习内容的教育机构，都可称为武术学校。社会力量办学是指企业事业组织，社会团体及其他社会组织和公民个人利用非国家财政性教育经费，面向社会开办学校和教育机构的活动。就像早期的武术馆、学校、社、辅导站等机构都属于这个范畴。狭义的武术学校即由社会力量办学，以培养文武兼备的武术人才为主要目的，在学习文化课的同时，以武术为特色，进行系统的武术理论学习与武术技术训练，并具备颁发学历文凭资格的武术教育机构。这部分武术学校是本次研究的范围。

（三）战略转型

国内外学者对战略转型的概念从不同的角度各抒己见，一直没有明确界定战略转型的含义。[1] Levy 和 Merry 认为战略转型是因为企业经营出现了问题，为了求生存，企业必须在包括组织的使命目标、结构、企业文化等方面做出重大改变。Shaheen 认为战略转型是整个组织在价值、形态、态度、技巧及行为上的转移，使组织更有弹性，即能适应环境的各种变化。同时提到转型的主要目标是企业在经过一段时间的努力之后，能大幅度改善绩效，并能持续维持竞争力。[2] Harrington 通过对航空公司战略转型的案例研究也说明了战略转型的实质是产生一种新的经营模式，它需要公司高管层具备对外部环境的快速反应能力，能创造性地抓住并利用竞争对手暴露出来的风险机会。[3] 从国内研究来看，复旦大学的芮明杰认为战略转型是企业组织通过其构成要素及要素间关系的变动，形成了一种与环境

---

① 唐健雄. 企业战略转型能力研究［D］. 长沙：中南大学，2008.

② 张国有. 战略转型——全力以赴迎接新趋势［J］. WTO 经济导刊，2005（5）：86.

③ 武亚军. 90 年代企业战略管理理论的发展与研究趋势［J］. 南开管理评论，1999（2）：3-9.

动态适应的新结构。① Bossidy 和 Charan 认为企业战略转型是一种经营模式的变革，② 北京大学的张国有与他们的观点相似，他指出企业战略转型不仅仅是企业业务领域和组织结构的变革，更重要的是经营模式的变革。③

　　战略转型并非仅仅改变战略的内容，如业务数量的增减（Goodstein 等，1994；Yokota &Mitsuhashi，2008）、竞争战略类型的变化（Boeker，1989），而且包含构成企业战略的其他组织要素，如企业文化、组织结构与管理体系等方面发生的战略性变化（Greiner & Bhambri，1989）。换句话说，战略转型本质上是那些构成特征战略类型的组织要素的"重新构造"（Gray & Ariss，1985）。与一般的战略变化不同，战略转型更加强调形成企业战略的多个组织要素的系统性变化，而不是单一要素的改变；战略内容的变化仅仅是战略转型的一个方面，那些引发或支撑战略内容形成的要素的变化，也是战略转型的表现形式。综上所述，战略转型是指以实现那些构成战略的组织要素之间的匹配为目标，系统性地改变原有战略要素的特征或要素结构，从而使企业的战略定位或战略制定过程发生改变的战略行为。

　　综合上述各种观点，结合武术教育行业发展的实际情况，本次研究认为武术教育集群战略转型主要是办学经营模式的变革；认为战略转型是为应对内外环境的变化而做出的决策。将武术教育集群战略转型定义为该集群为了应对复杂的动态环境的变化，谋求未来生存与发展的竞争优势，结合自身的资源和能力，使发展战略内容或形态发生状态上的根本变革或转移的过程。在此期间，无论武术教育集群所处的外部环境，还是内部资源与能力都在发生变化，为应对内外环境的变化就需要不断做出决策，武术教育集群的生存与发展情况取决于学校快速识别环境和市场变化而做出迅速反应的能力。因此，武术教育集群战略转型是其与变化着的环境不断对

---

① 芮明杰，胡金星，张良森. 企业战略转型中组织学习的效用分析 [J]. 研究与发展管理，2005（2）：99－104＋118.
② 武亚军. 90 年代企业战略管理理论的发展与研究趋势 [J]. 南开管理评论，1999（2）：3－9.
③ 张国有. 企业战略的根基 [J]. 企业文化，2007（3）：39－41.

话的过程，在这一过程中武术教育集群基于长远发展的需要会对其战略内容进行重大调整，改变原来的资源投向，形成新的办学经营模式。同时，战略转型是武术教育集群平衡内外各种复杂利益关系，使发展战略目标与内部资源、外部环境保持动态平衡的过程，只有实现了三者的动态平衡，才能确保武术教育集群的健康可持续发展。

二、理论基础与应用的可适性分析

（一）"合"理论

在过去的四十多年里，一批在美国接受过系统研究训练、熟练掌握西方管理体系的华人学者，将管理理论与中国情境结合，通过检验、拓展的方式，以案例与实证研究为手段，在西方管理理论体系中延展出了具有中国特色的部分，被称为"中国的管理理论"。① 然而，这种洋为中用的思路，在面临中国独特的制度环境、经济环境、人文环境时，却始终显得力不从心，具有东方文化背景的全新管理理论或管理范式（管理的中国理论）呼之欲出。② 近年来，海内外华人学者也试图将中国文化中的"和合""共生""演化"思想引入到西方的管理理论体系中。最近几年，国际企业管理学者陆亚东教授在多个国际、国内管理论坛上提出了中国式管理中的"合"理论主张，并鼓励本土学者将这一理论细化、深化，使之成为真正具有中国特色、被国际管理学界认可又能为其他新兴市场（或转型经济体）的企业所借鉴的一种原创管理理论。③ 本次研究就是基于这一思路并在呼吁上述成果的基础上，试图较完整地发展基于合文化背景的武术教育集群的"合"战略转型模式。"合"理论关注的是我国那些正处在发展过程中、仅拥有普通资源的本土企业如何通过"合"来获得不普通的结

---

① 陆亚东．中国管理学理论研究的窘境与未来［J］．外国经济与管理，2015，37（03）：3 - 15．

② 陆亚东，孙金云．复合基础观的动因及其对竞争优势的影响研究［J］．管理世界，2014（07）：93 - 106 + 188．

③ 陆亚东，孙金云，武亚军．"合"理论——基于东方文化背景的战略理论新范式［J］．外国经济与管理，2015，37（06）：3 - 25 + 38．

果，它阐明了仅有普通资源的中国企业应遵循的独特的发展路径——通过创造性地利用"合"（包括复合、联合、结合、相合）来建立其优势或者弥补其劣势，从而创造出适应市场的快速响应、高性价比、复合式服务等独特的竞争优势。①

首先，"合"是一种组合能力和动态能力。西方的思维逻辑特别注重分析和严谨性，而东方的思维方式则与此不同。道家强调"道可道，非常道"，认为万事万物的规律是普遍存在的，然而语言概念却无法表述其深隐幽微的本质；佛家禅宗也有同样的表述，认为"微妙法门，不立文字"，故有"拈花微笑"的公案传承；对后世影响更大的儒家则强调"因材施教"，所以孔子在一生中回答弟子什么是"仁"的定义时，给出了十余次不同的答案。无论是道家的"无"、儒家的"有"还是佛家的"空"，均避讳通过严谨的文字表述给出清晰的答案。但是与其他现代管理理论一样，"合"理论有其清晰的定义，即"合"是一种需要体悟的思维逻辑，它强调在有限的条件下，企业家通过独特的视野，充分把握市场机遇，对已有资源进行更加开放式的整合和创新式的复合，借势取势，以创为导，以联成势，以融为根，从而实现竞争优势的有效提升。这一思路与大卫·蒂斯（David J. Teece）提出的"企业整合、构建和重组内外部资源以修正运营操作能力即为动态能力"的概念异曲同工。因此，"合"对于组织而言既是一种组合能力，又是一种动态能力。

其次，"合"是一种商业模式创新与管理创新。成本领先战略依赖于组织的成本控制、大规模制造和大规模扩张的能力，而差异化战略则依赖组织的创新能力、顾客关系管理能力等。在核心能力—竞争优势的因果逻辑中，能力的构建成为必要条件。但这样清晰简单的分析框架对于能力和资源一般的组织，就显得力不从心了。将有限的能力和资源创造性地组合，有可能带来更大的协同、更快的市场反应速度和更高的产品或服务性价比。尽管在初期可能会在其他方面体现一定的缺陷，但环境的适配和组

---

① 陆亚东，孙金云. 合则成体——引领东方企业致胜的"合"理论［J］. 清华管理评论，2016（10）：53–59.

织成长的速度可以弥补上述不足。商业模式的创新体现出了"合"理论中强调的组织的发展战略必须与顾客的需求、相关行业发展趋势一致的思想。必须强调的是，"合"作为一种商业模式创新与管理创新，与市场环境变化中出现的一些新的特征是密不可分的。例如，更加开放的市场需求，即出现了许多将"饼"做大的市场机会，使企业不必停留在简单关注"竞争"的零和博弈思维上；新技术、关键零部件等核心生产要素在市场上变得更加容易获取（各类开源的软件、硬件也属于此种情形）；专业服务如工业设计等方面的提升和品牌管理以及物流、渠道体系的改进；商品、服务、信息、资金、人员、数据流的日益全球化、信息化等。以上环境的变化都为以"合"为基础的商业模式创新和管理创新创造了极佳的外部环境和机会。

再次，"合"描绘的是一种新的增长路径，有别于资源基础观。与资源基础观相比，"合"理论在资源特征、构建逻辑、战略选择和竞合理念上均有不同。在资源特征方面，资源基础观强调组织拥有的资源必须是稀有、难以模仿、无法替代的战略性核心资源，如专利技术、品牌、专有渠道、市场控制力和影响力等；而"合"理论则认为，普通的甚至可以通过外部市场公开购买到的资源，通过创造性地复合，一样能够为组织尤其是那些缺乏所谓"战略性核心资源"的"普通"企业带来竞争优势。在构建逻辑方面，资源基础观认为，通过组织内部的创新、鲜明的组织文化、并购以及公司治理结构的完善，可构建符合前述标准的组织资源；而"合"理论则更加强调把资源构建的内生性和外生性相结合，即通过模仿式创新、标杆企业定点超越等内生复合方式，或建立上下游合作、企业联盟等外生联合方式获得超常规的成长，实现快速超越。在战略选择上，资源基础观认为，业务战略的选择源于企业拥有的独特资源；"合"理论则强调在对目标顾客需求深入研究的基础上，不单纯执着于价格或产品的差异化特征，而是为顾客提供相对于竞争对手更高的性价比、更快的响应速度或更广阔的市场覆盖。在竞合理念上，资源基础观强调对来自多方面的竞争关系进行分析，通过构建别人无法取代的地位来获得竞争优势；而"合"

理论并不强调将自身的发展与其他外部力量的成长对立起来，通过与外部组织和业界的生态体系（如供应商、顾客、行业协会甚至部分竞争对手）的联合取长补短，将组织发展的策略选择与外部环境的演化密切结合，使竞争优势的构建更加依赖一种因时而化的组合、联合、相合逻辑而非独特的资源或能力本身。

最后，"合"具有多维度、动态性和辩证性。"合"的思想与主流管理理论存在着思维逻辑上的根本不同，因此可以体现在产业发展的共演、竞争行为的竞合、业务定位的权衡以及公司成长的协同等多个维度上。这种多维度涵盖了组织的内部与外部、个体与集体、战略与文化、单位与个人、过去与未来等多个维度的整合与融合。同时，这种不同随着组织成长阶段和外部环境的变化而不断演进。静态的核心能力面临着不断变化的外部环境的挑战。伴随着互联网和信息技术的快速发展，组织与组织的边界被重新定义，人们可以在虚拟的网络世界以零成本和更快的速度获得海量的信息。并且，各种新型技术（如数字化、3D、生物科技、智能技术等）的跨界运用导致产业的生命周期日益缩短，市场竞争越发动态化。在这种情形下，核心能力的维持变得越来越困难。然而，通过"合"的思想，能动地采用"取长补短""借力打力""跨界整合""借创结合"等策略，将组织自身的短期生存与长期发展目标相结合，能够更加灵活地谋求发展和成长。这种动态性会体现在组织独特的价值理念、知识管理体系和悖论整合的能力上。"合"的思想是辩证的，研究资源的组合利用逻辑并不是否定资源本身的重要性。对于只有普通资源的一般企业，如何充分利用已有的有限资源固然重要，但是随着企业的发展，资源与能力的强化也将成为必然的选择。实际上，"合"的思想为企业逐步培育和提升核心能力、创新能力奠定了稳固的基础。因此，"合"的思想并不是对现有组织管理理论的否定，而是一种辩证的补充和强化。

（二）战略转型的相关理论

战略转型的研究最早起源于西方企业对组织行为理论的研究，后成为组织转型和企业转型研究的一个重要的组成部分。① 国外有关战略转型理论方面的文献，按其研究对象可以分为两大类，一类是一般意义上的对组织转型或企业转型的研究，另一类是对企业战略转型或组织战略转型的研究。组织转型或企业转型的研究始于 20 世纪 50 年代，其中包括对企业战略转型方面的内容研究，但它处于从属的地位。随着企业面临环境的复杂多变性、动态性以及难以预测性的增强，人们对战略管理的发展越来越重视，于是 20 世纪 80 年代中后期开始出现较多的战略管理的文献研究，从根本上研究企业环境变化与企业适应能力之间的关系。② 但是，其中对战略转型的研究相当有限，这与战略管理成为一门独立学科的时间较晚有关。研究从战略转型的表现形式、分类、要素、动因与阻力分析以及转型点理论几个方面入手，对战略转型的相关理论进行梳理，并在此基础上加以评述和总结，以期将相关理论运用于武术教育集群的战略转型实践中。

1. 战略转型理论概述

转型是指事物在发展过程中，由一种发展模式转变为另一种发展模式，从而实现事物由初级走向高级的不断演变。事物的发展需要外部因素的影响和内部能力的推动，这两方面的共同作用形成事物发展的进步。对同一类事物而言，在某一时段由于具体的外部因素和内部能量有所不同，因此每个事物的发展方向和发展状况就不完全相同，从而表现出不同的发展路径。另外，事物发展的过程也是内部能量不断积蓄的过程。在事物发展的各个阶段，会相应出现一种推动事物发展的模式，内部能量的存量不同导致所采用的发展模式出现变化，一旦事物的发展模式能够与当时的内、外部因素相适应，就会推动事物的快速发展。随着时间的推移，一旦内外因素发生改变，以往的发展模式就会不适应新时期的要求，转而阻碍事物的进一步发展，此时事物就会选择新的发展模式，从而导致转型的产

---

① 邱世兵. 中国民族院校转型发展研究［D］. 重庆：西南大学，2012.
② 薛有志，周杰，初旭. 企业战略转型的概念框架：内涵、路径与模式［J］. 经济管理，2012（7）：39－48.

生。① 战略转型的研究最早起源于对组织行为理论的研究，后成为组织转型和企业转型研究的一个重要的组成部分。战略转型的表现形式既包括战略内容的改变，也包括战略制定过程的改变（Ginsberg，1988），战略转型具有"内容"与"过程"的二维表现形式。②

战略内容的转型主要是指企业战略定位、竞争手段与战略行为的变化，结合企业战略的层次结构，主要包括三个层次的战略转型：（1）公司层的战略转型，即公司在经营领域、业务范围与组织边界方面的变革与调整，例如，一体化战略的实施、产品或地域范围的扩展与缩减、公司多元化程度的调整等；（2）经营（竞争）层的战略转型，即企业竞争手段的变革与调整。Smith 和 Grimm（1987）等学者均以竞争战略类型为基础，通过其变化测度经营层的战略转型；（3）职能层的战略转型，即研发、市场、生产、财务、人力资源等企业职能部门战略定位的转变。Zhang 和 Rajagopalan（2010）选择广告费用和研发投入的变化作为战略转型测度的做法就体现了职能层这一层面的战略转型。与企业战略内容或定位相对应的战略转型则为战略过程的转型。Yokota 和 Mitsuhashi（2008）的研究发现，新任管理者是否能够推动战略转型的实施，取决于其是否可以改变战略决策的过程。

战略过程是指企业战略形成与实现的行为，是一系列战略制定与执行的具体活动（Andrews，1971）。根据传统的战略理论，战略制定的过程就是寻求组织内资源与外部环境匹配的过程，而战略执行则是重构组织内的制度保证体系，从而实现与战略定位匹配的过程。因此，战略过程在本质上就是实现战略匹配的目标。换句话说，战略匹配的实现正是对战略过程的调整与转变，即战略转型中的战略过程转型（Zajac 等，2000）。Dutton 和 Duncan（1987）总结了可以表征组织战略制定程序的四个特征：（1）企业所关注的战略问题；（2）战略制定程序的标准化程度；（3）战略制定

---

① 薛有志，周杰，初旭. 企业战略转型的概念框架：内涵、路径与模式［J］. 经济管理，2012（7）：39－48.

② 唐健雄. 企业战略转型能力研究［D］. 长沙：中南大学，2008.

决策者的多样性；（4）战略制定参与者间沟通的频繁程度。其中，第一个特征和第三个特征主要体现了战略决策过程中的视角，而决策视角的改变便体现了战略转型中战略目标与价值观念的改变（Ginsberg，1988）；第二个特征和第四个特征主要体现了企业的管理者制度、组织结构与组织文化。正如 Ginsberg（1988）所指出的那样，那些探索管理制度、组织结构与组织文化变化的文献正是在探索战略制定过程的转型。此外，管理制度、组织结构与组织文化也是战略实施与执行过程中的重要保障机制，这三个方面的转变也从"执行"的层面体现了战略过程的转型。三是战略转型的实施路径。"谁推动了战略转型的实施？"该问题的答案在本质上反映了战略转型的实施路径。如何打破战略刚性、推进战略转型的实施，是理论界与实践界普遍关注的问题。

2. 战略转型的分类①

依据转型的程度或幅度，企业战略转型分为一阶变革与二阶变革。"一阶变革"又称"渐进式转型"，是指企业在保持现有的体制不变的情况下进行渐进式的改变，且随着原行为方式或惯例等路径依赖的自发性成长与发展持续的变革。"二阶变革"又称为"革命性转型"，是彻底、全面、激进式的革命性变革，象征着新结构形式的出现，一般是通过显著且大量战略及结构的变化进行整个系统的转变。前一种方式较后一种方式更为温和，是一种渐进式的改变，一般发生在相对稳定的环境。当环境稳定且管理者有能力预测环境压力与未来的变化时，主要采取"渐进式转型"。后一种方式是一种激进式的变革，一般发生在复杂动态的环境中，即巨变、不连续环境下所引发的系统性的、大规模的转型与变革。20 世纪 90 年代以后，主要由于全球经济一体化与科技的迅猛发展，很多企业经历了大幅度的变革。

按照转型的性质划分，战略转型可以分为产业转移、产业生命周期、行业生命周期、第二曲线、产业链延伸、纵向一体化和多元化经营。所谓

---

① 唐健雄. 企业战略转型能力研究［D］. 长沙：中南大学，2008.

第二曲线，是由美国未来学院院长扬·莫里森（Y·Morrison）于20世纪90年代中期提出的。对一家公司而言，创造公司大部分现金收入的传统业务定义为第一曲线，而随着未来新技术、新消费者、新市场带来的彻底的、不可逆转的变革，企业面临选择新的业务，即"第二曲线"。① 简言之，成长变化就是第二曲线。企业应该根据所处行业生命周期的具体阶段做出正确的战略选择，适时开辟第二曲线。②

从驱动因素和转型的时点来区分，企业转型大致上有这样几种类型：一是危机转型，即企业面临一系列的经营困境，为了摆脱困境，企业不得不采取变革措施，进行战略调整；二是重整转型，包括经营领域的拓展、经营方向的调整、对原有业务的放弃等；三是创新转型，如在企业中引进先进的生产技术、管理方法、打破原有的资源分配体系等；四是前瞻转型，就是企业根据外部宏观环境、客户需求、技术业务的变化情况及发展趋势，为了谋求更加长远、持久的发展，主动摒弃传统的做法，推动企业进行的转型。③ 转型变革既然比变革需要的时间要长，那么企业转型的启动时机就要提前，这样的变革可谓前瞻性转型，反之是危机性转型。可以看出，前瞻性转型是一种主动性变革，它是指环境的变化虽然暂时没有危及企业的生存，但却造成了潜在的严重的危机，在此形式下，企业提前进行的战略转型。而危机性转型却是一种被动性变革，是指企业在经营业绩急剧下降或者出现亏损的危机情况下，被迫进行的战略转型。④ 加拿大麦吉尔大学与美国哥伦比亚大学就此进行了合作研究，发现已知的企业转型案例多数属于危机性转型，因为前瞻性转型需要前瞻型领导者，而且与领导者的心智模式密切相关，而这也是前瞻性转型最大的困难所在。⑤

---

① 金麒，孙继伟. 论第二曲线与企业持续发展战略［J］. 上海经济研究，1999（7）：47–51.
② 唐健雄. 企业战略转型能力研究［D］. 长沙：中南大学，2008.
③ 祝锦祥. 基于能力系统演进视角的企业转型成长过程研究［D］. 上海：东华大学，2014.
④ 唐健雄. 企业战略转型能力研究［D］. 长沙：中南大学，2008.
⑤ 超明. 基于战略转型的广告企业发展研究［D］. 武汉：武汉大学，2014.

3. 战略转型的要素

战略转型的要素包含以下内容：一是战略定位（包括产品类型、客户特征及其产销活动所涉及的地理区域等）与核心专长（组织建立其竞争优势所需要的资源与能力）的改变；二是技术，企业的技术、生产流程设备、作业方法及相关规章制度与政策的改变；三是结构，结构变革主要包括组织结构的改变、个别职务内容的重新设计以及这两者间的权利结构变化；四是人员，人员的理念、技能、知识水平等方面的改变、文化变革以及组织成员共同价值观与行为规范的改变。[①]

技术转型常被视为战略转型的构面之一，虽然以往研究对于技术转型的定义各有不同，但一般均认为技术转型超越了研发战略的范围，大致可分为过程模式与内容模式两型，前者论其规划实施，后者则探讨实质构面。各文献在技术转型内涵与范畴的讨论上虽互有差异，却仍有许多概念相通，包括资源、目标、来源、选择、取得、研发、能力、产品、行动、具体化、管理、竞争等。综合而言，技术转型是投资发展技术资源以及运用技术、管理所需知识能力，以达成目标、创造竞争优势的途径。因此，技术转型是一个长程的、考虑内、外部环境的、以提升竞争能力为考虑的资源使用方式与过程，这也就说明了发展阶段、技术能力与技术发展战略之间的密切联系。[②]

组织结构一般是按照某一规律发展演变的，但权变理论认为，对任何企业来说，在任何情况下都并不存在统一的、且是最佳的组织结构。对一个特定的企业来说，最佳的组织结构形式依赖于它所面临的特定的环境。权变理论认为，当企业的技术特性发生变化时，为适应新的协调需要，企业结构也会发生变化。[③] 技术决定任务的相互依赖程度，为了实现组织的协调，那些交互式依赖的工作应当组织在一起，顺序式依赖的工作应当根据它们彼此联系的方式，以独立单元或以某种正式的联系进行组织，而以

---

① 唐健雄. 企业战略转型能力研究［D］. 长沙：中南大学，2008.
② 曹振华. 企业转型战略管理模型建构与实证研究［D］. 上海：复旦大学，2006.
③ 田宇. 中国电信企业战略转型研究［D］. 沈阳：东北大学，2010.

集合式依赖为特征的工作，则是应该通过它们对公司的贡献联系在一起。越是较高的组织层次，越是需要处理较困难的突发情况，组织最高层所做出的决策，是难度最高的，并且可能是企业面临的所有决策中最不合常规的——即战略决策，高层管理者主要处理用标准组织常规无法轻易做出决策的情况。① 为了减少环境的不确定性，组织结构设计应有助于信息的高效收集。可以把企业分为一些独立的工作团体，让它们分别承担不同的任务或负责不同的市场，而使企业从中获益；另一方面则是企业又需要把这些不同的集团整合到一个公司之中。因此，当设计某种结构时，管理者必须对这二者进行平衡。综上所述，现代化企业新的组织架构应朝向扁平化组织、网络组织及虚拟企业发展。②

4. 战略转型的动因与阻力

Boeker（1989）指出，影响战略转型的动因有三个方面：初始战略的主导地位、权利和影响力在组织中的分布以及组织的所有权结构。而这三个方面因素的特征也决定了战略转型可选择的实施路径，当初始战略的主导地位较强，权利和影响力主要集中于高层管理者手中，并且组织的所有权结构为管理者控制型时，以高层管理者为主要推动者，打破组织刚性，实现"自上而下"的引导与控制；反之，当中低层管理者或员工可以积极有效地参与到战略转型之中时就可以形成"自下而上"的推动与扩散。③

战略转型外部动因。环境对企业与转型的影响，长期以来一直受到人们的普遍关注。研究者们先后对环境的各个层面及因素进行了广泛的研究，随着时代的变迁，关于环境因素对战略转型的驱动作用的研究从来没有间断过，相信还将继续下去。④ 有研究提出中小企业战略转型的六种力量是竞争者力量、科技力量、客户力量、供应商力量、协作者力量和营运规范力量，当它们出现变化时，企业将进行战略转型，重塑企业竞争力，

---

① 徐二明，王智慧. 企业战略管理理论的发展与流派［J］. 首都经济贸易大学学报，1999（1）：25-29.
② 唐健雄. 企业战略转型能力研究［D］. 长沙：中南大学，2008.
③ 周三多. 管理学原理与方法［M］. 上海：复旦大学出版社，1999：97.
④ 彼得·德鲁克. 管理实践［M］. 北京：工人出版社，1989：89.

其转型方式因驱动力的不同而有所差异。广泛而有利的科技变革、国际性的经济整合、发达国家的国内市场饱和等因素成为了市场与竞争全球化的主要推动力。全球经济一体化给企业带来更多机会和挑战的同时也带来了更多的危机和困境，迫使企业通过战略转型，提升自身竞争优势，这样才能更好地适应环境，求得生存与发展。①

战略转型内部动因。从组织理论的观点来看，关于组织转型是如何发生的，大致也可以归纳为"自愿导向"与"自觉导向"两种观点。自愿导向观点属于由内部主导的转型，该观点认为组织转型的起因是为了预先适应环境变化的需求，而在本质上是"自我引导"的自觉导向观点则认为组织转型的发生只是应环境变化的需求。要决定适当的转型战略，首先必须考虑产生转型的原因，该原因可归纳为"战略性因素"与"作业性因素"。继而针对"战略性因素"和"作业性因素"提出转型建议。② 经营者和股东目标的不同会导致有关企业战略定位决策方面的利益冲突，主要表现在两个方面：一是从经营者和股东的主体来看，所有权和控制权的分离在治理结构方面的表现是出现了两类利益相关者——作为特质人力资本所有者的经营者和作为特质非人力资本所有者的股东——分享剩余控制权的局面；二是从政府主体来看，在中国特定的转型经济背景下，政府在治理结构中的作用及其对企业战略所实施的重要影响非常关键。③

战略转型是一个充满风险和变数的过程，战略转型中随时会遇到意想不到的阻力。相关研究表明，战略转型中的阻力是企业变革失败的主要原因之一。企业战略转型的阻力呈复杂多变性，主要包括惯例阻力、员工阻力和技术阻力等。④ 战略转型成果是其推力与阻力之间较量的结果。组织

---

① 邓少军，焦豪，冯臻. 复杂动态环境下企业战略转型的过程机制研究 [J]. 科研管理，2011（1）：60 - 67 + 88.

② 赵春明. 企业战略管理——理论与实践 [M]. 北京：人民出版社，2003：84.

③ 唐孝文，刘敦虎，肖进. 动态能力视角下的战略转型过程机理研究 [J]. 科研管理，2015（1）：90 - 96.

④ 唐健雄，李允尧，黄健柏，王昶. 组织学习对企业战略转型能力的影响研究 [J]. 管理世界，2012（9）：182 - 183.

中的惯例是产生组织惰性的主要原因。通常认为，惯例是组织内重复的、可识别的行为模式，任何组织中几乎都有大量的惯例，它们并没有明文规定，也不靠法律手段强制推行，只是因习惯势力或其他原因而被组织遵守。惯例对企业成长具有积极性和消极性的双重作用。倘若企业没有惯例的存在，那么它无法形成企业的积累性知识和经验，企业无法生存和演进。但是如果企业缺乏对惯例的创新，那么它可能会因命令性或选择性、适应性行为的滞后而被环境选择所淘汰。所以说，惯例深嵌于企业战略转型过程中的组织行为之中，主要表现为由隐性知识组成的组织记忆、组织文化和技巧（如管理者心智模式），易产生知识的路径依赖性，因而难以在企业变革中改变，给企业战略转型造成阻碍。① 在战略转型过程中，员工会因习惯、惯性、对变革未知的恐惧、缺乏战略转型的沟通与理解、担心转型后不具备所需要的工作技能以及忧虑个人既得利益的受损等原因，对变革产生抵制行为。员工阻力主要来自企业高层、中层和基层人员三个方面，且每个层次员工的抵制行为都有各自的特点和原因。战略转型是企业的重大变革行为，涉及员工的切身利益，如果得不到员工的共同参与和支持，转型后的战略将会难以顺利实施。企业战略转型的关键是经营模式的变革，需要企业有较强的技术创新能力，只有依托高价值、高效率、高增长的技术开发和运用，才能使企业获得竞争优势和保持持续发展。因此，企业倘若没有促使自身进行顺利战略转型的技术资源，那么企业就会在战略方向、战略模式以及战略时机方面滞后，从而丧失有利的机会。② 所以，技术与企业战略转型之间的密切关系不仅体现在新的技术可以满足现有企业战略转型的要求上，更在于潜在的技术资源能引领企业未来的发展方向。

① 薛有志，周杰，初旭. 企业战略转型的概念框架：内涵、路径与模式 [J]. 经济管理，2012（7）：39 – 48.
② 李小玉，薛有志，牛建波. 企业战略转型研究述评与基本框架构建 [J]. 外国经济与管理，2015（12）：3 – 15.

5. 战略转折点的理论

在环境变化剧烈的产业中，环境变化的不可预测性会使企业的战略意图和战略行动之间产生不一致。这种不一致常常会导致组织中出现"战略矛盾"，这种矛盾将阻碍产业或公司的战略转型，这是组织面临"战略转折点"的标志。此时，公司新战略意图的有效制定依赖于高层管理者在战略矛盾引起的冲突讯息中获得有效讯息的能力。从理论上来讲，公司"战略转折点"的到来是五种动态力量作用的结果，这些力量是产业内竞争优势的基础（由波特的竞争力量确定）、公司的独特能力或核心竞争力、公司名义战略、战略行动以及公司的内部选择环境（主要包括行政管理系统如资源分配规则和文化系统）。当产业内竞争优势的基础与公司的独特能力或核心竞争力产生不一致、前者发生变化或后者的变化引出新机会、公司名义战略与战略行动间产生不一致、公司战略的惯性造成了影响、中层管理者的自主行动或有两者同时发生时，旧的名义战略面临失效，新的战略意图尚未形成，公司的内部选择环境将对公司的稀缺资源分配发生作用，影响战略行动的效果。

战略转折点的管理要经过两个时期的管理者对"战略转折点"的战略认知与战略转型。其中，前者有三个关键过程：认识到名义战略与企业实际行动间的差距正日益增大、询问这是否意味着战略转折点的到来、试图辨别新出现的战略图景并提供可以弥合差距、形成新的战略意图的框架。在战略转折点初期的试验和混乱阶段，高层管理者要推动内部选择环境对外部现实的反映，要允许争论，通过广泛深入的探讨揭示变化的本质；同时在感情上要正视战略矛盾，尽快从否认逃避的感情中脱离出来，接受事实，并在战略认知的基础上形成一个产业新图和新的战略意图。在战略转型的最后阶段，明确前进方向十分重要，要明确追随什么，不追随什么，及时进行资源再分，采取战略行动，实行高级管理层的整旧迎新，并在自上而下和自下而上的行动之间保持动态的对立统一。最善于应付战略转折点的企业是那些坚强有力的适应性学习型组织，这样的组织在文化上有两个特点：一是它容忍争论，甚至鼓励争论；二是它能够做出明确的决策，接受明确的决策，并使整个组织齐心协力拥护该决策。①

"战略转折点"对战略管理理论的最大贡献就是针对动态环境中新战略意图的制定与形成过程，提出了以战略矛盾、战略转折点、战略认知为基础的基本分析框架，明确了高中层管理者在其中的作用方式和适应性学习型组织在转型式战略变革中的重要性。② 从战略管理发展史的角度看，它比 20 世纪 90 年代以前的战略形成理论，包括"学习学派"理论，更注重对动态环境下转型式战略变革的过程与战略管理方式的分析，加深了人们对此的认识，这是它在理论上的一个新发展。同时，这种转型式战略变革理论也吸收了战略形成的"文化学派"的观点，并把其理论基础建立在吸收传统战略管理模式的合理成分、扬弃其偏于静态的缺陷的基础之上，推进了战略管理理论动态化的进程，为战略管理理论的发展做出了自己的贡献。③ 同时，也为战略转型理论的形成奠定了基础。

综上所述，战略转型的理论研究主要集中在战略转型的性质、时机、内容、方式、影响因素和绩效等相关方面，关于战略转型能力的研究，则几乎还是空白。相关研究没有对战略转型能力的内在机理以及企业如何培育战略转型能力才能使自身成功地进行战略转型做出阐释。因此，对于战略转型能力的深入研究将有助于"内容"和"过程"的有效整合，并有可能揭示出战略转型的本质特征。

（三）理论应用的可适性分析

本次研究将战略转型理论在文化教育领域的应用进行了拓展，构建了武术教育集群发展的战略转型研究框架，力求使其对武术教育集群的发展战略的分析更加贴切和有效。从这个目的出发，本次研究的"战略转型"主要有以下几重内涵：第一，对武术教育集群发展的外部环境、内部力量、价值使命等方面进行战略分析，分析其原有发展模式中存在

①　唐健雄. 企业战略转型能力研究 [D]. 长沙：中南大学，2008.
②　唐健雄. 企业战略转型能力研究 [D]. 长沙：中南大学，2008.
③　张召龙. 竞争的层次性与可竞争要素差异化战略——基于波特通用竞争战略缺陷之改进和拓展的新竞争战略 [J]. 经济与管理研究，2007（5）：87 - 89.

的问题及原因，提出战略转型的必要性；第二，分析武术教育集群战略背景，确立其发展的基本思路，明确战略转型目标与转型内容；第三，探讨武术教育集群战略转型需解决的理论问题和实践问题，提出相应的政策建议。

将战略管理理论运用于院校管理的研究已愈来愈多，但对民办学校进行战略转型的研究还不多见。近半个世纪以来，现代企业战略发展理论一直以"核心能力—竞争优势—组织绩效"为核心理论范式，它强调在竞争的环境中，企业要通过战略定位和核心能力来获取竞争优势。① 战略管理与传统的组织管理相比，具有全局性、长远性、整体性的特点，战略关系到各项具体管理活动的方向、目标和原则，是组织发展的总体纲领。与那些不进行系统规划的公司相比，采用战略管理的企业更明显地增加了销售、盈利，提高了生产率。高绩效公司趋向于进行系统化的战略管理，以适应将来内部和外部环境的变化。除了财务收益外，战略管理还可以为企业带来许多其他益处，如提高对外部威胁的认识、增加对竞争者战略的了解、提高雇员的生产效率、减少变革阻力等。战略管理通常可以给组织带来如下的益处：使人们识别、重视和利用机会；让人们客观地看待管理问题；加强对组织业务活动的协调与控制；将不利条件和变化的作用减至最少；使重要决策更好地支持已经建立的目标；使时间和资源更有效地分配于已经确立的目标；建立便于组织内部人员沟通的环境和条件；鼓励前瞻性思维；鼓励对变化采取积极的态度。②

战略管理是一个组织发展成长过程中的最高层次的管理。战略管理理论的应用，无论是在企业还是在学校并无实质区别，普遍意义上的战略管理理论具有广泛的适用性。将战略管理理论运用于武术教育行业管理的实践中，可以打破武术学校以往的办学管理格局，为院校管理理论的发展注入新的活力。利用战略规划理论可以帮助武术教育行业分析竞争环境以发

---

① 陆亚东，孙金云，武亚军．"合"理论——基于东方文化背景的战略理论新范式 [J]．外国经济与管理，2015（6）：3 - 25 + 38.
② 王满．基于竞争力的财务战略管理研究 [D]．大连：东北财经大学，2006.

现威胁和机会，分析自身资源和能力以明确优势和弱点，然后将这种分析结果相互匹配、扬长避短、趋利避害，以选择更合适的战略。现阶段，武术学校因其特殊的社会地位和功能而使竞争呈多样性、复杂性，研究将依据战略转型理论来建立武术教育集群的竞争优势，弥补其竞争劣势，战略转型理论也将为武术教育集群战略转型的思路提供具体的理论指导。

研究基于影响武术教育集群发展的相关战略背景，结合现有竞争力和发展态势，针对武术学校发展的变化和态势，以战略转型理论为指导，以影响武术教育集群战略竞争力的多层次因素为重要依据，建立武术教育集群发展的战略转型指标体系。结合武术教育集群的发展现状，对其战略发展进行论证。紧密结合武术教育集群的现有条件和潜在优势资源，运用战略转型的培育途径，提出转型优势的可行性培育途径。研究具体思路，如图 1 所示：

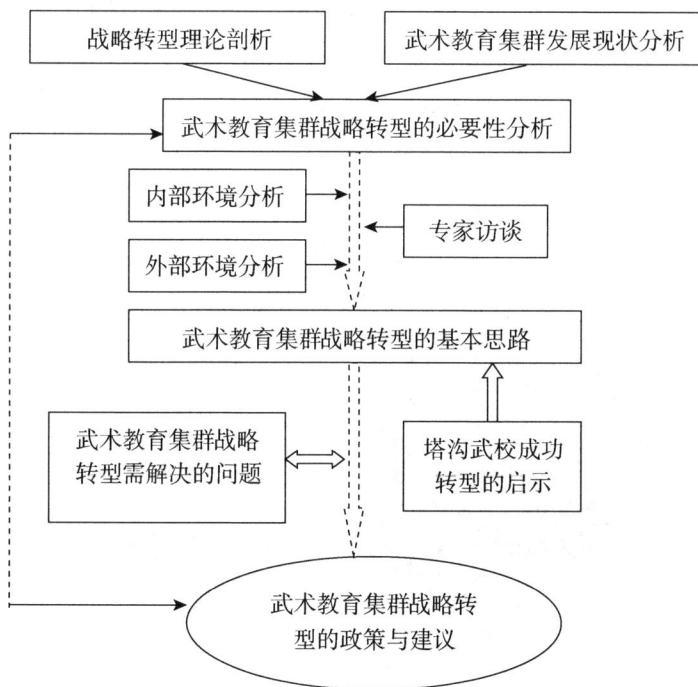

图1 研究思路

第三节　研究综述

通过文献检索，相关武术学校的研究主要集中在国内，论文研究对中国期刊网、万方、维普等多个数据库进行检索，截至到目前，共有 3105 条关于武术学校的文献（包括期刊、博硕士论文、会议、报纸、年鉴等），其中多是对国内优秀武术学校的介绍，武校校长专访和一些涉及到武术学校的新闻报道。从现有关于武术学校的研究文献中看（论文研究对主题和关键词进行限定，分类检索后共计 1510 条相关文献记录，期刊论文 925 篇，如图 2 所示）。从研究的时间阶段来看，自 2000 年开始，关于武术学校的研究数量明显增加，这说明，武术学校的研究开始受到学界的关注和重视。2007 年（96 篇）到 2008 年（104 篇），武术学校的相关研究达到最高峰，主要是因为自 2006 年，武术学校的发展出现"滑坡现象"，全国多数地方都出现了武术学校办学数量和在校生数量大幅减少的现象，这种危机引起的了学术界的高度关注。

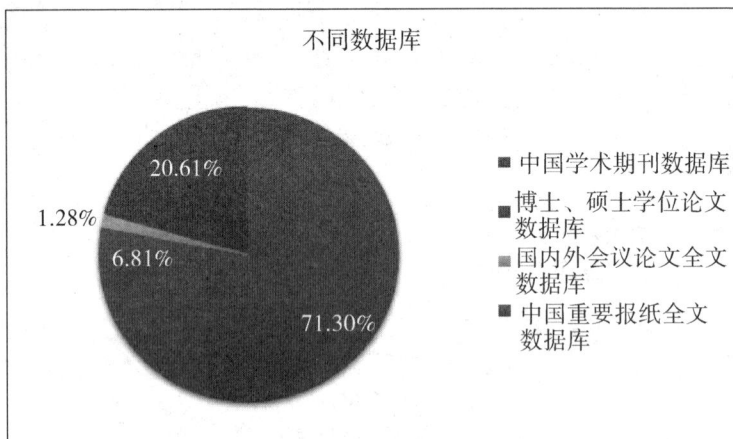

图 2　文献资料来源数据库百分比

对武术教育集群的研究，承载着中国传统文化传承的历史使命，只有深入研究和把握武术教育行业的发展规律和特点，方能对武术教育集群的长远发展起到促进作用，对中华武术文化的传承发扬起到积极作用。本次研究主要围绕武术教育行业发展中的管理、师资、课程设置和办学问题、解决路径等方面对代表性文献进行归纳总结。

一、武术教育行业发展现状

1996 年邓晓峰发表的《我国民间武校的现状及其对策研究》是国内最早关于武术学校研究的论文。该文指出："民间武术学校的管理体制不健全、硬件设施较差、师资队伍把关不严、缺乏教学大纲、教材、生源混杂、轻视文化教学。"该文比较全面、深层次地分析了 20 世纪 90 年代中期我国民办武术学校存在的问题。而随着社会的快速发展，人民生活条件不断提高，在新环境新形势下武术教育行业在发展中存在的问题和主要矛盾与以前相比也有较大的不同，特别是近年来，武术学校逐步走向下坡，生存困难已成为不争的事实，这一现象也引起了专家、学者的关注，关于武术学校在发展中出现的问题及其对策研究的文献不断出现。

马宇峰在《武术馆校发展的现状、问题及对策》中指出："民办武术学校可以尝试与高等体育院校联合办学，进行中等以上的学历教育；与省市高水平运动队联合，走俱乐部制，成为培养高水平武术运动员的重要人才基地；率先实施培养高层次武术人才，走民办武术高校之路。"该研究对发展情况良好、师资力量雄厚、办学的软、硬件设施实力强、规模较大、实力雄厚的武术学校的发展有一定实际指导作用。

朱奋飞在《武术学校的价值功能和可持续发展》一文中，对武术学校的价值功能和可持续发展的相关措施进行了详细的理论分析和探讨，并提出了"政府保驾护航是武术学校可持续发展的保障；由粗放型向集约型转化是武术学校可持续发展的必由之路；以文为主、武为特色是武术学校可持续发展的根本要求；尚武崇德、公益社会是可持续发展的情感需求；灵活机动按需办学是民办武术学校可持续发展生命线"等对策建议，为相关职能部门制定管理政策提供了一定的依据。

　　高松山教授主持的国家社会基金项目中的一项成果《我国民办武术馆校发展的社会价值审视》采用访谈法和实地考察法对我国民办武术馆校发展的社会价值进行了研究，结果表明，我国民办武术馆校的社会价值主要体现在传承和发展我国传统武术文化、促进武术技术培训市场的升温和武术健身旅游的兴起、培养社会需要的实用型人才、推动当地经济的增长以及培养竞技武术后备人才等方面。同时，就影响我国武术馆校发展的一些主要社会因素进行了分析，提出了相应建议，为我国武术馆校的健康发展提供了一定的理论借鉴。

　　曾于久、陈兴胜、刘兴亮在《我国武术馆校现状与发展对策的研究》一文中对我国武术馆校产生的历史原因、发展过程及现状做出了较全面的调查研究。该文指出："民办武术学校的发展是我国改革开放后政府鼓励社会力量办学的产物，也是武术走向市场的典型代表，在发展过程中应既遵循教育规律又遵循市场规律。民办武术学校的管理体制、教学、训练质量、运动成绩直接影响到武校的生存和发展。"结果显示，全国已有武术馆校12000多家，但将近一半的武术学校办学条件较差，规模较小，办学层次以小学和初中为主，小武校多以低价格的收费来争取一定数量的生源，并指出武术学校的发展应依据市场规律办事。

　　栗胜夫、姚丽华、刘卫峰在《我国武术学校发展现状与对策研究》一文中指出："政策法规不健全，多头审批严重；管理体制不健全，管理混乱；轻思想教育工作，轻文化教育；课程设置不完善；师资力量薄弱；办学物资条件差；收费标准混乱"是我国武术学校存在的主要问题。该研究认为，武校应贯彻落实"以文为主，德育为先，以德治校"的指导思想，可以说较深层次地分析了民办武术学校衰落的原因，对文化教学的轻视，对德育教育的忽视，导致武校毕业的学生整体素质低下，成为了新一批的"文盲"，在竞争激烈的社会中找不到工作，甚至给社会治安带来危害，为民办武校的良性发展带来消极因素，也给武术的发展带来不良影响。

　　张文普在《我国民办武术馆校办学现状的调查与分析》一文中，从办学规模、经济效益、社会效益和资源保障等方面对我国武术学校的发展进行了研究，认为民办武术馆校取得经济效益的同时也贡献了社会效益，但仍存在不少问题，如生源素质低，我国民办武术馆校的生源虽然是来自全国，可是来者不拒的招生办法，难有高质量的生源，要想培养高层次人才有相当的难度，必须在师资、教学、管理上挖掘潜力。

登封是著名的"武术之乡"，登封武术学校在武校行业甚至是中国武术行业中都有较高地位，许多学者也把研究目光聚焦在登封武术学校发展的研究上。例如马学智的博士论文《中国民办武术学校可持续发展研究》就以登封市 25 所武术学校作为调查对象，依据科学发展观理论、可持续发展理论以及社会学、体育社会学、体育管理学和系统论对登封地区的民办武术学校进行了个案研究，认为登封武校面临的主要问题是：政策法规欠缺，管理职责模糊；生源数量减少，教学质量下滑；师资素质偏低，教师流动太频繁；课程设置单一，统一教材奇缺；管理不够到位，职责分工不清；社会效益不济，经济效益不佳。并从登封武校的发展依据和制约因素方面提出了武术学校可持续发展的对策：充分认识民办武术学校的作用，是民办武术学校可持续发展的基础；提高校长的综合素质，是民办武术学校可持续发展的前提；提高教师教练员的教学水平，是民办武术学校可持续发展的保障；改善学校的办学条件，是民办武术学校可持续发展的物质保证；以文为主，武为特色，是民办武术学校可持续发展的关键；尚武崇德，服务社会，是民办武术学校可持续发展的情感需求；依法依规办学，是民办武术学校可持续发展的根本；政府的支持与资助，是民办武术学校可持续发展的动力。

王龙飞的博士论文《文化社会学视野下武术在登封的存在与发展研究》从文化社会学的视角，将武术视为社会系统的一部分，将其融于登封的历史文化背景之中，进行了立体的、多层面的研究，梳理了武术在登封的起源与演进过程，进而描述了当代武术在登封的存在现状、特征与不足，在此基础上，运用文化社会学理论分析武术在登封社会的功能与发展动力，并对武术在登封的发展以及我国武术的存在与发展提出了思考。他还将登封武术学校的发展历程划分为四个阶段：萌芽期、成长期、成熟期和新时期。研究认为可见，随着新时期社会需要的变化，登封武术学校的发展也由之前单一的运营模式，开始向多样化转变。

余省威通过对登封市部分典型武校的调研分析，深入探讨了登封市武术馆校在发展中存在的问题，发现登封地区武术馆校在经历了几个阶段发展后，虽然在规模上、数量上取得了一些发展，但质量、效益方面还有待进一步提高；登封武术馆校的竞争正逐步加剧，市场机制这张无形的手正逐步发挥巨大的杠杆作用；两极分化速度加快，中小型武术馆校生存变得日益困难，开始出现大武校吞并小武校的现象。制约登封市武术馆校发展的宏观因素主要体现在发展理念不能与时俱进、政府政策有待进一步加强、政府管理有待进一步转型等方面；登封市武术馆校发展的微观制约因素主要体现在课程设置有待优化、教学质量有待提高。登封市武术馆校的发展必须将培养社会需要的人才作为核心理念，致力于培养一专多能、能文能武、学历与技能协同发展、对市场有用的复合型人才。

段美玲在《制约武术馆校发展因素的研究——以登封市武术馆校为例》一文中提出生源和学生就业出路是制约登封市武术馆校发展的主要因素。研究认为，登封市武术馆校从无到有、数量由少变多，取得了辉煌的成绩，武术馆校规模也由小变大，在其他地区武术馆校纷纷转型、渐渐失去武术特色的同时，登封市武术馆校仍能保持武术特色并快速发展，除了抓住国家政策和市场机遇外，靠的是登封市政府重视少林文化遗产的继承与发展、大力扶持武术馆校的发展等措施，武术馆校也在市政府、体育局等部门的领导下团结在一起。但是在武术馆校发展过程中还存在许多亟待解决的问题。她建议要提高办学层次，积极在法定的范围内发展武术产业，广辟资金渠道，同时优化配置，资源共享，不断扩大规模。发展要循序渐进，脚踏实地，不能脱离政府部门的领导。要做精品教育，在生源数量相对较少的情况下，注重投资建设，完善办学条件，提高教学质量。

匡芬在《登封市民办武术学校校办产业发展之研究》中认为，民办武术教育市场的不成熟，使民办武术学校在发展校办产业过程中出现了很多弊端，亟待解决。一是民办武术学校办学主体观念约束。由于认识的偏差，以及缺乏盘活民办武术教育资源的积极性，致使许多资产在沉淀中不断磨损、贬值，造成武术资源浪费。二是政府对民办武术学校的宏观调控能力薄弱。三是资金不足会导致民办武术学校教育资源很难通过市场配置自由进入市场，也就无法实现民办武术学校与社会的良性的互动。四是暴露出社会利益与经济利益之间的冲突。五是校办产业经验不足，市场不成熟。针对存在的问题，研究提出了以下对策：一是转变观念，树立正确的民办武术学校产业观；二是强化政府的宏观调控职能；三是改变办学特色，走产业发展之路，实现教育的公益化目标。

二、武术学校的管理体制

王国琪、任海、黄凌海等在《我国武术馆校之研究》中指出："全国武术馆校具有主体意识强，责任明确；组织制度健全，封闭管理有力；办学条件逐步改善，办学渠道多样；文武教学兼备，学生全面发展等特点。"同时，他们提出我国武术馆校主要存在审核、审批不规范、发展失控、名称不规范、虚假宣传严重、教材内容不统一、武术教练水平较低等问题。

马玉峰、姜传银在《我国优秀武术馆校现状及发展对策研究》一文中以参加"第四届全国武术馆校武术比赛"的34所优秀武术馆校为研究对象，对我国目前优秀武术馆校现状进行了调查和分析。文章指出，我国优秀的民办武术馆校发展迅速，规模逐渐增大，在校学生增多，学校基础设施建设、硬件配套设备等方面日趋完善。但是管理上仍然存在问题，尤其表现在内部机构设置上尚未健全、管理制度有名无实、管理现状混乱上。研究提出武术管理部门应进一步完善各种管理办法和规章制度、加强领导、加大管理力度，以保证各项管理办法和规章制度的贯彻落实；其次应建立健全各项管理措施和评估体系，定期、不定期地对各校进行检查评估，以强化各武术馆校遵章守法的意识。

于晗在其硕士论文《河南省武术学校管理人员配备与权责分配现状分析及发展对策》中，运用实地调查和逻辑分析的方法对河南省武术学校的管理现状进行了调查分析，研究认为河南省民办武术学校普遍存在以下问题：组织结构不规范，管理专业人员匮乏且学历偏低，总体管理理论水平不高；在管理人员配备方面，管理人员人数的确定、管理人员的选聘、考评、培训均缺乏科学性；管理人员的选聘、考评、培训流程不规范；权责分配不均衡，存在集权倾向。他对此提出了具体对策建议：行政主管部门需要提升管理力度和深度，规范和细化各项管理制度；各级武术学校主管部门需在上级行政主管部门制定的规范、制度的基础上，根据自身情况，进一步完善和细化各种管理方法和规章制度；需建立健全对各项管理措施实施情况的监督和评估体系，定期组织对各学校的检查评估，同时还要结合不定期的突击检查，并对检查评估结果进行行业内通报和社会公示，以强化学校的相关意识，引起业内的普遍重视；对招生广告和自身宣传等行为要做出明文规定，以避免因虚假广告、夸大宣传而引起的各种问题和矛盾。

　　吕韶钧、彭芳的《我国武术学校等级管理之研究》认为，随着我国武术学校发展规模的不断扩大，对武术学校进行等级管理势在必行，研究将我国武术学校等级管理的评定指标体系分为两大类、二级指标体系：两大类是指"达标"和"评估"，二级指标体系中一级指标9个，二级指标33个；还将武术学校划分为四类，即高级武术学校、一级武术学校、二级武术学校、三级武术学校。周之华、马建国在《武术馆校评价体系研究》中构建了一套针对我国武术学校的评价体系，包括评估指标类体系和达标指标类体系，并确定了我国武术学校等级评定的标准、办法及具体评定程序。这些指标具有较强的可比性，符合武术学校的发展状况，也能够从横向与纵向方面对武术学校进行客观比较。

　　《中华武术》创刊20周年特刊中的文章《武术馆校散点透析》指出："随着市场经济的发展，家庭式和作坊式的武术馆校不仅满足不了市场的需求，反而开始阻碍武术馆校的良性发展；武术馆校应向规模化、集团化的方向发展"。通过以上研究可以看出，当前武术馆校在管理方面主要存在政府的相关政策、法规不健全，审核、审批不规范，虚假招生，教材不统一等方面问题。武术学校在发展方面应依据市场经济发展规律，摆脱家庭式和作坊式的小农经济式的发展思路，建立正确的办学理念，注重办学质量，提高办学层次，向规模化、集团化方向发展。

三、武术学校的师资建设

范继军对河南省武术学校的武术师资现状进行了研究，研究结果显示，部分武术教师比较缺乏自我控制能力、挫折承受能力、勇于拼搏进取的精神、开拓创新精神和合群协调能力。在乐观稳定的情绪控制上武术教师与管理人员和学生的差异较大，造成这种结果的原因可能是部分武术教师的福利待遇比较低，对现在的工作不太满意，在平时的工作和生活中怨言比较多，情绪有时有些低落，给管理人员和学生造成了不好的印象。研究提出了相应的对策建议：一是充分利用每周的政治学习活动和党团员的民主生活会加强武术教师的敬业、奉献和集体主义等精神的思想教育。二是加大人才引进的力度，提高武术教师的福利待遇，从而改善师资、学历结构，提高武术教师的文化素质和业务素质。三是通过自学、培训、进修等多种形式加强对现有武术教师的培养，重构教师的教育观念、人才质量观念，提高教师的职业道德、人文素质、专业技术素质、理论水平和科研能力。四是发挥学科带头人的引领作用，制订出科学的选拔、培养计划和考核办法，实行平等竞争、优胜劣汰的滚动机制管理，建设一支具备创新能力的骨干教师队伍，从而不断提高武术教学与训练的质量，推动武术运动的发展。

王美娟、张启华等在《山东省基层体校、武校（馆）武术（套路、散打）教练员师资现状及培养规格的研究》一文中对山东省 17 地市的体校、武校教练员情况进行调查，指出了一些问题："教练员的年龄结构合理，学历层次低；教练员多是自己学校培养的运动员，停训后转为教练员；管理者对教练员的再学习不重视等。"

姚丽华在《我国武术学校人力资源状况与开发研究》一文中，认为武术学校人力资源匮乏的主要原因有以下几个方面：经费受限制，阻碍了武术学校人力资源的相应投资；办学者管理水平偏低，办学质量不高，难以吸引师资；武校大多数设在农村，工作环境艰苦，文化生活相对落后，难以满足教师在物质文化生活方面的需求；工作相对不稳定，使公立学校的教师和大中专院校的毕业生对之兴趣索然。姚丽华认为我国武术学校要健康发展、培养文武兼备的武术人才，必须加强对教师队伍的管理，稳定师资队伍，提高教练的专业理论水平，加强思想教育，尽快改变武校师资力量薄弱，整体素质偏低的现状。当前武术学校教师的主要问题集中在福利待遇、学历、科研及再学习等方面。部分民办武校刻意追求表面上的规模化发展，忽视了教学、师资培养上的投入。而办好一所民办武术学校，必须拥有一支具有较高理论水平和业务能力的高素质教师队伍，他们是提高教学质量的根本保证，也是武术学校生存的重要条件。

众多研究表明，部分武校管理者对教师队伍不够重视，导致一批优秀人才流失，对武术学校的发展产生了不利影响。武术学校管理者要重视教师福利待遇，重视教师的再学习，鼓励教师参加各种培训学习，鼓励教师科研。只有不断提高教师素质及责任心，提高教师的主人翁精神，才能有利于武术学校的良性发展。

四、武术学校的教学课程

肖红征在《我国武术馆校理论教学与技术训练现状调查与分析》一文中提出："构建我国武术馆校理论教材体系与技术训练模式的指导思想，重点突出文化素养教育，以基本理论为指导、实践操作为核心、知识应用为主导的三个重点；构建以武术人才培养的全面性为基础，以突出优势项目为前提，以培养高质量专门性人才为目的，以形成特色为重点的专项训练模式等。"吕沧在《武校（馆）为什么要以文为主?》中指出：武术学校要以文为主一是社会竞争日益激烈的需求，二是为了满足学生家长"望子成龙""望女成凤"的需求，三是武术自身发展的需要。

王军涛对河南省武术学校的发展现状进行了调查研究，结果显示：河南省武术学校的学生生源年龄集中在 10—17 岁，在这个年龄段的学生思想不稳定、性格的可塑性极强，技能学习能力提高很快，因此应对他们进行必要的思想品德教育，使其形成科学正确的世界观、人生观、价值观，并对他们进行合理科学的训练，使其武术技术水平稳步提升。学生抱着不同的目的和动机进入武术学校学习，应该针对学生各种不同的入学动机，在教学训练过程中对他们应采取分层次教学，遵循由易到难、由浅入深的原则对学生进行教学和训练。河南武术学校学生主要来自农村，这主要是由于学生及家长希望通过武术学校教育使学生赢得较好的发展机会和就业选择。因此研究认为河南的武术学校应力求武术教育改革与国家经济体制改革同步，在培养目标、课程设置等方面突出市场经济特点，培养武艺精湛、武德高深、综合能力较强的武术事业发展人才。

刘泳在《山东省武术（馆）学校办学现状及发展对策研究》中，发现调查的 50 所武术（馆）校目前还没有完全使用统一教材。武术学校的文化课占比较少，平均每天 5 小时训练课时间，高强度的训练使学生很难进行较长时间的文化课学习，有一部分学校甚至根本没有教学计划。另外，武术学校的教学图书资料、硬件设施的缺乏、教学过程的不严谨、教学质量评估的不被重视等因素，是导致武术学校学生整体文化素质不高的客观原因，学生难以适应知识经济时代对文化知识素质的全新要求。长此以往，武术学校势必会误人子弟，无法培养出文武双全的合格人才，这样就会导致制约山东省武术（馆）校发展的不利因素的增多，致使武术（馆）校不战而败。

刘海超、陈永亮在《对武术学校（馆）教学模式的探讨》一文中通过对现有武术学校的教学模式进行探讨分析，提出了"什么样的武术教学模式更有利于武术学校发展"这一问题探讨。对武术学校课程设置和教学方面的研究较少。从目前的研究中可以看出，现阶段武术学校存在课程设置不完善、教学计划不系统、缺少教材、教学质量较差等问题。但课程设置和文化教学已受到多数武校管理者的重视，办学思路也由原来单纯追求规模化转变到注重教学质量，由先前的以盈利为目的转变为以教书育人为目的，由先前重视训练转变为重视文化课上来。武术学校的产生与发展是改革开放的必然产物，是历史的产物，是一种社会需求的产物，武术学校是对现行学校教育的一种有益补充。武术学校的发展势必要有一个优胜劣汰的过程，教学质量高低和管理水平的好坏，就成了武术学校能否良好发展，甚至是否能长期存在下去的主要因素。

相关的文献为本研究的开展奠定了前期基础，但通过对武术教育行业相关研究的归纳，笔者发现整体研究水平不高，重复研究较多。从研究视角上看，较少从全局视野和战略角度对我国武术教育行业整体发展战略和武术文化教育系统发展展开宏观研究。此外，关于武术学校学生就业问题的研究欠缺，而武术学校的生存和发展依赖于学生的生源和就业状况，学生毕业后的出路是武术学校维持生存发展的关键问题。一些研究认为武术学校学生的总体素质较差，达不到社会人才需求的标准，故而可能会出现就业率极低的现象，那么如何全面提高学生的素质、如何拓宽学生就业渠道就成为关系着武术学校可持续发展的必要课题。[①] 我们有理由相信，随着武术教育集群的不断发展，有关武术教育行业的研究会进一步完善，如果能深入研究总结武术教育集群的特点和发展规律，那么对武术教育的健康可持续发展必定有很大的促进作用，对武术在我国乃至世界的传播起到重要的推动作用。

第四节　研究设计

一、研究框架

通过实地调查掌握武术教育集群发展现状，探讨其发展的现实困境和转型必要性。在分析、解决问题方面，结合战略转型的基本思路来探讨武术教育集群发展的战略转型目标，从而进一步探析武术教育集群发展的战略转型实施路径，最后通过实证分析，提出武术教育集群战略发展的政策

---

① 马学智. 中国民办武术学校可持续发展研究［D］. 北京：北京体育大学，2010.

与建议。研究框架如图 3 所示：

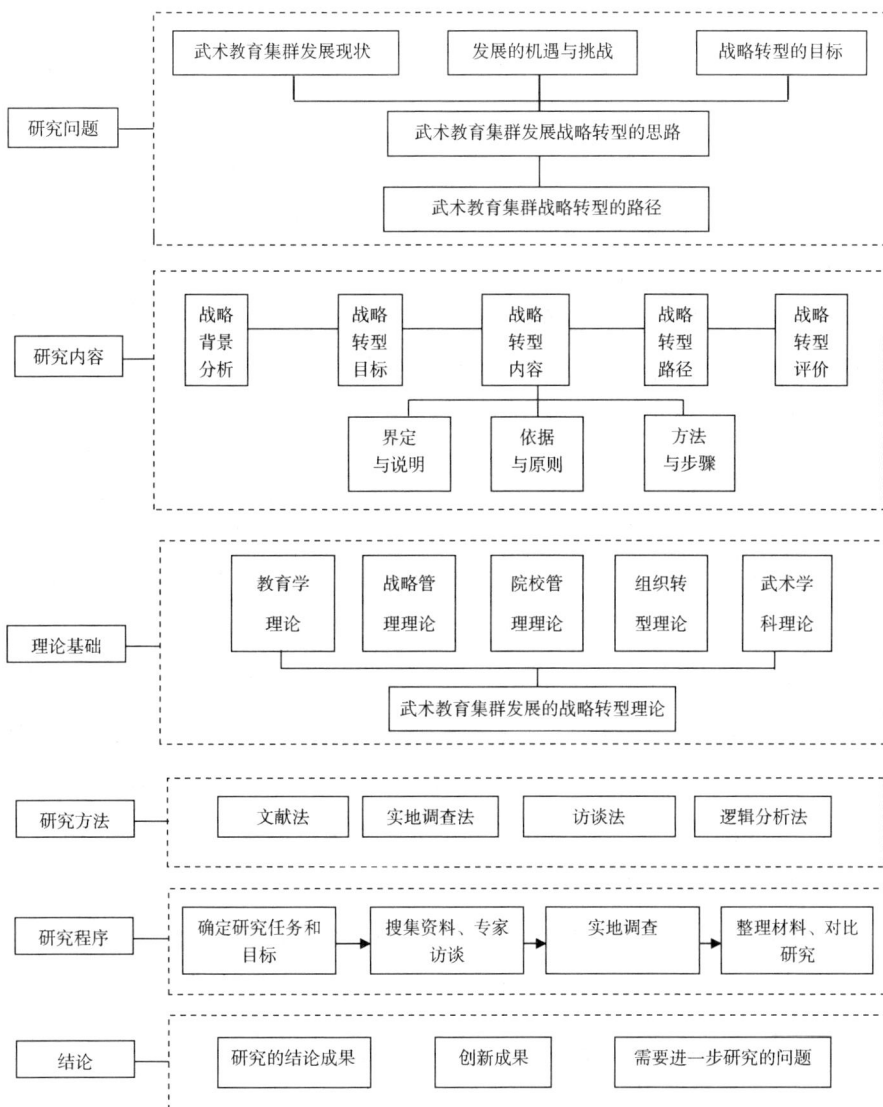

图 3 研究框架

图 3 研究框架

二、研究的目标和过程

研究目标在于通过战略管理理论来挖掘、整合武术教育集群的战略优势，从武术学校整体发展走向和武术文化教育宏观发展的战略管理角度对武术教育集群的发展进行研究，从教育文化的动态发展思维审视武术教育集群的发展脉络，阐发武术教育集群对当今社会发展的价值贡献；通过对武术教育集群进行实地调研，发现武术教育集群发展中存在的现实问题；对武术教育行业的发展进行战略整合，制定新形势下武术教育集群的转型目标和发展思路，并针对性地提出武术教育集群发展转型的对策和建议，以期能够进一步推动武术教育行业的健康可持续发展。

研究过程主要分为四个阶段：

一是研究的准备阶段。确定了研究的问题、研究目标和研究思路，制定了理论分析框架，设计了实地调查方案和访谈提纲，并在预调查后，听取导师和专家的建议，对访谈提纲进行了修改和完善。

二是调查实施阶段。研究选取了武术教育行业较为集中、具有代表性的河南省登封市作为主要调研地区，进行实地调查研究，对登封市的46所武术学校进行了实地调研。此外，研究还对曾被中国武术协会评为过"全国十佳武术学校"的14所具代表性的武术学校进行了实地调研，收集了武术教育行业发展现状的翔实资料。

三是对调查资料的处理和分析阶段。对搜集到的资料和记录进行归类和整理，对相关数据进行处理分析。

四是研究报告的撰写和修改阶段。

三、研究所采用的方法

（一）从方法论角度采用的研究方法

1. 历史与现实相结合

以历史唯物辩证法的观点，对我国武术教育行业的发展规律和武术教育集群的发展现状进行深入分析，力求全面、系统、客观地掌握第一手资料，对掌握的资料进行科学客观的分析，让历史现实和客观真实在研究中得到充分利用。①

2. 实证分析与理论分析相结合

研究在武术教育集群发展现状实地调查的基础上，提出了为什么要研究武术教育集群战略转型，也就是从实证分析的角度来验证战略转型理论的科学性和适用性。在实证分析的基础上通过充分的理论分析，提出武术教育集群战略转型的基本思路。

3. 逻辑分析法

研究以逻辑规律为指导，根据实地调查的事实材料，对武术教育的实施主体"武术学校"下定义，对武术教育集群的发展方向做出判断；用规范分析的方法从武术教育集群的现实状况出发，对武术教育集群发展中的"应该如何转型"，给出客观分析。通过对比、归纳演绎和分析综合，对武术教育集群的发展进行战略推理和论证，构建武术教育集群发展的战略转型理论体系。

（二）具体研究方法

1. 文献资料法②

研究通过对图书馆、文献数据库进行检索，搜集国内外武术学校研究的相关文献，加以分析、总结，并在此基础上借鉴管理学中的相关理论，提炼出自己的观点，将战略转型理论的应用进行拓展，构建武术教育集群发展战略转型的研究框架。

2. 专家访谈法

研究过程中，多次与相关领域专家进行深入访谈。在概念的界定、武术教育集群战略转型相关理论与实践等方面得到了许多有价值的专家意见。

---

① 李怀祖. 管理研究方法论 ［M］. 西安：西安交通大学出版社，2004.
② 周三多. 管理学原理与方法 ［M］. 上海：复旦大学出版社，1999：97.

3. 实地调查法

研究选取武术教育集群具有代表性意义的河南省登封市作为主要考察调研地区,进行实地调查研究,并与武术管理部门相关负责人、武术学校领导进行了深入交谈,以获取第一手资料来支撑研究。

4. 案例比较法

案例是对某个组织里一些人所面对的实际商业情形的描述,它通常涉及一个组织(家庭、企业、产业甚至课堂)中的某个决策者所面临的困难、挑战、机会和问题等,案例里面包含了组织的背景材料以及关键人物处理事务时所涉及的各种各样的资料。Robert K. Yin(1984)曾经为案例研究做了一个定义,他认为:"案例研究是一种经验上的探究,它主要研究现实中出现的暂时发生的现象。在这种研究情境中,现象本身与其背景之间的界限不明显,因此,研究者只能大量运用基于事实的事例和证据来展开分析研究。"论文研究运用搜集整理到的民办武术学校的相关历史档案、办学数据,以及在实地调查中利用访谈、观察等方法收集到的相关数据和资料,进行分类归纳,采用案例内分析和交叉案例比较分析的方法,进而得出更客观的描述和更有力的解释。

(三)数理统计方法

1. 层次分析法

为了确定武术教育集群战略转型评价体系中各指标的权重,研究在全国邀请相关领域专家构造层次分析判断矩阵,判断矩阵通过一致性检验,将判断矩阵权重分量的均值作为各综合评价指标的相应权重。①

2. 数据分析法

运用 SPSS 22.0 统计软件进行数据分析处理。

四、研究的主要内容

研究除绪论部分外共分六章内容:

---

① 曾红颖. 发展的刻度——中国发展水平评价指标体系研究 [M]. 北京:中国水利水电出版社,2004:145 – 173.

第一章，武术教育集群发展战略转型的必要性分析。通过实地调研，深入分析武术教育集群在办校发展中存在的现实问题，并深入剖析成因，在此基础上探讨武术教育集群战略转型的必要性。

第二章，武术教育集群战略转型的思路梳理。根据战略转型理论，从持续竞争力提升、多元化产业创新和面向世界的文化输出三方面理性审视武术教育集群的战略转型方向。从办学理念、战略定位、发展模式、办学制度、行业结构等方面深入分析武术教育集群战略转型的具体内容，进而建立战略转型的评估体系。

第三章，武术教育集群战略转型亟须解决的理论问题。通过结合战略转型理论来探讨价值实现、办学思路、法理基础和可持续发展等武术教育集群战略转型中亟须解决的理论问题，解析办学目标、思路、权限等理论困惑，为武术教育集群的可持续健康发展提供清晰的战略定位。

第四章，武术教育集群战略转型亟待解决的现实问题。对生源培养、课程建设、特色办学、优化师资、内部治理、学生就业和相关保障机制建立等武术教育集群战略转型中面临的实践问题，进行实证分析。

第五章，武术教育集群战略转型的个案研究。以河南省登封市的塔沟武校为案例，探讨其战略转型的发展之路，汲取其成功转型的宝贵经验，探寻塔沟武校可持续健康发展的战略转型模式，并进行论证分析。

第六章，武术教育集群战略转型的对策与建议。提出对武术教育集群发展路径的对策思考和政策建议。

第五节　创新之处与研究不足

一、创新之处

1. 从战略管理的视角对武术教育集群发展的战略环境、战略规划、战略选择、发展模式、管理创新等方面进行深入分析，为战略转型理论在院校管理领域的应用提供了进一步的实证研究支持。研究拓展了战略管理和武术教育研究的视角，辩证性地补充和强化了现有战略管理理论，促进了研究思维的转换。

2. 研究基于影响武术教育集群发展的相关战略背景，结合武术教育集群的现有战略优势和发展态势，针对武术学校发展的变化和态势，以战略转型理论为指导，以影响武术教育集群发展的战略竞争力的多层次因素为重要依据，提出武术教育集群发展的战略转型基本思路。

3. 研究在传统文化的基础上针对武术学校的资源状况和我国制度转型构建了武术学校发展战略转型分析框架，依据战略转型理论来建立武术教育集群的竞争优势，弥补其竞争劣势，创造性地提出了武术教育集群战略转型的发展路径。

二、研究不足

1. 武术教育集群发展的现状分析既是研究的重点，也是研究的难点，局限于研究条件，研究在进行实地数据采集、资料收集时无法覆盖全部对象，有可能还有存在的实际问题没有涉及，致使分析不够深入全面，一些武术学校发展中的实际困难或发展路径或许没有纳入到研究中，这些有待于今后进一步的研究完善。

2. 武术教育集群战略管理的理论与实践是一个庞大的研究课题，因研究涉及多个学科，武术教育集群的战略定位与目标体系确立又时刻会因社会政治、经济、文化的变迁而发生转变，难以把握。研究也是首次尝试以宏观、中观、微观相结合的视角对武术教育集群发展进行战略管理研究，唯恐受个人的学识和精力限制无法总览全局，难免有偏颇之处。

第一章

武术教育集群发展的现实困境与战略转型必要性

自 1978 年改革开放以来，我国社会就进入总体性的转型期。40 多年来，社会变迁使我国大部分地区社会环境、社会结构、生产方式、生活方式、信仰体系等方面都发生了或正在发生革命性的变化。[①] 随着社会生活方式的变化，武术自身的价值功能由原来的技击、观赏逐渐向健身、娱乐方向发展；在体育全球化的背景下，西方体育文化在我国备受追捧、一路高歌，中国武术在体育文化的交流中明显处于边缘地位，没有话语权。从农业社会到工业社会的转型使中国当代社会没有了尚武的风气，习武、爱武、传武的人越来越少。

第一节　武术教育集群发展的现状调查

一、武术教育集群的基本情况

（一）武术教育集群的形成

河南历史悠久，文化灿烂，是中华民族和华夏文明的重要发祥地之一。河南自古便是兵家必争之地，尚武之风盛行，而武术也已然成为河南

---

① 郑国华.社会转型与我国民族传统体育文化传承［D］.北京：北京体育大学，2007.

文化的一种象征。据统计，在全国挖掘整理的 129 个武术拳种中，河南就有 40 余种。在全国的 88 个"武术之乡"中，河南省就占据了 8 个，其中就有登封市。登封市是河南省辖县级市，郑州市代管，位于河南省中西部，中岳嵩山南麓。众所周知，"天下武功出少林"，少林武术就源于嵩山少林寺，同时，登封还是国家园林城市、国家卫生城市、中国优秀旅游城市、中国特色魅力城市、全国绿化模范县（市）、中国信息化创新城市。①登封和温县还在 2011 年被评为"最受全球网民关注的中国武术之乡"。②登封是著名的"武术之乡"，少林功夫名扬四海，少林拳系涵盖了北方的大部分拳种，并对其他诸大拳系产生了重要影响。全市现有武术学校 46 所，常年在校习武的海内外学子达 8 万余人，加上武术学校从业人员，共十余万人身处武术行业，占到了全市人口的 1/5 以上。这里有全国最早的武术学校——鹅坡少林武术专修院，也坐落着世界上最大的武术学校——塔沟武校。这里聚集了四大武术教育集团、全国最多的武术学校，可谓是全球最大的武术教育基地。"世界武术看中国，中国武术看河南，河南武术就要看登封了。"换句话说，武术教育集群的战略地位不仅仅是对当地教育、文化、旅游、经济、政治等方面的战略影响，它对河南省，甚至是对中国武术，乃至整个中国传统文化的发展都会造成很大的影响。登封的武术学校，无论是在武术技艺和武术文化的传承教育方面，还是在办学规模、院校管理等方面，都可以从一个侧面代表和反映着中国武术教育的发展进程。

据河南省武术协会资料显示，河南省现有武术学校将近 100 所，在校师生近 20 万人，在河南省 18 个省辖市、21 个县级市中，均有武术学校的身影，又以登封、焦作两地的武术学校较为集中，其中登封市的武术学校和学生数量就占到了将近一半。河南省武术学校的数量和习武人数位居全国之首（鼎盛时期曾达到 600 多所，仅登封市就达到了 124 所），研究以

---

① 登封市人民政府. 登封概况［A/OL］. 登封市人民政府官网.
② 董柏生. 温县喜捧"最受全球网民关注的中国武术之乡"奖杯和证书［N］. 焦作日报，2011 - 10 - 24.

河南省武术协会和登封市教体局提供的资料为依据，根据国家体育总局武术运动管理中心对武术学校的评价标准，将武术学校分为 A、B、C 三个等级：A 级武术学校办学经验在 5 年以上，在校生人数达到 600 人以上；B 级武术学校办学经验在 3—5 年，在校生人数达到 300—600 人；C 级武术学校办学经验在 3 年以下，在校生人数在 300 人以下。登封市的 46 所武术学校中有 A 级 21 所、B 级 14 所、C 级 11 所。

（二）武术教育行业的发展历程

1. 隐性阶段（1949—1976 年）

中华人民共和国成立后，为使武术这一民族传统体育项目作为国粹得以继承和发展，全国各地纷纷成立了武术业余体校、武术队、辅导站等。这个时期登封的"武校"多为官办，主要培养当地武术爱好者，并没有出现现在我们认为的武术学校，武术教育以"班"的形式时办时停并处在隐性阶段。① "文革"期间，武术教育仍依存于民间发展。当时登封许多老一辈的民间武术家都受到了冲击，但登封各界有识之士还是想尽办法，克服重重困难将武术文化保护、传承了下来。②

2. 萌生阶段（1977—1982 年）

1977 年，邓小平明确把科学教育列为我国发展战略的首位。这一年，新中国成立后全国第一所专业性武术学校——河南登封少林鹅坡武术专修院创立，它是经教育、体育部门批准，集文化教学、武术训练、体育竞赛、影视表演于一体的现代化综合性武术学校。③ 1978 年国家实行改革开放政策，在科教兴国的大背景下，教育呈现百家齐放、百家争鸣之态势，为武术学校的产生与发展提供了政策保障。这时，武术作为社会主义教育、体育事业的一部分，其性质、地位、目的和作用也发生了变化，特别

---

① 郑国华. 社会转型与我国民族传统体育文化传承［D］. 北京：北京体育大学，2007.

② 张文彬. 民办学校集团化、专业化发展研究：以福建西山教育集团为例［M］. 北京：人民出版社，2014：6.

③ 登封市少林鹅坡武术学校. 武校简介［A/OL］. 登封市少林鹅坡武术学校官网.

是 1978 年党的十一届三中全会以后，各种政策、法规的确立为武术学校的建设与发展提供了法律的保护与支持。① 我国最早成立的武术学校代表之一，全球最大的武术学校——河南少林塔沟武术学校，就始创于 1978 年，位于中岳嵩山，是由出身于武术世家的全国著名拳师刘宝山先生率先兴办、并以传授少林武术为主要特色的武术学校。当时的武术学校没有固定校舍，教育形式也是传统的师父带徒弟，呈现出典型的家庭作坊式的发展模式。

3. 兴起阶段（1982—1995 年）

武术学校的悄然兴起得益于改革开放后，《少林寺》等大批武打影视作品和武侠小说的流行。电影《少林寺》在全国热映，少林功夫走红大江南北，慕名而来的武术爱好者拥入登封，当时连走廊、楼梯上都有人打地铺。武术教育集群迅速扩张到 100 多家，学员万余人，从登封到少林寺，堪称"三步一馆，五步一校"，教学零散、管理混乱。因为三天两头有踢馆、打架事件，政府部门成立临时机构"武管办"，结合国家相关政策和管理办法出台了办学标准，还对已办的武术馆校等进行了检查验收，取缔了一些不具备开办条件、招摇撞骗、搞封建迷信及其他非法活动的组织，保障了登封民间武术活动的健康发展。②

4. 规范阶段（1995—2000 年）

由于乱办武校现象非常严重，登封政府通过加强审批和检查，并通过示范课、目标考核等方式引导武校健康发展。1995 年，出台了国家体委文件《关于经营性武术馆校的管理规定》，同年还下发了《关于开展全国百家名武术馆校评选活动的通知》。这时，武术学校与武术馆出现脱离状态，武术学校逐步走上规范化发展的道路，即正规的武术学校形成。1996 年评出了首批全国先进武术学校，登封武校榜上有名。在国家对社会力量办学

---

① 《中国武术馆校总览》编委会. 中国武术馆校总览 ［M］. 北京：北京体育大学出版社，2006：18.

② 阎彬，马学智. 文化视野中的武术热：历史回溯与现实观照 ［J］. 北京体育大学学报，2016（2）：23－28.

提出了"积极鼓励，大力扶持，正确引导，加强管理"的十六字方针和强调了"进一步解放思想、转变观念、积极鼓励和支持社会力量以多种形式办学"等一系列利好政策的引导下，武术教育集群如雨后春笋般蓬勃发展了起来。

5. 快速发展阶段（2000 年至今）

随着社会经济的发展，人们开始对武术学校的要求和期盼逐渐加强，学生和家长对学校的多元化需求逐年增加，武术教育集群仅靠学费来完成学校的正常运营十分困难。此时，极具发展眼光的武术教育集群经营者迅速调整了武术学校发展规划、发展方向，探索、建立学校多元化、产业化的发展目标。经过多年发展，登封已形成了少林寺塔沟武术学校教育集团、少林鹅坡武术集团、少林寺小龙武术集团、嵩山少林寺武僧团培训基地四大武术集团。由于武术教育集群进行了结构调整，产业化和集团化的发展不仅扩大了武术学校的办学规模，也满足了家长、学生、社会的需求，形成了武校集聚产业带动文化教育发展的新模式。武术教育集群集团化的兴起给武术学校注入了新的活力，使传统的武术教育形式开始走向现代化的新型办学模式。

二、武术教育集群发展现状调查过程

（一）实地调查的情况

初次前往登封市实地调研时，根据对武术教育集群摸查的情况，设计了访谈调查初稿，通过相关专家对访谈提纲的指导，将提纲中的一些问题和缺陷进行了修改。研究的访谈内容先后经过专家咨询、专家意见采纳等程序，在综合专家意见和建议的前提下对访谈的内容及结构进行了调整修改。再次到登封市进行实地调研时，又与当地武术管理部门的相关负责人、武术学校领导进行了深入交谈，以获取第一手资料来支撑研究。为了能够近距离地观察了解武术学校生活、学习、管理方面的真实情况，在实地调查期间，在不违背法律和道德的基础上，征得调查对象允许后，利用照相机、摄像机、录音笔等观察工具对调查对象进行了辅助观察记录，定期对调查资料进行整理，撰写调查日志，保证调查研究的客观性、全面性和深刻性。

（二）访谈调查情况

1. 访谈对象

研究主要访谈了战略管理研究方面的专家 12 人、武术领域的专家 16 人、武术管理部门的领导 18 人、武术学校的校长 31 人、武术教练 45 人、文化课教师 53 人、管理人员 39 人、学生 208 人以及学生家长 57 人。其中，对专家、领导和武术学校校长采取了个别访谈的方法，对教练、教师、管理人员、学生和家长以集体访谈（座谈会）为主，个别访谈为辅。

2. 访谈内容

采用无结构访谈法对访谈对象进行调查。对于专家、领导主要围绕武术教育价值、发展定位、存在问题和解决途径、教育质量、产业化发展等问题进行深度访谈，以获取专家对武术教育行业发展的战略思考和对策建议；对于武术学校校长主要围绕办学理念、办学指导思想、学校发展定位、办学模式、存在问题和解决途径、办学经验、教育质量、学生升学就业等问题进行个别访谈，深入了解武术学校的办学历史和优势；对于武术教练和文化课教师主要围绕教学训练中出现的问题和解决办法、职业规划、愿望诉求、课程改革、学校发展等问题进行集体访谈和个别访谈，掌握武术学校教育教学中的主要问题；对于武术学校管理人员主要围绕管理人员选聘和考评、相关培训、部门设置、管理制度建设等问题进行集体访谈和个别访谈，掌握武术学校办学管理中的主要问题；对于学生和家长主要围绕武术学校的办学条件、教育质量、升学就业等问题进行集体访谈和个别访谈，以获取学生和家长对武术学校的真实感受和评价。

3. 访问调查的过程

研究的准备阶段主要包括设计访谈提纲、进行测试访谈、修改访问提纲、联系受访对象。针对研究问题，设计了初步的访谈提纲，经修订，对个别受访对象进行了预调查，根据导师的进一步意见和受访者的反馈，对研究的访谈提纲进行了修改。第二阶段为访谈实施阶段，对于专家和领导，主要采取电话、电子邮件的方式进行访问，在参加学术活动或学术交流时，又与部分专家进行了面对面的详细交谈，获取了更为详尽的意见。对于武术学校校长、武术教练、文化课教师、管理人员、学生和家长，访谈按照预先设计的访谈提纲，主要在实地调查研究时对这些受访对象进行了无结构正式访谈。第三阶段为资料整理与撰写阶段，按照研究需要对资料进行归纳提炼，对整理好的研究材料进行分类和分析，开始撰写报告。访谈提纲见附录 A。

三、武术教育集群发展现状调查结果

（一）登封市武术学校生源情况

调查结果显示（见表 1－1），登封市武术学校的生源主体是来自全国各地的农村学生，占比 74.7%；其中河南省内的农村学生占百分比56.3%；调查中的城市学生在武术学校占的比例不大，占调查人数的25.3%。其中登封本地和郑州市的学生数量最多，占到了调查人数的39.1%，说明登封作为全国著名的武术之乡，少林禅武文化所在，有良好的群众习武基础，而且世界各地慕名前来的人也是络绎不绝。登封籍和郑州籍的学生人数较多还有一个原因就是部分武术学校为了回馈社会，对来自这两个地方的学生有学费减免的政策。

表 1－1　武术教育集群学生来源情况调查表　　n＝2054

学生来源	河南省内（农村）	河南省内（城市）	其他省市（农村）	其他省市（城市）
人数	1156	407	379	112
百分比	56.3%	19.8%	18.4%	5.5%

从学生来源渠道来看，76.8% 的学生是经亲朋好友介绍慕名而来的，说明登封武术之乡、少林寺、少林功夫的名声响亮，有巨大的吸引力。另外也能看出，武术教育集群良好的办学环境、突出的办学成绩、过硬的教育质量也是家长和学生最为看重的择校标准，武术学校在招生方面主要以

登封武术之乡的声望、学生口碑和广告招生为主。从学生家庭经济条件和学费情况来看，家庭经济条件很好的占到 6.5%、很差的占到 2.7%、一般的占到 87.5%；武术学校的收费标准是每人每年 2500～4500 元，包含了文化课学费、住宿费、水电费、保险费、电教费等。最低的学费收费标准是 1800 元每生每年（不含杂费，即住宿费、水电费、管理费等），大部分武术学校根据不同层次的需求都开设了贵族班，收费基本在 20000～50000 元；收费最高的是对外籍学员，每生每年的学费是 8500 美金。当然，收费高的班的学生在住宿、生活监护、教学、训练上的条件也要好很多。以鹅坡武校的全托高级 A 班为例：3 人间，每年收费 36800 元；2 人间，每年收费 39800 元，其中学费 1800 元（三年后学费全免），杂费 4200 元。硬件设施如下：楼内配有电梯，房内宽带入室，安装电视、电话，设单独卫生间，全天 24 小时供应热水，按快捷酒店与学校纪律相结合的模式进行房间管理。登封市的武术学校会根据家长、学员不同的需求，提供不同的学习内容，设置不同的收费标准，如小龙武术学校 2015 年的收费标准，见图 1－1。从调查来看，多数学生觉得武术学校的学费收取还算合理，占到了调查总人数的 72.5%。此外，武术学校还为家庭经济困难的学生减免学费，为特困户寄宿生提供生活费补助等，大大减轻了经济困难学生的家庭负担。在塔沟武校，具有小学、初中阶段电子学籍的学生，按照国家九年义务教育阶段家庭经济困难寄宿生生活费补助政策，符合低保家庭、贫困家庭、孤儿、革命烈士子女等条件之一并能够提供相关证明的，小学生每年可以享受 1000 元、初中生每年享受 1250 元的生活费补助。

从登封市武术学校在校学生的年龄结构来看，主要集中在两个年龄阶段，一个是 11—13 岁，另一个是 14—16 岁，这两个年龄段的学生占到了调查人数的 62.5%，这些学生正值青春发育期，就读于初、高中，他们共同的特点是：求新多变，对新事物、新知识的理解和接受能力强，但思想不稳定，易受外部环境影响，容易产生叛逆心理和行为。学生中有 96.4% 在入校前没有接触过武术。从学生的习武目的来看，弘扬武术文化占到

部别	专业	学费	包含内容
普通班	散　打 跆拳道	9800元/年	含吃住、两套校服、文化课本，洗浴，饮用纯净水，住8人间。
普托班	套　路 散　打 跆拳道	11800元/年	含吃住、两套校服、文化课本，洗浴，饮用纯净水，住6-8人间，有空调、生活老师。
中托班	套　路 散　打 跆拳道	16800元/年	含吃住、两套校服、文化课本，洗浴，饮用纯净水，住3—4人间，有空调、生活老师。
高托班	套　路 散　打 跆拳道	19800元/年	含吃住、两套校服、文化课本，洗浴，饮用纯净水，住3—4人间，有空调、卫生间、生活老师，室内练功有地毯。
影视班	表演理论 表演技巧	23800元/年	含吃住、两套校服、文化课本，洗浴，饮用纯净水，住3—4人间，有空调、卫生间、生活老师。
幼儿特护班	套路	26800元/年	含吃住、两套校服、文化课本，洗浴，饮用纯净水，有空调、卫生间、生活老师。
外籍学员	一个月	800美金	含吃住、住标准间，有中央空调、生活老师，武术小班教学。
	二个月	1550美金	
	三个月	2300美金	
	半　年	4500美金	
	一　年	8500美金	
国内学员	全　年	33800元人民币	
气功绝技班		4600元/年	含住宿费、水电管理费、床上用品、两套校服
教练员培训班		800元/月	生活费自理，含被子、服装。
暑假短训班		500元/月	生活费自理，发校服。
		1500元/月	同普托待遇，发生活用品、校服、被褥。
		2500元/月	同中托待遇，发生活用品、校服、被褥。
		3000元/月	同高托待遇，发生活用品、校服、被褥。
		4000元/月	同国际部待遇，发生活用品、校服、被褥。

图 1-1　登封市小龙武术学校 2015 年的收费标准

16.1%，参加比赛占到 15.4%，防身自卫强身健体占到 27.6%，毕业后容易找工作占到 18.9%。学生中也不乏习武动机不端的思想，在访谈中，有的学生直言不讳地说，在家被同学和地痞流氓（社会青年）打骂、欺辱，甚至是勒索，所以想习武报仇，也有的家长坦言，让孩子习武就是为了不被人欺负。因此，在武术学校的教学训练当中，不仅要加强学生的科学文化知识和武术技能的学习，更要加强对学生思想品德的教育。我们非常欣喜地看到，认为武术学校有必要上德育课的学生占到了 99.7%，希望能够在武术教学活动中学习武德的学生占到了调查对象的 98.6%，由此分析，学生不愿意接受，甚至是抵触的是传统单一的说教式思想政治教育。将武德素养与武术文化传承全面渗透到教学中，实现习武、养生、修性等多方面的需求，追求身体与心理、人与自然、技术与道德的整体和谐统一，从而培养良好的道德风尚、审美意识以及强健的体魄和健康的心理品质，让学生树立正确的习武动机，使其具备坚强的毅力，坚定的意志品质，能够形成正确的世界观、价值观和人生观，成为合格的武术人才。

从学生希望在武术学校学到的内容排序来看，依次是散打—套路—气功—文化知识—跆拳道—拳击—摔跤—其他选项，这与学生的专业选择保持了高度一致性，从学生对自己所选专业的喜爱程度来看，表示很喜欢和喜欢的占到了92.8%。正如《论语》所云："知之者不如好之者，好之者不如乐之者"，爱因斯坦也说过，只有热爱才是最好的老师。由此看来，少林功夫、中国武术对于登封市武术学校的学生来说是有很大吸引力的。在和同学们的交谈中，他们谈到少林功夫时，言谈神情中洋溢着强烈的文化自豪感，尤其是对于少林七十二绝技、点穴、轻功等少林功夫表现出的向往和渴求更是无以言表。从学生对学习内容的选择上来看，想学习中国武术的散打、套路和气功等项目的学生超越了选择韩国跆拳道、日本柔道、泰国泰拳等境外武技的，说明登封市武术学校的学生对于中国武术的认知和认可度还是很高的。访谈中，也有学生说到，来少林寺（登封）就是来学正宗少林功夫来了。在对几位外国学生的访谈中，他们很骄傲地说："学习中国的武术，就是学习中国的文化。"还有个外国学生说，他在没有来中国之前，以为所有的中国人都会武术，所以中国才会很强大。由此看来，中国武术的文化号召力、感染力很强大，推广武术运动和武术文化确实能够有效提升国家软实力和民族自豪感。登封市武术学校的硬件设施（如武术训练场馆、器材的配备）虽说还有提升的空间，但在全国来说，还是属于领先水平的，学生习武、练武的热情也非常高，除正常的武术训练课以外，在实地调查中，笔者也经常能够看到学生在业余时间到场馆训练，看到那些挥汗如雨、百折不挠的身影，以往自己练武的场景不禁一幕幕浮现……登封市的武术学校以武术基本功、少林拳术套路等传统武术为校本课程，同时开设了国家规定的武术套路、散打、跆拳道、摔跤、影视表演等专业，还有硬气功等少林传统功夫。每天的武术训练不仅强健了学生的体魄，更加培养了学生顽强拼搏、吃苦耐劳的精神，同时也缓解了学生学习文化课的压力。文武之道，一张一弛，大大丰富了校园文化的精神面貌和内涵底蕴。

在素质教育方面，登封市的武术学校非常注重养成教育和礼仪教育，在走访中，能够在不同的武术学校看到形式、内容各不相同的《课堂守则》《学生礼仪规范》《武德三字经》等手册，让学生从小就养成懂礼貌、守纪律的好习惯，实地走访中，经常会有学生主动打招呼问好，在座谈会中，学生还饶有兴趣地与笔者讨论武术抱拳礼的文化内涵，让本人也更加深刻地体会到禅武圣地礼仪文化的厚重。一些武术学校还组织学生担任"文明纠察员"，对校园内的不文明、不礼貌行为进行制止劝诫。在观摩武术学校文化课教学的过程中，笔者发现没有一个上课睡觉的学生，教师不仅传道、授业、解惑，还会时不时地走到讲台下来纠正学生的坐姿，让人倍感温馨。在对武术学校训练课实地观摩的过程中，武术教练都能够认真负责，不厌其烦地讲解、示范，学生的习武热情更是高涨，即使烈日炎炎，室外温度已达38度，也没有学生放松对自己动作的要求，正如武谚所讲，"夏练三伏、冬练三九"。每当配合拳术的发声"咿－哈－唬－威"响彻天宇，都彰显着中华民族的侠情豪迈和精神气质，笔者置身其中，也不禁满腔热血随之沸腾，仿若身体内的每个细胞都被这威声激发，有好几次笔者都被这份热情带动，不由自主地和学生一同训练、出操，在习武场上挥洒汗水。在对学生的宿舍和食堂走访中，笔者发现宿舍内务整齐，井然有序，即使5、6岁的儿童都能够自理生活，洗衣叠被。许多家长也反映，孩子来到学校以后，变化很大，学会自己洗衣服，叠被子，有了一定的自理能力，更加自立自强，放假的时候还会主动帮家长干一些家务活。在学生食堂，能够看到学生们安静有序、文明就餐，没有出现任何浪费粮食的现象，每个武术学校都有相应的学生用餐制度，几千人在食堂吃饭，却几乎听不到有人说话，真正做到了"食不语"，一些学校的校领导或武术教练会巡查食堂，帮助个别学生纠正不良用餐习惯。

学生就业意愿方面的数据显示，见图1－2，83.4%的学生选择了考入高校继续深造，说明成为文武兼备的全面人才的理想对学生还是有较大吸引力的，也说明了提高教育质量、保证升学率是武术学校的工作重点和生命线。

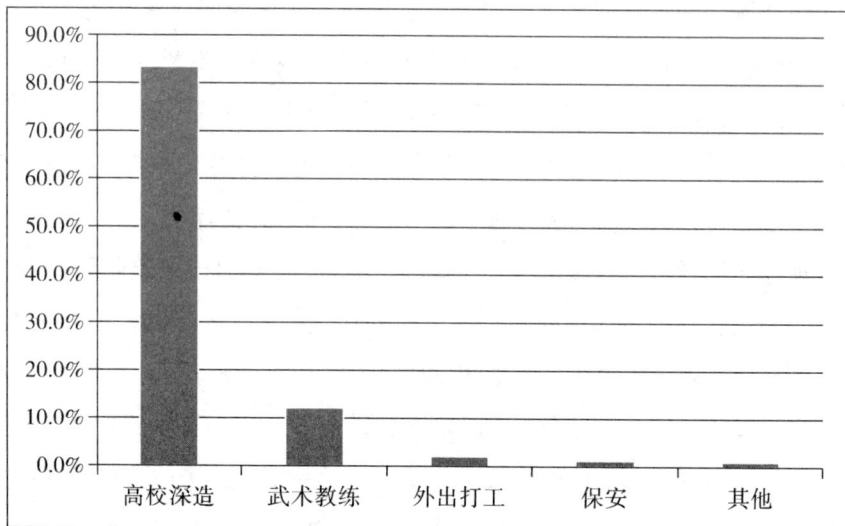

图1-2 登封武校学生就业意愿统计图

（二）登封市武术学校师资情况

武术学校的师资分为文化课教师和武术专业教练员两类。文化课教师多以公办学校教师退休返聘（32.4%）和招收年轻师范类毕业生（54.7%）为主，年龄集中在60—65岁和21—30岁两个年龄区间，见图1-3。整体来看，登封市武术学校的文化课教师师资年龄架构不合理，存在严重的断层现象，没有形成良好的师资梯队。教师对武术学校的文化课教材还是比较认可（认为合适的占到93.6%），从教学工作量来看，基本上能够做到一位文化课教师专职负责一门课，这样的教师占到了71.8%；负责两门课的教师占到了27.6%，个别武术学校有教师负责三门以上的文化课。大部分教师要同时负责几个年级学生的文化课，武术学校文化课教师平均每周教学工作量在12—16学时。大部分的武术学校非常重视文化课教学，经常检查教师备课教案的情况，并有明确的激励机制和奖惩制度。在教师能力方面，多数教师的英语掌握程度是初级（62.4%）、对计算机的掌握程度是一般（71.2%），来到武术学校后没有参加过培训或进修的占到了 64.6%。从教师的工资待遇和工作满意度来看,登封市武术学校教师平均工资水平在 2000~5000 元,按照当地物价消费水平,属于中等收入水平,个别特聘教师或优秀教师的薪酬在 8000 元以上,在登封属于高收入群体。教师在工作满意度上,82.4% 的教师对现在工作满意或非常满意,基本满意的占到 15.2%,不满意或是很不满意的为 2.4%。影响教师教学积极性的因素主要是学生接受能力差和学生不遵守纪律。在针对教师的座谈会上,许多文化课教师叫苦不迭,生源差给文化课教学带来了巨大困难,许多老师也建议武术学校应该提高学生的入学门槛,不然很难保证教学质量和升学率。

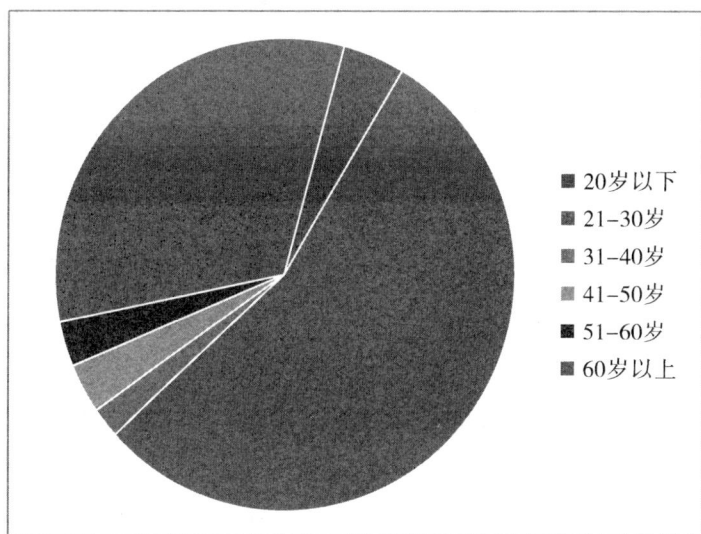

图 1 - 3　武术教育集群文化课教师年龄结构图

武术教练员方面,根据调查结果显示,登封市武术学校的武术教练员中男性教练占据绝大多数(92.4%),女性教练员较少(7.6%);教练员的年龄主要以 20—30 岁的年轻教练为主(90.6%),年龄在 31—50 岁的教练员是武校教练员队伍中的中坚力量,这部分教练员大多担任表演团、代表队、重点队的教练工作,同时负责年轻教练团队的培训和学生武术课程教学计划的制订及教学过程的监督,有的还担任武校管理工作。登封市武术学校教练员的学历主要集中在本科和大专,较之以往武校教练员学历低、文化差的现状已有较大改善。登封市武术学校大多数教练员的武术段位等级集中在中段位，占总人数的95%，且多集中在四段和五段；运动等级以二级武士为主，占81%，一级武士占16%，武英级的武术教练员占极少数，仅为3%，如表1-2所示。武术学校教练的来源以本校留校生为主，占到了86.7%，一些武术学校开设有对内就业的培训班，是专门针对本校内部培养师资队伍所开设的班种，主要学习礼仪、法律、德育、运动学、心理学、教育学等理论知识，同时加强武术专业方面的知识和技能、武术教学方法及学生管理方法的培训，所以他们在对运动员进行选材时会主要依据选材理论与仪器，然后根据训练水平、竞赛成绩来选拔武术运动员。在平时训练的疲劳恢复中，他们懂得按摩放松和心理放松，而且能够告诉学生应注意哪些方面的营养、给予他们调整措施。能够做到鼓舞激励学生，和学生建立起非常亲密融洽的师生关系。

大部分武术教练入职后都参加过武术专业培训或者进修（占到教练总人数的98.3%），学校也会特别重视武术训练质量，要求教练要有训练计划，也经常会组织教学训练评比，建立考核机制，以促进武术训练水平和竞赛成绩的提高。从工资待遇和工作满意度来看，登封市武术学校的武术教练平均工资水平在2000~5000元，按照当地物价消费水平，属于中等收入水平，总教练或担任管理工作的教练薪酬待遇在8000元以上；职业兴趣度上，非常喜欢或喜欢的占到了99.3%，不喜欢或是很不喜欢的为0.7%；武术教练对工作满意度上，80.1%的教师对现在工作满意或非常满意，基本满意的占到19.6%，不满意或是很不满意的为0.3%，说明登封市武术学校的教练对于这项工作是非常热爱的，表现出极高的职业兴趣度，能够保证教学训练工作的良好开展。影响教练教学训练积极性的主要原因是社会地位和认同感较差，待遇较差。

表 1 - 2　武术教育集群教练员情况调查表　n = 706

	学历结构				段位等级			运动等级		
	高中及以下	大专	本科	研究生	初段位	中段位	高段位	二级	一级	武英级
人数百分比	42	290	315	59	21	670	15	575	112	19
	6%	41%	45%	8%	3%	95%	2%	81%	16%	3%

（三）登封市武术学校的办学管理现状

登封市武术学校的领导体制主要采用校长负责制，校长是学校整体教育工作的主要领导者、组织者和管理者，也是武术学校的核心领袖。校长素质的高低，也直接影响着学校的办学质量和未来发展。根据之前颁布的国务院令第 226 号《社会力量办学条例》规定："民办学校校长或主要负责人应当具有高尚的思想道德品质，五年以上从事教育教学工作的经历以及与教育机构的层次相适应的学历水平，并经过岗位任职资格培训"。该条例于 1997 年开始实施，直到 2003 年废止，由《中华人民共和国民办教育促进法》替代，而在此期间，有研究显示，① 整个河南省武术学校的校长普遍不符合社会力量办学有关法规对校长的基本要求，普遍存在学历较低、大部分校长未经过岗位任职资格培训的问题，更有甚者之前从未从事过任何教育教学的相关工作。近年来，虽然《中华人民共和国民办教育促进法》中并未对民办学校举办人、校长资质做出明文规定，但根据调查显示（见表 1 - 3），登封市有 19.5% 的武校校长具有硕士研究生学历；45.7% 的具有大学本科学历，说明武术教育集群校长的整体学历水平、教育管理能力都有大幅度提高。如少林鹅坡武术专修院创办人梁以全先生，不仅担任着国家体育总局武术研究院专家委员会专家、河南大学客座教授等学术职务，还曾提任过河南省武术馆副馆长、河南省武术协会副主席等职务。登封市武术学校校长大部分都获得了武术高段位，在全国处于较高水平，其中九段 3 人，八段 3 人，七段 23 人，六段 17 人。说明登封市武

---

① 姚丽华. 河南省武术学校现状与对策研究 [D]. 开封：河南大学，2001.

术学校校长的武术运动水平都很高，对武术项目的推广普及也都做出过较为显著的贡献。

表1-3 登封市武术学校校长情况调查表 n=46

	学历结构				段位等级				年龄		
	高中及以下	大专	本科	研究生	六段	七段	八段	九段	45岁以下	45—60岁	60岁以上
人数	3	13	21	9	17	23	3	3	8	31	7
百分比	6.5%	28.3%	45.7%	19.5%	37%	50%	6.5%	6.5%	17.4%	67.4%	15.2%

登封市武术学校的管理人员总数与学生人数之比大概为1∶20，管理人员的构成见图1-4，其中65.7%来源于武校教练，有的已经不担任教学训练任务，专职进行学校管理工作；83.6%的管理人员在应聘武术学校管理岗位时没有管理方面的学历背景，甚至没有专门进行过学校管理方面的学习、培训。

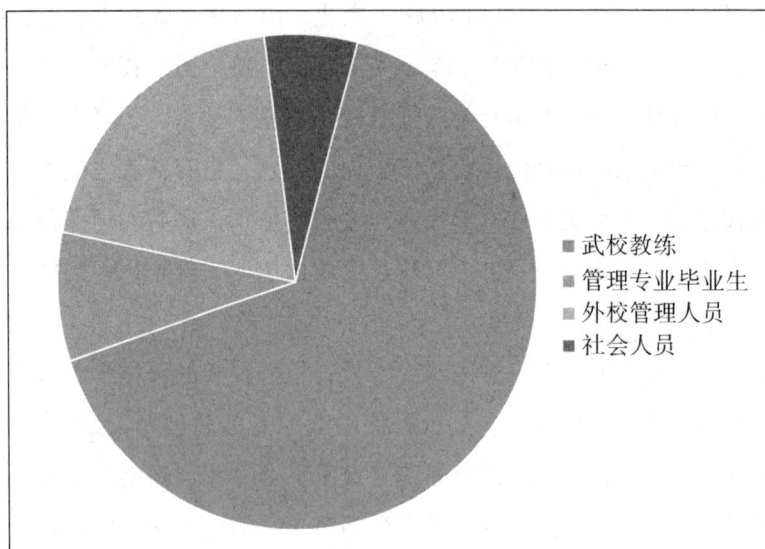

图1-4 武术学校管理人员来源构成图

在管理人员的选聘标准上，主要看重的能力依次是专业管理知识、沟通的技能、正直诚信的品质、决策的能力和敢于冒险的创新精神，见图

1－5。在对武术学校管理人员的访谈中还了解到，管理岗位的选聘以校领导直接任命和内部竞聘的方式为主，见图1－6，有的武术学校管理人员和校领导之间存在亲属关系，尤其是一些重要的管理岗位。

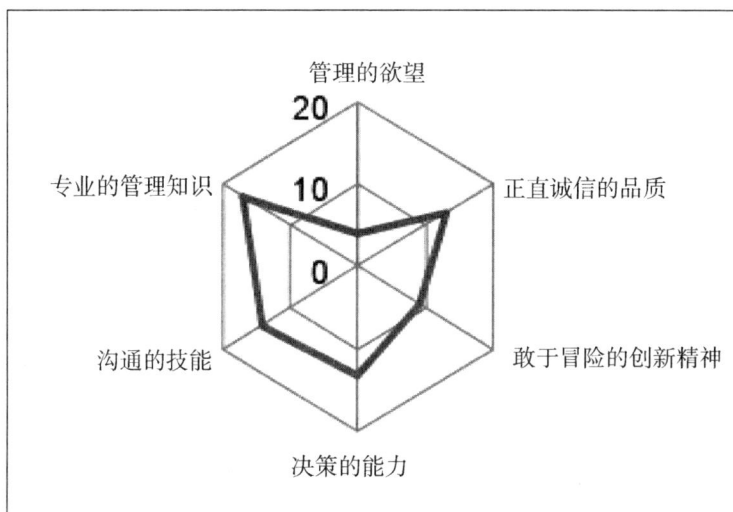

图1－5　武术教育行业管理人员选聘标准

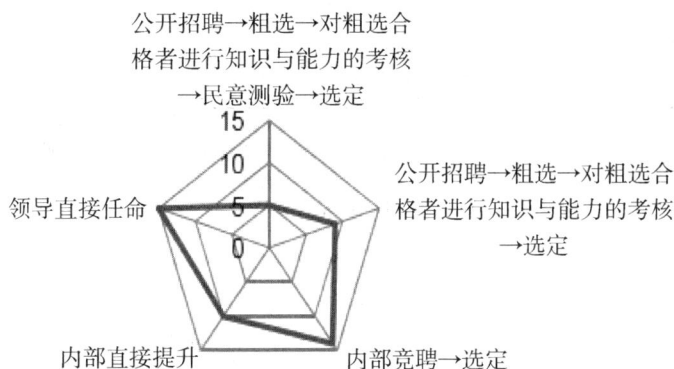

图1－6　武术教育行业管理岗位的选聘方式

从办学情况来看，登封市武术学校的办学形式以个体经营为主，由教体局、市武术运动管理中心审核、审批，办学资金的来源多以学生学费为主。46所武术学校都能以发扬武术文化、培养武术人才、满足社会需要作为学校的办学宗旨，也都坚持以文为主，武为特色，同时增加其他项目作为本校特色的办学指导思想。在收费方面，每个学生平均费用在 8000～10000 元，这里面主要包括学费、住宿费、伙食费、服装器材费、书本费、管理费、水电费等。大部分武术学校的配套设施还是比较齐全的，有医务室、图书馆、阅览室、电脑房、理化实验室、浴池、超市等，规模较大的教育集团和武术学校有自己的校办企业，主要是教育培训的拓展项目、武术产品的研发生产、承接武术表演、连锁超市、宾馆、饭店等。由于办学层次不同，内部机构的设置也不完全一样，但大多数武术学校基本上能够根据学校自身发展需求设置相应管理机构。内部管理机构的设置决定着武术学校管理效率的高低，管理机构的设置既要符合武术学校工作的实际需要，又要尽量简练精干。登封市的武术学校在内部管理机构设置方面，基本包括：校长办公室、教导处、总务处、教研室、训练处等。登封市有四家大型武术教育集团，办学体系相对完善，组织结构也呈现出扁平化、精细化的设置，如少林寺小龙武院的机构设置，见图 1-7。而个别武术学校存在机构设置随意化的乱象，致使职责落实不具体，职权划分不明显。

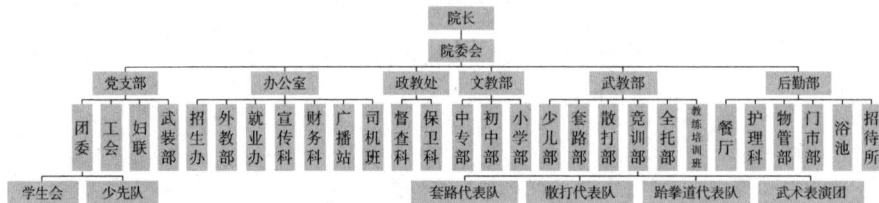

院长
院委会

党支部：团委（学生会、少先队）、工会、妇联、武装部
办公室：招生办、外教部、就业办、宣传科、财务科、广播站、司机班
政教处：督查科、保卫科
文教部：中专部、初中部、小学部
武教部：少儿部（套路代表队、散打代表队、跆拳道代表队、武术表演团）、套路部、散打部、竞训部、全托部、教练培训班
后勤部：餐厅、护理科、物管部、门市部、浴池、招待所

图 1-7 登封市少林寺小龙武院的机构设置图

关于学校实施军事化封闭式的学生管理方式，各方褒贬不一。由于武术学校的生源质量参差不齐、学生的年龄和心理成熟度又各不相同，为了统一管理，武术学校一般都会采取全封闭式的军事化管理，但也要注意封闭式管理的弊病，那就是生活枯燥与社会隔离感。笔者通过实地调查专访发现，在学生的日常生活管理和德育管理上，大部分武术学校做得还是很好的。在小龙武院，针对不同年龄层次的学生，学校制定了非常详尽的学前教育管理、小学教育管理、中学教育管理和中专教育管理的相关管理制度，把习武人"行如风、坐如钟、卧如弓、站如松"的行为规范和日常行

为规范结合，使得学生风貌精神倍增；在学生生活管理上，仅护理老师这个岗位，学校就建立了工作职责、行为规范、关爱学生十条准则和工作责任制等相关制度和规定；在学生德育管理工作方面，登封市的武术学校都能够有计划地开展各种思想政治教育活动，丰富多彩、灵活多样，一些武术学校还形成了从校总务处或办公室到班主任、教练或生活老师一条龙的纵向管理模式，并兼以学生会、家长为横向联系，建立了完善的德育工作网络。为使学生德育管理落到实处，少林寺武术学校着力强化政教处的德育管理职能，在强化家长联系制度方面，规定班主任和教练有重大活动时、学生受到表扬或发生严重违纪、受到伤害或身体健康出现异常状况的时候，必须与家长电话联系，家长来访探望学生时，必须热情接待，向家长通报学生在校的学习、训练、生活情况；规定班主任至少一个月与学生家长电话沟通一次，政教处会严格检查家长的访问记录，对与家长沟通不符合要求的班主任和教练进行批评和处罚，并限期改进，通过强化家长与学校的联系，调动了家庭的教育力量，形成了齐抓共管的育人合力。

登封市武术学校整体在管理制度设置、人事制度、考核制度、岗位责任制度等内部管理方面仍有待加强；在对教职员工的激励机制方面，武校高层对中低层的激励手段主要采用负激励机制。登封市近些年只是提出过些许武术学校发展的构想，但并未形成具体的战略规划，没有具体明确的战略目标，对于如何进行战略定位、实施发展构想、改进提高整体的武术学校发展状况，没有清晰的思路和设定，调查的46所武术学校均没有设立过学校发展战略规划组织，83.3%的学校没有制订过发展规划，制订过学校发展规划的，也说不上、拿不出相关资料，在访谈中，有的管理人员也直言学校怎么发展校长说了算，虽然校领导是学校发展的总舵手，但这也暴露出来，武术学校在重大决策、战略愿景上没有群策群力，也说明从地方政府到各学校单位都没有过清晰详尽的战略管理理念和实践经验，校长们一致认为有必要进行武术学校的战略规划，对学校的发展实施战略管理，认为这样会对武术学校的发展有好处。所以，从登封市行政部门的领导到武术学校的校长都有必要加强战略素质培养和战略管理知识学习，这样才能够在武术学校的发展中起到关键作用。

（四）学生对登封市武术学校的满意度调查

从学生对武术学校办学条件、管理制度、课程设置、人才培养、师资水平、就业升学等方面的评价来看，河南省的武术学校整体上得到了受教育者的认可，满意度较高，见图1-8。

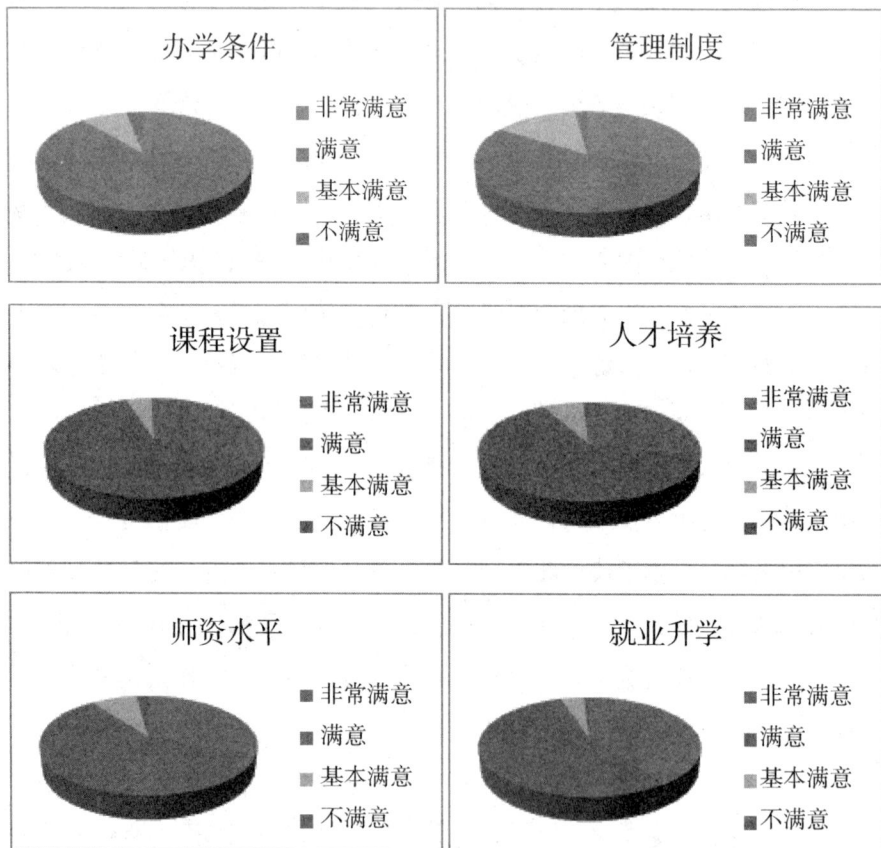

图1-8　学生对武术教育集群满意度情况

研究节选了学生在武术学校学习生活的心得体会和学生家长对武术学校的评价。

登封某武术学校高二学生：在我的心目中，武校犹如我的家一样。它是那么的美丽，承载着我那么多的快乐，每当我想起和同学们一起学习、一起练武、一起玩耍的情景，都会不自觉地笑出声来。学习的时候，我们互相帮助，哪些问题不会，我们一起思考，一起解决。练武的时候，有过苦、有过伤、有过累。可是，我们从不喊累，也不叫苦。当我们气喘吁吁时，每个人的心里都会有一个想法："天下没有平坦的路，没有挫折，就没有进步。"当我们一起玩耍的时候，像一只小鸟一样快乐。有时唱歌，有时玩游戏，或者练累的时候，就躺在学校的地毯上或草坪上，一起谈着过去的事情。在这里，教练就像父亲一样。虽然在练武不认真时教训我，但我知道这是他对我的一种爱——深沉的爱。当我想要放弃时，是他让我坚持下去；当我有困难解决不了时，是他出现在我面前，教我以后遇见同样的事情该怎么去处理；在我做错事的时候，等待的不是惩罚，而是教导。老师就像母亲一样，在学习中遇到不懂的问题，她会不断地跟我讲解，直到我学会为止；我生病时，她会提醒我吃药，给我送开水，无微不至地照看我。我也知道这是她对我的一种爱——温柔的爱，教我们学习与做人。同学们就像我的兄弟姐妹，他们一直在我的身边陪伴着我，我们一起克服种种困难。在我烦恼时，他们总会做一些能让人笑破肚皮的动作。我哭泣时，他们会安慰我、鼓励我，我同样知道这是他们对我的一种爱——一种叫作"友谊"的爱。在这个大家庭中，我得到很多很多的东西，使我茁壮成长，使我无比的快乐，无比的幸福。

登封某武术学校小学六年级学生：以前在文化学校，我也差不多算是一个好学生，但是老师每天布置的作业太多，有时候完不成，别的同学都走了，就我留在班里继续写，很晚才能回家。到了晚上还要写别的老师布置的作业，累得我趴在桌上睡着了。第二天早上我不敢去学校，我爸爸问我为什么不去学校，我说老师布置的作业太多，没写完。又过了一天，我缠着我爸妈，说："我要转学校。"我爸爸说："行，但是你无论到哪个学校都要好好学习文化知识。"住进武术学校的第一夜，我翻来覆去睡不着，我想我的爸妈，一夜没合眼。第二天早上我们开始军训，我们的教练喊着"一、二、三、四"我们也跟着喊了起来，顿时我觉得我就像当兵一样，过着军人的生活。军训时同学之间相互关心，互相爱护，互相帮助，我们变成一个有组织有纪律的集体。该上文化课时，教练又组织了我们站队进入各自班级，文化课老师布置的作业不是很多，我基本可以完成。课堂上，老师怕我们听不懂，讲课语速很慢，题的每一步都讲得很明白，我们都能听得懂，感到津津有味。到武院学习这两年来，我的成绩不仅没退步，而且还比以前更好了，写作业也不烦了，还能全神贯注的。武术课上一个比一个练得起劲。来到武院是正确的选择，不管以后再苦再累，我都一定会坚持下去的！

学生家长对登封某武术学校的评语：望子成龙，恐怕是每个家长的最大心愿，但儿子到了叛逆期，不好好学习，在家懒散，老公提议把儿子送去练武，刚开始我还反对，看着儿子没吭声也就同意了。老公就开始打听去哪学，带着儿子去做"实地考察"，经过一番折腾，终于决定XX武术学校，不但学武，同时还要学习文化知识，武德教育等，从各方面让孩子健康发展。然后带着儿子报名，入学，我却暗暗担心孩子能不能适应武校的生活。儿子去了武校几天后，不好意思给我打电话，给我发了一条短信："妈妈，我想家，我想回去，回去后我一定好好学习。"看到短信，作为父母，心里特别难受。但想着，练武本来就得辛苦，如果就这么轻易放弃了，很可能让他养成以后做什么事，只要有困难就会退缩的习惯。因此虽然心疼，也只能咬牙让孩子坚持。时间过得真快，转眼又是两周过去，现在孩子怎么样了呢？我们怀着忐忑不安的心情又来到武院，看着孩子还在一丝不苟地练着，太阳下照得脸通红通红的。这一次，儿子没有闹着回去，而是说："妈妈，我长大了，不会哭的，也不怕苦，不怕累，放心吧！"儿子在武校一天天成长，黑了，结实了，走路昂首挺胸更有气质了。回家衣服自己洗，自己的事自己做。我印象最深的还有一次回家，他和弟弟冲突，俩人差点打起来，我及时制止，但我也很生气，我让他们反思。一会儿，儿子跑到弟弟面前伸手说："对不起，我是哥哥，应该爱护你。"弟弟也不好意思地对哥哥说："对不起，我也有错"。俩人拥抱在一起，看得我很是欣慰。儿子做了表率，感染了弟弟。后来儿子对我说："妈，在学校老师让我们学习的《弟子规》中就有孝敬父母，爱护兄弟姐妹的句子，作为哥哥，我就应该做个好榜样。"儿子在武校一天天长大，一天天在变化，作为父母，我们对儿子的改变感到高兴，同样也希望，他在武院开始他新的改变，新的启程。

学生家长对登封某武术学校的评语：作为一名学生家长，每时每刻都在为自己的孩子着想，但是，因为工作的原因，没有太多的时间照顾孩子，所以把孩子送到咱们这所文武双修的名校。咱们武院是一所寄宿学校，孩子来到这里经过老师、教练的辛勤教导，文化水平、身体素质都有明显的提高。特别是孩子的身体不好，小时候经常感冒发烧，长大了虽然有所改观，但还是很差。来到咱们学校以后，进行了系统的武术学习，身体素质也增强了，很少生病了。教练老师都把学生当成自己的孩子，对孩子的照顾总是无微不至，有了困难总是第一时间都能帮助解决。我们在外工作的时候也不再为孩子操很多心了。孩子能够在咱们学校安心地生活与学习，我们做家长的也放心了，解决了我们的后顾之忧，对此深表感谢！

第二节　武术教育集群发展的困境分析

一、融资困难导致发展资金不足

《国家中长期教育改革和发展规划纲要（2010－2020年）》提出，民办教育是教育事业发展的重要增长点和促进教育改革的重要力量。要清理并纠正对民办学校的各类歧视政策，制定完善促进民办教育发展的优惠政策。①《中华人民共和国民办教育促进法》中也指出，民办学校和公办学校享受相同的待遇。② 但现实中，无论是在硬、软件设施的建设上，还是

---

① 国家中长期教育改革和发展规划纲要工作小组办公室. 国家中长期教育改革和发展规划纲要（2010－2020年）［EB/OL］. 中华人民共和国教育部官网，2010－07－29.
② 中华人民共和国教育部. 中华人民共和国民办教育促进法［EB/OL］. 中华人民共和国教育部官网.

法规政策的支持上，民办性质的武术学校一直没有得到政府像对公办学校一样的投入和政策的落实，这直接影响着武术教育行业能否长远地可持续健康发展。武术学校的办学资金来源主要依靠办学者个人投资，凭借学生学费滚动发展，社会捐赠及其他办学的方式较少。导致武术学校资金运行困难的主要原因包括：前期基建投入大，自身资金无法满足建设需要；生源减少影响学费收入；追求学校升格压力加大，硬件建设投入不断升级；金融信贷政策偏严，学校难以通过正常渠道筹资；学费增长有限而办学成本激增，部分武校运行困难。① 地方政府和教育主管部门往往从投资方面、财产归属上去判断武术学校的办学性质，并不认可它是社会主义教育事业的组成部分。政策法规对武术学校的生存和发展至关重要，尽管有关的法规政策建设已日趋完善，但现实中还是会出现许多有法不依、执法不严的情况，往往是原则性强，而实际可操作性较差。② 调研中，许多武术学校的负责人感慨道，武术学校发展最大的困难是国家对民办教育扶持的力度还不够大。笔者在其他省市调研时，发现有些地方的国土局、银行等不给予武校征地、贷款等方面的平等待遇；一些地区无视《民办教育促进法》的贯彻落实，认为民办学校不是国家投资，同时又是高收费，不该对其优惠免税并按公益事业对待，使本应该享受到优惠的武术学校，反而被要求征收各种巨额的税费，使本来就资金不足的武术学校根本无从生存。国家政府实行两免一补政策，全国普及义务教育受到人民的欢迎，但对我国民办教育的发展影响较大，虽然很多研究将武术学校生源下降的原因指向两免一补，但在登封市的实地调研中，武术学校的校长们普遍反映两免一补政策的实施并没有对武术学校生源造成很大影响，社会转型期武术热的消退、计划生育政策影响、各类教育培训的兴起、独生子女不愿受苦受累等因素倒是主要影响原因。走访中发现，武术学校的校长们一致认为，只有

---

① 胡卫，董圣足，方建锋. 民办学校资金来源及债务情况调查［J］. 教育发展研究，2012，32（Z1）：14-19.

② 李凤成. 我国民办武校政府规制研究［J］. 河北体育学院学报，2010（2）：36-38.

不断提高教育质量，才是吸引学生、家长的不二法门。随着近年来国家对职业教育的大力投入，不断完善职业教育的支持政策，逐步实行中等职业教育的免费制度和家庭经济困难学生资助政策，职业教育的大发展也可能会带走原本选择武术学校的一部分生源。

笔者在调查中还了解到，在以往的很长一段时间内，许多部门看中了武术教育行业的经济效益，纷纷向武术学校伸手，导致了多头审批、多头管理或只批不管、只收费不管理的混乱局面。2000年，国务院《民办非企业单位登记管理暂行条例》颁布实施，武术学校统一由民政部门归口管理，随后，公安部、教育部、国家体育总局联合下发了《关于加强各类武术学校及习武场所管理的通知》，规范了武术学校的审批程序，我国武术学校才由以前的多头审批，规范为教育部门、体育部门两家审批和管理。虽然武术学校在教育局和体育局逐渐清晰了审批职责，但对一所武术学校的管理，不同的区域的直接管理单位又各不相同。在登封市，武术学校的办学形式以个体经营为主，由教体局、市武术运动管理中心审核、审批，以前是体育局和教育局两个单位同时管，管理职责和管理分工又不明确，现在教育局和体育局合并为教体局了，但由于缺乏对武术学校的相应管理标准和监督评价体系，导致武术学校管理工作中出现了职权交叉、管理滞后、理念认识不到位、管理角色不清、权责不明的现象，致使登封在武术学校管理工作中存在机制僵硬、管理不顺的情况，给其发展带来了一定阻力。

二、学校定性模糊致使社会认同差距

就武术学校的生存和发展而言，社会的认识和认可是非常重要的。从登封市武术学校兴起的历史背景和原因来看，武术学校是在八九十年代习武热潮盛行时创办的。在那个时代，学生都是直奔习武而来，武术学校在德育和法制教育方面还较为薄弱，有的学生会在社会上路见不平、行侠仗义，由于法制观念薄弱，加之习武时又正值青春年少、意气风发，个别学生也会寻衅滋事、仗武欺人。加上习武之人普遍义气为重，也很容易被人利用。社会上就会有人轻视地认为，练武之人都是四肢发达、头脑简单的，简单粗暴、不可理喻。因为是民办性质，社会上普遍存在一些观念偏见，如"文化学不好才会要送到武术学校""武术学校都是些差生"，家长也不愿意把孩子送到武术学校学习。根据实地访谈的记录，许多家长也毫不回避地承认以前是对武术学校存在观念偏见的。一些新闻媒体单位也对民办武校抱有偏见，一位武校校长回忆道，登封当地的一所武术学校，一个学生因为先天性心脏病，周末在宿舍休息时突然无征兆发病离世，家长不依不饶，停尸校门口，严重影响了正常教学工作，媒体还报道校园暴力，称教练打死学生，一下子以讹传讹，这家武术学校生生在唾沫脏水中垮掉。根据国家体育总局武术运动管理中心的《民办武校现状及发展趋势调研报告》显示，整个社会意识形态领域里还存在着对武术的偏见，很多家长的潜意识里认为上武术学校练武术是没有出路的，孩子最多将来当个保镖，没有出息，这也是影响武术学校生源的一堵无形的厚厚的壁垒。只有让越来越多的人认识到武术是国学国宝，是可以塑造青少年完整人生、造就有益于社会的各类有用人才的民族优秀文化。只有建立起这样的意识形态，才能打破这堵厚墙，生源才会源源不断流向武术学校。

导致社会对武术教育行业产生种种偏见的主要原因是大部分的武术学校在办学理念上的落后。武术教育集群在早期成立的时候，重武技轻文化、重训练轻管理，多采用武术教练兼任管理者的模式，加之很多家长认为学武能戒除劣习，往往把"调皮捣蛋，学习不好"的孩子送到武校来，这无疑加大了学校管理教学的难度。在陈旧的教育思想下，一些武术教练对教学训练也停留在传统粗暴的打骂和体罚式教育上。在科学技术迅速改变世界、改变社会生活各个领域的时代背景下，武术教育集群的学校教育必须改变传统教育模式，实现从单纯技能知识传授到更注重学生能力培养和建设的转变。可以说，武术教育集群要想继续在现有的教育格局下生存下去，就必须要让不同的学生享受高质量的特色教学，做到全面培养、逐一雕琢，为社会培养文成武就、独树一帜的人才。没有这一点，武术学校在当前教育环境下难以长远发展。"一切为了学生，为了一切学生。"这是教育行业的共同信念，也暗含着学校的教育者对每个学生真诚的爱和默默的付出，这里面既折射出以学生为主体的教育观，也体现了现代素质教育的根本要求。正如一位武术学校校长所讲的："以前人们对武术学校总是存在着一些偏见，总觉得其他学校教不好的孩子才被送到武术学校来，所以要求我们必须在文化教育上下功夫。原来我们只重视武术成绩，现在要转变教育观念，文武并进，努力争取升学率，我们的学生中也有考上清华、北大的，这样就有了很大的竞争力和说服力。"①

三、师资水平偏低导致教育质量不高

师资是学校办学质量的核心，决定教学质量。从登封市的调查结果来看，文化课教师多以公办学校返聘和招收年轻师范类毕业生为主，所以年龄集中在 55—65 岁和 21—30 岁两个年龄区间，整体来看，文化课师资年龄架构不合理，存在严重的断层现象。在教师能力方面，多数教师的英语掌握程度是初级（62.4%），对计算机的掌握程度是一般（71.2%），来到武术学校后没有参加过培训或进修的占到了 64.6%。这也是全国武术学校文化课教师整体状况的真实写照，学历普遍偏低，应用操作能力较差，工作量又偏大，难以确保学生文化知识的学习质量。此外，文化课教师一致反映，生源差给文化课教学带来了巨大困难，许多老师也建议武术学校应该提高学生的入学门槛，不然很难保证教学质量和升学率。

武术学校教练员整体素质偏低的问题，也是武术学校发展中最为严重的问题之一。② 从全国先进馆校到普通武术学校，普遍表现出教练员整体素质不高的情况，尤其是思想素质较差。从登封市实地调查的结果来看，武术学校的教练有少部分是从社会上招聘到校的教练，大多数是将本校培养的学生留校任教，这类教练占到了武术教练总人数的 86.7%。从武术教练的段位及裁判级别情况了解到，武术教练的段位及裁判级别普遍较低，

---

① 王涛，龚建新. 武术馆校生存发展之道 ［J］. 中华武术，2008（6）：4 - 10.

② 曾凡鑫. 我国武术馆（校）师资现状与发展对策 ［J］. 体育学刊，2006（5）：61 - 63.

低段位和低裁判等级的教练分别占到教练总人数的90%和81%，表明他们的专业素质还需提高。武术学校教练的素质高低将直接影响大批青少年的健康成长与成才。随着武术学校规模化、正规化的发展，一批优秀的武术教练逐渐成长起来，但他们的数量与武校的数量、规模、师生比相比起来显得格外的不足。而且武术教练依然存在着学历水平较低、整体素质偏低、缺少现代教育与训练理论等现象。加上平时教学训练任务重，训练成绩的考核让教练们也是压力倍增，而且搞体育本身就是"吃青春饭"，武术学校的教练中又以男性为主，成家立业的压力对于他们来说着实不小，一些年龄稍长的教练也开始考虑另谋出路或转型发展。

振兴民族的希望在教育，振兴教育的希望在教师，建立一支具有良好政治素养和业务素质、结构合理、相对稳定的教师队伍，是教育改革和发展的根本。加强教师队伍建设，提高教师素质和师资水平是武术教育集群所面临的最严峻的挑战。意识到这种状况后，一些武术学校已经开出了优厚条件来招揽优秀、高端的师资力量，但成效也是甚微。公办学校教师的工资都是国家财政支出，且有固定编制，稳定的工作、稳定的收入，加上奖金和假期，算是比较安稳体面的职业。但民办学校一般受限于经费，请不起名师、能师，无法给予相对稳定和合理的报酬。而且武术学校大多数又设在农村，工作环境艰苦，文化生活相对落后，不能满足高水平教师物质文化生活的需求，加上师资管理上没有有效的激励机制和竞争机制，难以调动教职工的积极性，许多教职工无法安心地扎根武术学校教书育人。种种因素致使武术教育集群仍存在教师流动性大、引进优秀文化课教师困难的问题。

四、内部管理不畅影响长远发展

依据《中华人民共和国民办教育促进法》第十九条规定："民办学校应当设立学校理事会、董事会或者其他形式的决策机构。"在武术学校的决策制定方面，必须要设立决策机构，以保障武术学校决策的科学化、规范化和民主化，实现学校决策、执行和监督之间相互配合、相互制约的机制。但研究调查中发现，武术教育集群家族式、作坊式的办学管理思维和模式致使内部管理体制建构不完善，严重阻碍了学校的健康发展。无论是在大型的武术教育集团还是在小规模的武术学校，基本上都是校长"一言堂"制，在对武术学校校长的访谈中发现，校长要全面负责教学、训练、财务及其他行政管理工作，在相关校务宏观管理上拥有相应的权利。对于一个庞大的组织体系，要提高管理效益，就必须适当放权，将管理重心下移，适当分权以扩大管理的参与性，进而构筑一个多层次的系统性管理网络，凝成一股远比个人中心或部分领导核心更为强大有力的管理合力。有的武术学校虽然实行董事会制，但遇到重大问题不是由董事会集体决策，而是由主要出资人说了算，特别容易形成个人独断专行的局面，家族式、作坊式的办学管理思维和模式致使武术学校内部管理体制建构不完善，无法保证决策的科学可行，缺乏完善的办学风险防范机制和信息公开制度，组织管理没有严格的财务制度，缺乏必要的监管机制，长此以往势必会阻碍登封市武术学校的健康发展。

武术教育行业的管理基本靠经验积累和传接；武术学校没有高水平的管理专业人员，也未引进职业经理人，管理人员的整体管理水平和素质不高；管理意识、管理思维、服务意识有待加强；学校关键管理岗位多以直系亲属担任，缺乏高素质管理人才，这些因素导致登封市的武术学校都未形成现代学校的管理制度。在内部管理机构设置方面，个别武术学校存在机构设置随意化的乱象，致使职责落实不具体，职权划分不明确。即使已经组建武术教育集团的武术学校，也仍然存在董事会机制不完善的问题，特别是在财物管理和监督机构的建设上还有待进一步提高。有的武术学校没有完善的办学风险防范机制和信息公开制度，组织管理没有严格的财务制度，特别容易形成个人独断专行的局面，甚至会发生个别实权人物携款出逃的严重事件，给组织的声誉和社会、群众的利益造成极大的伤害。这种情况应该引起政府和武术学校管理者自身的高度重视。在调查走访的武术学校中，多数学校很难真正严格履行国家对于实行董事会制度的要求，实际上仍是"换汤不换药"的"家族式管理"。而规模较小的武术学校普遍存在管理部门机构简化，甚至是随意设置职能管理部门的现象，致使管理职责分工不明确。内部机构健全与否以及内部管理制度的完善程度直接影响着武术学校的办学水平与武术学校机制的正常运行，同时也影响着武术学校的成败与生存。① 管理机构设置不明确，职责落实不具体，职权划分不明显，管理和决策背道而行，易造成管理不通、令而不行的混乱局面，这些必将成为牵绊武术教育集群健康发展的"拦路虎"。

第三节　战略转型：武术教育集群发展脱困的必然选择

一、生源锐减大环境下摆脱生存的困境

1982 年，由李连杰主演的《少林寺》掀起了中国甚至全世界习练中华武术的热潮。三十多年过去了，可以说《少林寺》影响了几代人，李小龙、李连杰、成龙等功夫明星将武术的魅力通过影视传媒展现给世人，推动了武术在全世界范围内的发展。为了满足庞大的习武市场需求，各地（尤其是少林寺所在地河南省登封市）纷纷成立武术培训机构，武术学校也是在此背景下空前火爆起来的。据了解，当时登封武校发展到了 100 多家，学员万余人，从登封到少林寺，堪称"三步一馆，五步一校"。在对武术学校校长的访谈中还了解到，《少林寺》将全中国推向了一个全民传武、习武、练武的新高度。然而，随着社会的发展转型，人们的生活方式发生了巨大转变，加之外来体育项目的强势入侵，打破了中华民族原有的文化生态平衡。据国家体育总局资料显示，在 20 世纪 80、90 年代初期，武术是民众健身运动锻炼的首选体育项目，而到了 90 年代中后期，跑步、健美操、游泳、球类等以西方体育为主的锻炼方式开始逐步受到民众的追

---

① 于晗. 河南省武术学校管理人员配备与权责分配现状分析及发展对策［D］. 开封：河南大学，2012.

捧。时至今日，人们更加推崇的是休闲体育运动和能够把玩所谓他国文化品位的舶来体育项目，瑜伽占据了白领阶层，高尔夫成为中国权贵精英的宠儿，跆拳道毫无疑问地赢得了中国青少年的心，我们仅能见到的练习武术的就是公园里还在打太极拳的老年人。

随着武术热的逐渐退却，很多武校举步维艰，甚至关门倒闭。中国消费者报曾报道，在重庆，已有 22 年历史的江龙武术学校在没有任何征兆的情况下，突然通知学生家长学校不办了，致使 200 多名学生顿时陷入失学困境。江龙武校曾经有过辉煌的历史：1991 年，该校由重庆市武术协会副主席代发泽投资上千万元创办，是以武术教学为特色的重庆规模最大的寄宿制民办学校之一。学校作为知名民办学校，曾经也是风光无限，鼎盛时期，学校学生达到上千人，不少家长要通过"走关系"才能把孩子送进学校，而后期由于生源不足，被迫停办关门。① 在全国，类似的情况不在少数，由于竞争激烈，生源不足，办学开支加大，部分武术学校举步维艰，难以摆脱经营困境，一些武术学校连年亏损、入不敷出的情况确实存在。造成武术学校生存危机，甚至是关门停办的情况是多方面的。武术学校投入大，收效慢，倘若资金短缺，武术学校就只能低水平运营，这不仅严重阻碍武术学校办学水平的提高，甚至直接面临生死存亡的威胁。正如山东莱州中华武校校长李明治所说："武术热时，国内武术学校有一万多所，我当时就感觉，不应该有如此多的武校，那只是暂时的现象，随着市场的成熟、资源的整合，优胜劣汰，我想几年以后，武校总数会逐渐减少，好的武校会更好，而许多中小型武校则会被淘汰。"

在登封，武术学校同样面临这种生存困境，从 2001 年开始，少林寺景区开始整治，这成为了登封武校发展的"分水岭"，20 多所武校被迁出，有的积攒十几年，被拆得很惨。政府划拨土地，部分学校贷款投资，目前发展得都不错。虽然近几年武校越来越现代化，经过市场的一次次洗牌，很多小武校逐渐消失，但传统武馆依旧有生命力。登封武管中心主任王松

---

① 刘文新．重庆江龙武校突然关门，两百学生顿陷失学困境［N］．中国消费者报，
　　2013 - 07 - 10.

伟介绍，登封市除了21所较大的武校外，还有二十多所传统的小武馆，而这些传统武馆，可能在一段时间还会保留。他说："有的家长不愿把孩子送去武校，他们有认准的师父。一般师父就带几个徒弟，也不靠学费生存。看孩子被照顾得好，家长有掏几万元的，也有给师父买辆车的，这点和武校差别很大。"在登封，不论大武校，还是小武校，只要是正当合法经营，传承文化，教书育人，都应该有存活下去的理由。老舍《茶馆》里有一幕，常四爷说："我爱大清国，我怕它完了！"我们也爱武术学校，它披荆斩棘、一路艰辛，为社会发展做出了那么多的贡献，值得每一个受益于它的人尊敬爱护。但不得不面对的现实就是，武术教育集群如果不能顺应时代发展需求转型变革，更好地服务社会，就意味着可能会被时代淘汰，湮没在历史的尘烟中。生源是武术学校的生命线，是办学经费最主要的来源。武校生源质量又在很大程度上影响，甚至决定着登封武校教学的效果与质量，高素质的生源对于武术学校教学质量的提高有积极影响，有助于武术教育集群树立良好的品牌和社会形象。在生源不断减少的大背景下，武术教育集群未来的发展面临着严峻的挑战，迫使武术教育行业必须增强危机意识，做出战略转型，内强素质，外树形象，保持自身的竞争优势。

二、优化产业结构获取发展的财力支撑

李铁映同志曾说过："发展武术，不能光靠国家拿钱，要改行政化为经营化，走商品经济的道路。"可见，武术学校要发展，也必须走产业化发展的道路。随着世界经济的发展和人们生活水平的提高，体育产业作为21世纪的"朝阳产业"，其发展潜力巨大。在很多发达国家，体育产业已成为国家的支柱产业之一，以健身休闲、竞赛表演为核心，以场馆运营、体育培训、体育科研、体育传媒、体育中介、体育会展为依托，以体育地产、体育建筑、体育用品等为补充的体育产业体系已经日趋成熟，并形成了巨大的市场规模，产业增加值通常占GDP的1%—3%。与发达国家相比，我国体育产业起步较晚，规模有限，但近十余年来，年增速一直保持

着两位数以上，远远超过同期国民经济增长水平，我国的体育产业也正在努力成为国民经济新的增长点，前景十分广阔。2013 年全国体育及相关产业总产出 1.1 万亿元，同比增长 11.91%，实现增加值 3563 亿元，同比增长 10.82%，增加值占 GDP 比重增加到 0.63%。① 体育产业越来越受到各级政府的重视，发展环境进一步优化，体育消费总量也会大幅增加。依靠产业结构的优化来实现武术学校行业经济增长是一条行之有效的途径，一些地区的武术学校已形成较为成熟的产业链条和产业集群，带动了相关经济发展。武术教育集群要以武术文化为依托，逐步形成集强身健体、观光旅游、休闲娱乐于一体的朝阳性、综合性的产业集群，将教学培训、市场营销、服务系统、交通运输和互联网信息系统共同构成武术学校产业共同集合体。武术教育集群作为一个大的运营机构，发展到一定的规模后，会带动后勤服务业、出版业等相关产业的发展。除此之外，处于社会转型期的武术教育集群纷纷发展了自己的校办产业，校办产业是现有市场经济体制下武术教育集群发展的必然需求。②

　　登封的武术学校经过 40 多年发展，已经形成较为完善的武术教育培训市场、武术产品市场、武术旅游市场和武术文化演艺市场四个部分的武术集群产业化格局，武术教育集群产业经济主要包括培训、竞赛、表演等。在传播、传承武术的过程中，武术器材、书刊、音像制品，以及服装、场地等，形成了一条产业需求链。武术教育的产业化发展就是要不断改革运行发展体制，从而使武术学校形成具有自我发展潜力、充满活力的新机制；使其从事业型、公益型向经营型转变，能够向社会提供产品和劳务。武术教育产业化的实质是要把武术教育和市场经济结合起来，并通过一系列经济行为，刺激武术教育产品的劳务需求，拓展武术教育市场，加快武术学校市场化进程，为国民经济发展注入新的活力。新时期下，武术教育

---

① 新华社 . 2013 年全国体育及相关产业总出 1.1 亿元 [EB/OL] . 中央政府门户网站，2014 - 12 - 29.

② 匡芬 . 登封市民办武术学校校办产业发展之研究 [D] . 北京：北京体育大学，2011.

行业的发展和生存必须保证有经费支持，武术学校创办者从办学结余中拿出一部分经营校办产业，然后再将校办产业创收反哺于学校的发展，从而促进武术教育产业乃至武术学校教育的良性循环发展，这也是保证武术学校长远、健康、稳定发展的必然选择。

三、民办教育转型背景下办学质量的提升

康德说过："教育的目的是使人成为人。"学校是培养人的机构与场所，学校教育则承担着实现人的身心和谐发展，使人成为真正意义上的"人"的价值使命。武术学校的自身价值就在于为社会培养合格的人才，一方面促进学生身心发展、推动个人自身价值的实现；另一方面培养武术专门人才，满足社会的需要。武术学校在学生来源上，秉承"一切为了孩子，为了一切孩子"的办学理念，不论学生的出身和基础，吸纳接受各阶层学生，其中不乏"差学生""乱学生""问题学生"。在培养环节，由于武术学校的教学条件、师资力量、办学理念、学术氛围等在总体上都不如公办学校，使得武术学校的"最终产品"——"学生"的文化水平比公办学校稍差。同时，由于武术学校的学生文化基础薄弱，而且集中在武术学校，必然导致武术学校的整体教育素质较差。在就业环节，毕业生就业主要靠市场调节，毕业生的就业能力主要看其在学校是否得到了切实的锻炼，也就是看每个学生的综合素质。当然，由于目前武术的就业面并不是特别广泛，必然使武术学校毕业生在就业过程中难度更大。[①] 毕业生的就业状况对学校的声誉有着重要影响，社会声誉差，就必然使其在竞争中缺乏竞争能力，不能获得更为优质的生源，使武术学校陷入自我价值得不到体现的恶性循环。此外，武术教育集群出现的30多年里，可以说为促进教育均衡公平，实现每个孩子受教育的权利，维护社会安定发展做出了不可磨灭的贡献。调研中，一位家长如是说，他的孩子在老家时不好好上学，经常跟社会上的无业小青年瞎跑乱混，老在社会上惹事，小小年纪就学会

---

① 刘爱菊. 浅谈武术馆校的管理与学生就业体系的构建［J］. 湖南环境生物职业技术
学院学报，2010（3）：71－73.

了抽烟喝酒，让家长束手无策、头疼不已，万般无奈之下，他将孩子送到了临县的武术学校，交完学费就毅然决然地离开了。一个月后，当家长来看望孩子时，发现孩子已经学会了自己洗衣服、叠被子，有了一定的自理能力，逐渐地，孩子变好了，家长对该武术学校千恩万谢。类似这样的例子，全国各地武术学校的办校史上数不胜数。武术教学有着一些独特的育人功能，也因此取得了家长、学生的信任，赢得了社会的尊重，实现了自身的独特价值。

目前，国内大部分的武术学校已经由原来的以武为主，转变为以文为主了，因为家长们不希望孩子只是一介武夫，希望孩子有文化知识，以后能够成为有用之才。武术教育集群的战略转型是必须的，只有融合与变通才能继续生存。优良的教学质量是对武术学校最基本的要求，只有学校拥有良好的教学质量，才能拥有优质的学生，学生有了成绩，才能为学校争得荣誉，学校也才能够提高知名度。所以，教学质量是办学之本，是学校形成良性循环的最基本的保障。学生的出路是武校以及所有私立学校工作的重中之重，学生的出路如果有了保证，招生工作就会迎刃而解，否则，即使有了生源，也会逐渐流失掉。调查中得知，武术教育集群培养的学生，通过全国普通高校招生考试考上知名重点大学的大有人在，甚至还有通过武术学校学习申请到国外大学的。塔沟武校多年来坚持为学生建立成长档案，并跟踪学生今后的发展状况，在学生毕业的时候提供就业指导，保证学生能够学有所用。对于那些品学兼优的毕业生，武校还会为他们今后进一步的发展创造机会，包括选调他们留校或外派执教，为学生提供更加广阔的就业、创业天地。在福建西山文武学校（后更名为西山教育集团）调研时，得知学校在快速转型中不断提升办学质量，2010—2014 年学生高考上线率居福清市 67 所中学第一、高考一本上线率突破 35%。办学质量提升了，孩子学文习武、全面素质提高了，武术学校与公办学校抗衡的竞争力就上来了。武术教育集群要顺应社会需要进行战略转型发展，始终将"服务学生"作为办学核心理念，坚持德育为先、育人为重，促进每一个学生的全面发展和价值实现是武术学校工作的重中之重。只有这样，武术学校才能够更好地发展，实现其自身价值。

四、顺应社会转型期国家与人民的价值取向

社会文化是一个国家的社会组织结构、教育水平、民族特征、文化传统、宗教信仰、风俗习惯等方面的体现，它是人类在创造物质财富的过程中所积累的精神财富的总和，是人类创造社会历史的发展水平、程度和质量的状态。社会文化环境决定了社会中人们的态度、价值观念和行为方式，对于教育行业而言，社会文化环境对学生的行为、心理、道德、价值观、性格、审美情趣等方面的影响和导向作用是不容忽视的，它对于消费者的消费取向、物质产品和精神产品的生产、服务供应以及市场结构等都会产生重大的影响。处于社会中的武术学校，无论规模大小、公办还是民办，都无一例外地必须面对社会文化环境造就的机会与威胁。

武术是以言传身教的方式世代传承，以与人们生活密切相关的身体运动为表现形态的传统文化，这种文化承载着中华民族强身健体的智慧，体现了中华民族独特的民族精神、思维方式和文化传统。武术的根基是中国传统文化。华中科技大学杨叔子院士曾经说过："一个民族，没有科学技术，一打就垮；没有精神和文化，不打自垮。"正是因为中华文化有了不起的凝聚力、创造力，所以中国有了不起的生命力、战斗力。随着社会的发展，植根于乡土民间的武术由原始的格斗搏杀技术逐渐发展为独具中国特色的以套路为主要表现形式，由各个拳种流派组成的庞大的技术体系，这个体系构成了整个中国武术。武术拳种在发展演进中也在不断适应社会的需求，有些拳种已经成为健身养生的代名词，仅太极拳，拳、械套路有上千种，目前全世界的学习人数就已将近 3 亿人，遍布 150 多个国家和地区。① 和平发展的时代主题，健康长寿的梦想追求，致使人们对于武术的技击功能的需求逐渐弱化，随着人们对武术健身养生价值的重新认识，武术的社会核心价值功能已由冷兵器时代的技击格斗、防身自卫转化为现在

---

① 毕树文．"太极产业"方起步［N］．发展导报，2012－02－17．

的强身健体、修身养性。随着人口老龄化问题的突出，老年人的身体健康问题成为社会各界关注的焦点。我国是世界上人口最多的发展中国家，也是全世界老年人口最多的国家，60 岁及以上的老年人口占全世界老年人口的 1/5，占亚洲老年人口的 1/2。第五次人口普查数据显示，我国 65 岁及以上的老年人口达到了 8811 万人，占总人口的 6.96%，标志着我国基本进入老年型国家的行列。① 对于老年人而言，武术运动适应性广泛，难易度容易掌握，极大地降低了老年人运动损伤的发生，而且武术运动大都讲究内外合一，修身养性，具有良好的健身、养生等功效。社会文化学告诉我们，价值取向是调节决定价值体系的主要内在机制。不同国家、不同民族有着不同的文化传统，因而也有着不同的亚文化群、社会风俗和道德观念，这些都会影响人们的消费方式和购买偏好。我国自古就有尚武之风，加之中国梦语境下国家文化软实力的提升以及"全民健身"和"健康中国"国家战略下身心健康水平提高的社会文化背景，给武术教育集群的发展提供了大展拳脚的广阔空间。武术教育集群应审时度势，通过深入分析社会文化环境变迁，把握市场行为准则、社会习俗、道德态度，确立相应的发展转型战略。

五、满足非物质文化遗产传承的需要

《中华人民共和国非物质文化遗产法》颁布实施后，全国各地纷纷深入学习并努力贯彻落实非遗保护的问题。随着非物质文化遗产保护理念逐渐深入人心，传统武术作为中国传统体育类项目的代表也日益受到重视，得到了较好的保护和发展。目前，我国武术非物质文化遗产项目的传承和保护主要有三种形式，一是拍摄以《中华武藏》为代表的数字音像，二是以武术文化创新为内容的中国武术段位制体例的实施，然而最重要的还是在武术学校进行教授传承。

学校教育作为文化传播和传承的重要渠道，能够让受教者获得系统的

---

① 陈飒飒. 以家庭为单位的社区养老模式研究［J］. 合作经济与科技，2011（9）：112.

理论知识学习，形成系统的知识结构，有利于将非遗的文化内涵传承得更加系统和科学，是一种科学规范的传承方式。① 李繁荣在《民族传统体育文化及其传承研究》中写道，学校教育能够达到两个传承方式，一是参与式传承，二是专业化传承。前者是指能够积极参与并热心支持非遗文化的传播和发展，后者则是指具有系统知识结构并以研究非物质文化遗产为职责。由此可见，非遗文化的传承传播需要在加强学校教育，如增加相关课程设置、竞技项目训练、学生社团和学术机构，编写教材等方面上也需要得到更多的重视。同样，在中国优秀传统文化的海外传播发展中，非遗文化在学校教育中也仍然需要在教材编制、师资培育、课程设置、教学内容规划和文化内涵挖掘等问题上吸取国内学校教育的经验和教训。比如，在教学内容规划上，教学的组织形式是采取个别教学、分组教学还是集体教学的方式应当依据不同体育非遗项目的特点和学生文化背景进行适当的调整。从学校层面上看，最直接的就是非物质文化遗产项目进校园。

自 2006 年国务院发布《关于公布第一批国家级非物质文化遗产名录的通知》起，已有少林武术、太极拳、八卦掌、形意拳、八极拳、查拳等20 项传统武术项目入选国务院公布的第一、二批国家级非物质文化遗产名录。目前在各级政府制定的国家、省、市、区（县）四级非物质文化遗产名录中，武术都占据了重要位置，据不完全统计，进入各级第一、二批的名录的武术项目已有 80 余项。② 非物质文化遗产传承人应是：在有重要价值的非物质文化遗产传承过程中，代表某项遗产深厚的民族民间文化传统，掌握杰出的技术、技艺、技能，为社区、群体、族群所公认的有影响力的人物。③ 武术遗产是依托于"人"而存在的，"武术传承人"是其非遗文化保护传承的核心与灵魂。所以，应尽快运用适当的手段阻止或延缓

---

① 李繁荣. 民族传统体育文化及其传承研究［M］. 济南：山东大学出版社，2014：171.

② 康涛，马麟. 我国武术非物质文化遗产传承发展的思考［J］. 中国学校体育（高等教育），2015（3）：13－17.

③ 刘锡成. 传承与传承人论［J］. 河南教育学院学报（哲社版），2006，25（5）：24－36.

"传承"的中断，作为非物质文化遗产保护的核心，武术传承人的保护和培养应得到更多的重视及支持。武术文化传承，强调口传心授，必须依靠武术传承人传授技艺，延续文化血脉。① 武术学校的出现打破了传统的传承模式，形成了各门派武术的大融合，肩负起了传承中华传统文化的光荣使命和历史重任。黑格尔曾说过："一个关注天空星辰的民族，才是有希望的，如果一个民族只关心眼下的事情，这个民族是没有希望的。"武术是培育和弘扬民族精神的有效手段，通过武术教育可以实现对武术文化传统和其蕴含的传统文化的有效传承，武术学校作为青少年习练武术的专门场所，通过武术培养训练和武德风范熏陶，使学生深入了解中国优秀的传统文化，尚武崇德，激发他们的爱国热情，陶冶他们的情操，对提高青少年的思想觉悟，振奋民族精神具有深远的历史意义与责任。②③

---

① 康涛，马麟．我国武术非物质文化遗产传承发展的思考［J］．中国学校体育（高等教育），2015，03：13－17.

② 李萍．论新形式下武术学校的作用［J］．体育文化导刊，2005（1）：16－18.

③ 马文友．重塑当代武术的文化价值——兼论其对实现中国梦的意义［J］．北京体育大学学报，2015，02：38－42＋71.

第二章

武术教育集群战略转型亟须解决的理论问题

武术教育集群要想在社会转型背景下持续健康发展，就必须准确进行战略定位，充分发挥自己的优势，规避自己的劣势，抓住机遇，应对挑战，不断提升自己的核心竞争力。武术教育行业的发展始终都是以社会发展为前提的，武术教育集群在充分利用国家优惠政策的基础上，更要优化资源配置，改变现有的不合理发展局面，协调其与社会各方面的发展。武术教育集群发展的战略转型中，既需要保持传统武术本来的文化内涵，又要紧跟社会的快速发展。因此，武术教育集群战略转型应结合时代特征，走产业化、品牌化、规范化的内涵式发展之路，确保行业发展越走越远，越走越好。

第一节　价值实现：资本寻利性与学校公益性对决

市场经济条件下，武术学校在"公益"与"效益"之间，曾有过激烈的认知碰撞和行为冲突。一方面，缺乏"社会主义公益"的办学行为越来越受到广泛的质疑，丧失了应有的社会信誉；另一方面，缺乏"经济效益"的办学方式也同样面临着市场化的冲击，难求一种真正的社会品牌。以致在"公益"与"效益"之间，形成了武术教育集群改革发展的行为方式困厄。①

1995 年第八届人大三次会议通过的《中华人民共和国教育法》是我国最早规定不得以营利为目的举办教育机构的法律。《教育法》第八条规定："教育活动必须符合国家和社会公共利益。"为了确保教育的公益性，该法第二十五条规定："国家鼓励企业事业组织、社会团体、其他社会组织及公民个人依法举办学校及其他教育机构。任何组织和个人不得以营利为目的举办学校及其他教育机构。"1997 年 10 月 1 日开始施行的《社会力量办学条例》第六条规定："社会力量举办教育机构，不得以营利为目的。"该条例废止后，2002 年颁布的《中华人民共和国民办教育促进法》第三条指出："民办教育事业属于公益性事业，是社会主义教育事业的组成部分"；第五十一条规定："民办学校在扣除办学成本、预留发展基金以及按照国家有关规定提取其他的必需的费用后，出资人可以从办学结余中取得合理回报。"一些人从教育公益性角度认为："民办学校不是企业，是教育机构，其本质特征是公益性，因此其办学不能够营利。"这种观点造成了民办教育合理回报与教育非营利性的激烈冲突。

不同于西方发达国家，我国99%的民办教育都是投资办学，民办教育与资本市场及公益性的是是非非，一直困扰着民办教育的投资者，也困扰着民办教育的发展。随着人们生活水平的提高，开办武术学校首先要求在相关硬件建设上加大投入，比如要为学生提供良好的食宿条件和教学训练所需的场地器材。从师资方面讲，文化课教师和教练员的待遇也在提高，比如教练员的工资，由原来的平均 300～500 元提高到现在的平均 3000～4000 元。这些投入成本的加大，仅靠学生学费的增加是不现实的，也会影响武术学校的生源。与公办学校不同，武术教育集群的运行经费主要来自学生缴纳的学费，为了进一步改善小学条件，提高教育质量，增强办学实力，武术学校必须加强经营管理，尽可能减少支出、降低耗损、节约成本，以提高办学效益，增加办学结余，实现滚动发展。可以说，武术教育

---

① 石猛. 论民办高校投资办学的非营利性［J］. 中国成人教育，2014（6）：9 - 13.

集群的营利是其维持办学、实现公益目的的手段。教育界的常青树潘懋元教授认为学校的公益性与营利性并不是非此即彼的对立物，问题在于要把两者关系处理得宜。① 公益性与营利性都是用来界定学校属性的概念，但它们所描述的对象却是不同的。公益性是针对学校办学目的而言的，营利性是针对学校办学结果而言的。② 此外，"盈利"和"营利"是两个既有区别又有联系的概念。"盈利"反映的是一种收支之间的状态，收入大于支出就出现盈利，"营利"则是对经济行为的一种描述，"谋求利润"被称为营利。③ 武术教育集群作为一个自负盈亏的经济组织，它必须考虑获得经济效益。武术学校的盈利目标达成取决于学校的资源配置效率及利用效率，包括场馆资源、师资资源、资金资源。盈利目标的实现是对学校经营成果的检验，也是对学校的教育回报和日后发展的资金来源。

不论是公办学校还是民办学校，其所提供的教育服务都具有公益性。此外，从社会公益来看，武术学校作为一种"社会法人"存在形式，与政府主管部门、教育主管部门、体育主管部门、行业协会、公安及其他同类院校构成利益攸关者共同体。它也应为利益攸关者提供发展性支持，为经济与社会发展履行"社会公民"责任。④ 例如河南登封少林寺武僧文武学校，校长释永帝自1994年创校以来，先后收养过200多个流浪街头的孤儿，并且不接受任何社会团体的捐助，也没向政府要过一分钱，许多孩子已经把武校当成了自己的家。2012年，该武术学校又面向全国招收了1000名6—14岁的留守儿童，供其学习至中专毕业，并尊重学生意愿为其推荐工作，在校学习期间的学杂费用等均由校方负责，希望唤起社会对留守儿童的关爱。从社会公益上来看，登封的武术学校所做出的贡献远远比我们

---

① 潘懋元. 我国高校产权制度改革的若干问题——兼论公、民办高校产权问题 [J]. 教育发展研究，2005 (14)：17 - 22.

② 别敦荣. 论民办教育发展的第三条道路 [J]. 华中师范大学学报（人文社会科学版），2012 (3)：137 - 142.

③ 范敏，李岩. 民办教育的盈利性研究 [J]. 中国科教创新导刊，2012 (17)：2 - 3.

④ 赵明安. 高等职业院校战略目标结构体系的设计与改进 [J]. 武汉船舶职业技术学院学报，2012 (1)：1 - 5.

想象的更多。有调查称，一些武术学校以获取经济利益为办学目的，致使这些武术学校忽视对人才的培养，不能正确处理好经济效益与社会效益之间的关系，只注重眼前利益，不注重武术学校人、财、物等方面发展需求的投入，这些无疑束缚了武术学校的长远发展，使这些武术学校的发展陷入恶性循环。武术教育集群发展必须协调好经济效益与社会效益两者之间的矛盾，创造经济效益，才能有资本去加大投资建设，创造出更大的社会效益；同时，只有创造出巨大的社会效益，才能实现其价值，使武术教育集群在市场经济自由竞争的背景下具有更大的竞争力和生命力。

第二节　办学思路："以武为主"抑或"全面发展"

在教育多样化的发展趋势下，许多家长和学生已不满足于现有公立学校的教育模式和方法，他们更希望通过文武双修的训练管理和教育，继承中华传统美德和学风，使学生得到全面发展。武术学校的出现，一方面改变了公办学校单一的办学体制，打破了学校办学主要靠政府支持的格局；另一方面，武术学校勇于承担社会责任，吸纳接受农村学生和"差生"，秉承"一切为了孩子，为了一切孩子"的办学理念，坚持"教育无差生"的原则，不论学生的出身和基础，真正做到因材施教。正如美国罗斯福纪念公园墙上刻着的一段总统名言："衡量我们进步的标准，不是看我们给富人们带来了什么，而是要看给那些一无所有的穷人能否提供基本保障。当有一天我们的父母被推进医院，即使身无分文也能得到悉心医疗；我们的孩子被送进学校，不管他来自哪里都能得到一样的对待。我会说这才是我的祖国。"现在每个家庭只有一个孩子了，难免娇生惯养，有的还难于管理或无暇管理，出现了诸如"网瘾少年"之类的"问题孩子"，武校通过对学生进行武术教学训练，培养学生吃苦耐劳的品质，武术学校封闭式管理方式，也使很多"问题孩子"迷途知返，这些都满足了当代人们对于多种教育方式的需求，武术学校教育也顺应了社会发展。正是基于这种客观现实的需求，武术学校一诞生，就得到了社会各界的青睐和欢迎，一时间人们不远千里将子女亲自送到名山、名寺、名师所创办的武术学校就读，这不仅解决了社会各阶层特殊子女教育的困难，同时也为社会安定做出了有益的贡献。

武术教育行业四十多年的办学历程中，始终坚持以"文武并重，德技双馨，传少林真功，育全新人才"为主题的办学宗旨，将服务国家和人民的教育文化事业作为自身的终极目标和历史使命。在武术教育行业肇始之时，伴随着习武热潮，全国的武术学校都是以武为主的，随着"武术热"的逐渐消退，武术学校的发展开始走下坡路，大批武校倒闭关门，一些武术学校被迫缩减或删除武术相关教学内容，有的武校把校名改为"文武学校"，更有甚者干脆将"武"去除，转型为职业技术学院、国际学校或者其他培训机构，以期得到政府的其他政策优惠。如当时湖南著名的新化南北武术院就变更为职业技术学院，西山武校改名为"西山国际学校"等。武术学校的发展必须要走特色办学的路，而特色学校的建立，是在贯彻执行教育方针的过程中，突出国家的性质，结合社会时代需求，突出地方独特文化，结合本地本校的实际，通过长期的教育教学实践，形成稳定的、鲜明独特的学校色彩和风格。登封的武术教育集群一直不忘初心，在坚持文武并重的办学宗旨下，更加注重德育为先的教育方针，走出了属于自己的文武相合的成功教育之路。

亚里士多德说过，美德即知识。党的十八大首次提出，"把立德树人作为教育的根本任务，培养德智体美全面发展的社会主义建设者和接班人"。登封武校通过以德立校的办学理念，创新武术学校德育手段、途径、方式的模式，进一步开拓德育实践，培养学生的世界观、人生观、价值观等综合素质。德是武术教育集群教育贯彻始终的主线，以德育来引领武术学校的办学理念，通过构建系统的德育网络，提高对学生的德育实效，形成良好的学校道德规范氛围。武术教育集群因为其生源参差不齐，且习武动机不明确，故而武术学校会把德育和思想政治教育放在首位，实地调查中也发现，大多数武术学校都会设置独立的政教处，然后由班主任、教练、生活老师组成一条龙的纵向管理模式，并与学生会、家长会横向联系，形成了较为完善的德育工作网络，有的武术学校甚至还配备了正副班主任以及多个生活老师来加强学生德育管理，在课堂和训练中渗透德育内容，武术的传授一直十分注重武德的教育，而且贯穿于整个习武的过程。历来习武者强调武术传授的道德化，使自己的技艺和德育教育有机地结合起来。习武之人也一直秉承着"未曾学艺先学礼，未曾习武先习德"的武德规训。登封的武术学校在课堂学习和武术训练的过程中大力发掘德育内容，潜移默化地实现德育目标，并有计划地开展各种思想政治教育活动，变管为导、变罚为教，灵活多样地切实提高德育实效。在开展爱国主义、民族精神培育方面，武术教育集群除了利用多种宣传媒介外，还积极组织多种形式的课外德育活动，如学习雷锋日、慰问抗战英雄、民族文化节等多种多样的教育实践；开展丰富多彩的法制教育活动，让学生从小养成法制观念，明辨是非善恶；在学校里显眼的位置设立了文化走廊，结合社会主义核心价值观，展出优秀学员、道德模范、民族英雄的光荣事迹，进行社会主义正能量的弘扬。

在武术训练方面，在沿袭传统武术、特色武术的基础上，应结合学生的就业升学意愿，主要围绕竞技比赛、段位等级评定的导向开展武术教学模式和训练内容创新。由于近年来国家体育总局加强了对运动员等级认定的管理，各地高校也加强了对体育单招、体育加分的监管，而升学考试也只有取得省级（由省体育局主办）武术锦标赛的前三名，才具备申请国家二级武士（等同于国家二级运动员）的资格，具备了国家二级武士的证书，才能够参加全国各个高校组织的民族传统体育专业的单独招生考试。监管机制的严苛，致使河南省每年通过比赛获得运动员证书的人数只有几十个（其中还有专业队的运动员），这与登封市8万武校学生的群体需求严重不符，大大打击了学生参加竞赛升学的积极性。为此，国家也积极做出应对，提出了以增设武术段位制的形式来让学生获得参加体育单招考试的资格，全国体育院校、高校武术招生也将制定新规（现报体育总局和教育部审批），招收的新生需达到武术段位3段（1-3段证书），武术专业学生要求毕业时必须达到 4 段且获得段位指导员证书,考评员证书考核项目不少于 2 项。2015 年 12 月,国家体育总局武术运动管理中心的领导组也专门到登封调研,了解情况,接下来也会进行部门协商,制定政策和措施,采取武术段位制评定的方式来解决这一实际问题。中国武术段位制是一种根据个人从事武术锻炼和武术活动的年限,掌握武术技术和理论水平、研究成果、武德修养,以及对武术发展所做出的贡献,全面评价习武者武术水平等级的制度。武术段位制是对中国传统武术的发展创新,汲取了传统武术练打结合的训练模式,以传统武术中太极拳、少林拳、八卦掌等传统武术拳种为项目,抓住传统武术具有打、踢、拿、靠、摔 5 种技击要素、以既能单练又能对打还可以拆招实战的训练模式进行武术运动。这一继承传统武术精髓的段位制技术体系,与受西方竞赛项目影响、练打分离、只注重动作难度高和形态美的竞技武术项目相比,显现出了更为浓厚的中国传统文化特色和传统武术风采。① 所以,登封市武术学校的武术训练模式和内容将主要采用武术段位制,训练模式上将采取打练结合、实战技击为主,训练内容上着重体现武术标准化和文化传承。

　　长期以来,德育、智育、体育、美育和劳动技术教育一直作为我国社会主义全面发展教育的内容。中国古代西周时期提出的"六艺"教育,即"礼、乐、射、御、书、数"也包含了德、智、体、美、劳五育的内容。《中华人民共和国义务教育法》第三条规定:"义务教育必须贯彻国家的教育方针,努力提高教育质量,使儿童,少年在品德、智力、体质等方面全面发展。"武术学校在顺应社会进步和时代发展的需求下,逐渐摸索着从"以武为主"到"全面发展"的教育理念转变。在河南省登封市,坐落着全球最大的武术学校——塔沟武校(现少林塔沟教育集团),学校现有在校师生 39000 余人,不仅拥有设施一流的多媒体教室、语音室、生理化实验室、微机室、图书馆等,在文化教学方面,学校也严格按照国家教育部颁发的教学大纲开设课程,规范学习内容,长期坚持正规系统的全面教

---

① 康涛. 刍论中国武术段位制推广普及的"三动三不动"[J]. 山东体育科技,2015 (3):26-30.

育，注重素质和专业技能教育，使学生在德、智、体、能等方面得以全面发展，连年被主管部门评为"教学一等先进单位"。2015 年高考，本科上线率83%，2016 年全国体育单招升学率高达94.5%。学校的武术教学设有套路、散打、拳击、跆拳道、武术表演、太极、养生、泰拳、综合格斗、影视培训、保安保镖培训等多个专业，有武术教学班800 多个；文化教学有全日制普通中学、半日制中小学、中专、学历性大专和本科以及被国家汉办认定的汉语国际推广基地，已形成了从幼儿班、小学、初中、高中、中专到大学和国际教学的完整教学体系。笔者在实地调研中还观察到，有的武术学校为了增加学校的教育竞争力、满足学生对各种知识的渴求，除了武术特色之外，还开办了书法、钢琴、美术、英语、棋艺等多种多样的兴趣班，以满足学生全面发展的需求。

随着社会转型期武术热的消退和教育市场竞争的越发激烈，武术教育集群不仅面临生源选择的冲击，同时也面临着生源质量低下的窘境。武术学校的生源非常复杂，很多是因为家长管不了或没有时间管而被强制送来的，学生不仅不爱文化课学习，在思想品德方面也相对较差，且大多习武动机不明确，这都给武术学校管理带来了不少的负担。现在整个社会的家庭人口状况与20 世纪80 年代初相比发生了很大变化。由于我国计划生育实行了近30 年，人口出生率下降，很多家庭都是独生子女，使得这一时期的适龄入学青少年的绝对数量与20 世纪80 年代和90 年代比有较大的减少，去民办武校学习的就更少了。虽然国家在逐步放开二胎、三胎生育政策，但往往还是两个大人、四个老人围着孩子团团转，众星捧月，许多家长容易产生溺爱心理，认为练武太苦，不愿让孩子走这条路。现在的孩子练武吃苦的精神不如从前了，更不会像武术热潮时期学生习武那么积极主动了。

以上这些问题也为武术教育集群在"以武为主"向"全面发展"的转变之路上，埋下了发展和管理的隐患。对于武术学校而言，不论是"以武为主"还是"全面发展"，以政府导向为主的对传统"重武轻文"办学思维的纠正，已经矫枉过正。一些武术学校被政策牵着鼻子走，完全没有自已办学的独立品格和主张，背弃了传统武术文化传承的内在使命，在激流多变的市场浪潮中，一味迎合市场经济的多变需求，价值观和办学理念发生了畸形转变，钻政策的空子，什么教育形式来钱快就办什么，逐渐从武术学校流变为文武学校、武术特色学校、特色武术学校、开设有武术特色课程的学校……渐渐地，一些学校丧失了武术学校的立校之本——武术。因武术学校对"全面发展"实质内涵的误读，致使一些学校把办学重点转向"应试教育"，与那些一味追求升学率的公办学校一起在偏离素质教育的迷途上越行越远；那些盲目开设多种兴趣班以发展全面教育的武术学校，兴趣班的师资、教育质量难以保障，武术特色教育的品质也被忽视，致使学生和家长并不买账，其反而因投入成本增加陷入经营困境，有的学校长期办学效益低下导致关门、倒闭。

第三节 法理基础：地位与产权的关系

武术教育行业历经三十多年的发展，已形成集群式发展规模，但与此规模不相称的是，相关法律法规难以适应武术教育行业的发展需求。法律对于武术教育行业的影响无疑具有强制性，法律对武术学校具有保障和制约两方面的效力。一方面，法律能够保护依法办学的武术学校的合法地位、经营权利、合法收益、正当竞争等，法律制度是国家对其行业经济活动予以承认和保护的一种保障方式，同时能够促使武术学校将其经济活动纳入正轨。另一方面，执法机构有权依法对经济行为主体的违法行为追究经济责任、法律责任和行政责任，因而法律在对武术学校的经营和存在予以保护的同时，又能够对违法活动起到预防和威慑的作用。随着民办教育促进法及其实施条例的出台，武术教育行业有了法律的支持，但在实践中，从整体上来说，该群体却未能充分体会到这一法律政策的优越性。比如，依据相关法律条文，社会及武术教育行业管理部门要多关注武术教育机构是否"营利"，却一直对何为营利未有明确的解释；承担义务教育和职业教育的武术学校得不到应有的法定补助等。

法律法规是武术教育行业学校管理的法律依据，立法和执法是政府对其监管规制的基础和保障。其中，优先立法是市场经济的根本要求，严格执法是法律制度的重要内容。从西方国家私立学校改革的实践来看，都是在预先制定的法律框架内进行的，以法律形式明确规定规制机构组成、规制内容和方式等；① 从我国民办学校的管理规制实践来看，可以作为民办武术学校管理的法律还处于缺失状态，由于我国民办武术学校办学机制的特殊性，政府对民办武术学校的管理更多的是依据各级政府武术相关管理部门制定的各种政策法规和条例，如《河南省武术学校、习武场所管理办法》《湖北省武术活动管理暂行规定》《安徽省社会武术管理办法》等，一些地方政府或武术管理部门还出台了相应的行政命令、行政措施等，即使有一些法律条款适用于民办武术学校的管理规制，也往往是一些原则性的立法，可操作性不强。政策法律建设的滞后，使民办武术学校的管理陷入无规可循、无法可依的尴尬境地，政府管理行为的法制化、制度化程度也很低，从而加大了政府管理规制的随意性或使其处于政府脱管的无约束状态。②

教育优先发展一直是党和国家提出并长期坚持的一项重大方针。各级党委和政府都把优先发展教育作为贯彻科学发展观的基本要求，切实保证经济社会发展规划优先安排教育发展，财政资金优先保障教育投入，公共资源优先满足教育和人力资源开发需要。充分调动全社会力量关心和支持教育，完善社会力量出资兴办教育的体制和政策，不断提高社会资源对教育的投入。③ 民办教育是教育事业发展的重要增长点和促进教育改革的重

---

① 魏成龙，张丽娜，史红民等. 政府规制创新［M］. 北京：经济管理出版社，2015：475.

② 魏成龙，张丽娜，史红民等. 政府规制创新［M］. 北京：经济管理出版社，2015：475.

③ 国家中长期教育改革和发展规划纲要工作小组办公室. 国家中长期教育改革和发展规划纲要（2010—2020 年）［EB/OL］. 中华人民共和国教育部官网，2010 - 07 - 29.

要力量，《国家中长期教育改革和发展规划纲要（2010—2020 年)》提出："大力支持民办教育"。① 十八大报告提出："深化教育领域综合改革。"强调要继续鼓励引导社会力量兴办教育。《教育部 2021 年工作要点》提出"推进民办教育规范发展"②。这使民办教育迎来了新的发展时期。政策是先行和先导，自 1997 年国务院颁布《社会力量办学条例》起，国家出台了一系列的民办教育法规政策和实施意见。《中华人民共和国民办教育促进法》颁布以后，中国民办教育走上了一条有法可依的发展轨道，可以说已经进入依法办学、依法管理、依法行政的新发展阶段，使得民办教育步入一个新的持续、快速发展之路。国家鼓励和规范民办教育相关法规的出台，也为武术学校的发展指明了正确的方向，开阔了办学的思路。武术学校逐渐明确了办学方向，认真理解和落实党和国家关于教育的路线、方针、政策，贯彻落实教育工作会议的精神，以弘扬中华武术、传承中华民族传统文化、为国家培养文武兼备的优秀人才为己任。十八大以来，党中央、国务院提出了以提高全民族身体素质和健康状况为中心的战略性决策，将体育的地位提升到了一个新高度，认为其是一项直接影响我国现代化建设以及能否跻身世界强国之林的伟大系统工程。2014 年 9 月，国务院总理李克强主持召开国务院常务会议，强调加快发展体育产业、促进体育消费、推动大众健身，并提出"推动体育健身与医疗、文化、旅游等产业融合发展"的具体要求。10 月，国务院印发了《关于加快发展体育产业促进体育消费的若干意见》，将"全民健身"上升为国家战略，旨在营造全民健身氛围，积极倡导健康生活。提出了各地应根据当地自然、人文资源发展特色体育产业，大力推广武术、龙舟、舞龙舞狮等传统体育项目，扶

---

① 国家中长期教育改革和发展规划纲要工作小组办公室. 国家中长期教育改革和发展规划纲要（2010—2020 年）［EB/OL］. 中华人民共和国教育部官网，2010 – 07 – 29.

② 中华人民共和国教育部. 教育部 2021 年工作要点［EB/OL］. 中华人民共和国教育部官网，2021 – 02 – 03.

持少数民族传统体育项目发展的战略方针。① 由此可见，以武术文化为代表的中国优秀传统文化既是中华民族文化传承和发展的重要内容之一，也是维护中华文化独特性和推动中华民族伟大复兴的重要一环。在"全民健身"国家战略背景下，武术学校应该把握机遇，更好地服务于现代社会和人的发展，以获取自身的长足发展。

根据《民办非企业单位登记管理暂行条例》和《教育类民办非企业单位登记办法》的规定，绝大多数登封武术学校在民政部门被登记为民办非企业单位法人，难以落实与事业性质的公办学校同等的法律地位。作为民办非企业单位的武术学校在执行《民间非营利组织会计制度》和《关于非营利组织免税资格认定管理有关问题的通知》时，因难以跨越文件对非营利组织的认定，无法落实有关政策。一方面政府仍然习惯以管理公办学校的方式来管理武术学校，直接干预武术学校微观管理，武术学校在招生、专业设置、收费等方面受到较多限制；另一方面武术学校内部董事会决策过程中权力过于集中，家族化色彩浓厚，内部法人治理结构不够健全。② 在公法地位方面，武术学校属于法律法规授权的教育行政主体；在私法地位方面，武术学校应为社团法人、事业法人、准公益法人。在现行法律规定出资人直接参与学校经营的情况下，允许武术学校出资人分配学校经营利润，当属切合国情的明智选择，也是民办教育促进法的真实意图。至于如何限制出资人追求利润动机对办学目的的影响，则应当在发展转型中逐渐通过完善武术学校法人治理结构，建立包括决策、执行与监督三种权力的组织机构的方式加以解决。③ 此外，在武术学校产权制度、组织制度和管理制度等方面着手建立起学校现代管理体系，以保障武术教育集群正常

---

① 国家中长期教育改革和发展规划纲要工作小组办公室. 国家中长期教育改革和发展规划纲要（2010—2020 年）［EB/OL］. 中华人民共和国教育部官网，2010 - 07 - 29.

② 单大圣. 非营利性民办学校的困境与出路［J］. 现代教育管理，2013（12）：68 - 71.

③ 曾志平. 论民办学校的法律地位与法人治理结构的完善［J］. 教育学术月刊，2008（6）：66 - 70.

顺利运营。首先应理顺产权关系。登封武校大都是由第一代创办人逐渐注入资金一手建立的，由于学校未落实法人财产权，与办学相关的大部分校舍及土地等资产，在财务处理上基本都登记在举办者名下，举办者任意使用、支配学校收入，甚至挪用学校财产进行经营性活动都没有相应的约束。在发展转型中要逐渐实行分类管理，明晰产权关系，由校委会统一管理学校财产，分别登记建账，实行专项管理。其次，学校要聘请德才兼备的职业经理人，大胆选用校外品行好、有能力的专业管理人才；实行产权和经营权分离，实现产权家族化、管理社会化。最后，要建立起武校的现代化管理制度体系，建立健全监事会、工会、党团、教职工代表大会等组织机制。

第四节　可持续发展：资源与能力的统合

一、武术教育集群的资源与能力

（一）武术教育集群的资源分析

20 世纪 80 年代，流行于西方国家的以产业结构和竞争优势来源分析为基础的竞争战略理论，在 90 年代以后逐渐被以企业资源和核心能力分析为基础的资源学派和能力学派所取代，企业竞争力分析的重点也从以前的根据环境的变化决定"应该做什么"（最终产品）和"应该做什么事"（业务）转移到根据自身资源和能力决定"应该如何做"（活动）和"管理如何做"（活动的组合），即通过不断的积累和学习提高公司"活动"的竞争优势，将重点放在最能增加附加值的几种主要"活动"中，并通过共享、扩散、整合和不断更新来增强和管理公司的核心能力，而且这些核心能力应同时具备价值增值、稀缺（竞争对手没有的或处于劣势的）、难以被模仿、不能通过市场交易获得且不能通过组织管理发挥作用这五个方面的特性。① 与行业结构学派相反，战略资源论学派认为，企业的盈利潜力主要来自于企业内部。在战略资源论学派看来，企业是一个资源与能力的集合体，各个企业拥有的资源与能力是不一样的，企业资源与能力的不同造成了企业利润的差异，所以企业的资源与能力才是企业盈利潜力的决定性因素。② 根据战略资源理论，武术教育集群的资源是由学校本身所拥有或控制的、能用于构造和实施战略的各种有形资源、无形资源和人力资源。

1. 武术教育集群的有形资源

有形资源是指可见的，一般来说是能够量化的资产，它在武术学校价值构成中占有重要的基础地位。作为武术学校有形资源的财务资源、组织资源、实物资源和技术资源是构成学校的基础。例如训练场馆、教学楼、食堂、服装厂、宾馆等在财务数据上体现的都是有形资源。

2. 武术教育集群的无形资源

无形资源是植根于武术学校历史中，长期积淀下来的资产。学校在成长历程中形成的这种独特的文化资产，在竞争中非常不容易被对手模仿和掌握。价值观念、文化知识、管理能力、组织关系、品牌声誉、团队合作、创新能力、人际交往等都是武术学校的无形资产。少林功夫是享誉世界的品牌，"天下功夫出少林"。少林寺品牌因少林功夫而名扬海内外，很多人知道少林寺都是因为少林功夫。如果能够利用好就近的无形资源，并建立健全自身的无形资产，武术教育集群的发展将不可限量。

3. 武术教育集群的人力资源

人力资源是武术学校核心竞争力的重要组成部分。武术学校的发展离不开人的发展，武术学校资源中最有价值的——教师（教练）的价值是学校生存发展最基本的动力。武术教育集群通过外部应聘和内部提升来招纳

---

① 饶志明. 东南亚华人企业集团战略态势分析 [J]. 华侨大学学报（哲学社会科学版），2003（1）：33 - 40.
② 罗辉道，项保华. 行业结构、战略资源与企业业绩的关系 [J]. 山西财经大学学报，2004（1）：43 - 45.

获取人力（教师、教练、管理者）资源，而且要对所聘用的人员进行各个层次必要的培训和发展，只有通过对人力资源的培养、与人力资源共享知识，武术学校的发展才能获得发展和壮大。此外，武术学校在维护人力资源方面，主要采取物质和非物质奖励以及激励等措施，以此来培养、强化和提高教职工对于学校的认可度及忠诚度。

（二）武术教育集群的能力分析

武术教育集群的成功不仅因为其所拥有的丰富资源，还包括隐藏在学校资源背后的开发、使用和配置、保护资源的能力。能力理论是建立在企业内在成长理论基础之上的，其源头可以追溯到经济学之父亚当·斯密（Adam Smith，1776）的劳动分工论。其后，阿尔弗雷德·马歇尔（Alfred Marshall，1920）、菲利普·塞尔兹居克（Philip Selznic，1957）等人则进一步发展了企业能力理论。武术学校所具备的能力实质在于将学校能够承担和进行内部处理的各种活动界定清楚。因此，学校的性质、范围、效率差异、动力机制等方面中所涉及的基本问题，都可以用能力来进行界定。能力决定武术学校的异质性，武校之间的差异性是因为其拥有的资源和能力不同，这些资源和能力是学校在历史发展过程中逐渐形成和积累起来的，这种积累过程具有不可重复性。武术学校的能力可以决定学校经营的纵深程度和横向范围，决定产出的效率、成本状况和学校的生产力。因此，武术学校的能力是战略决策以及竞争优势的形成和维护的根本决定因素之一。[①] 随着民办教育的定位从"补充型教育"向"选择型教育"转变，武术学校只有提升学校市场生存能力，才能走向可持续发展。武术热的逐渐冷却，使武术学校恢复其教育的本真身份，以需求导向来引领学校发展，不断提高教育质量。杨绛先生认为"好的教育"就是启发人的学习兴趣和自觉性，培养人的上进心，给学生影响他一生的素质，或者说是终身受益的素质。武术教育集群必须将提供这种"好的教育"作为核心能力和主要产品，不断提升学校的教育质量。

---

① 楼永. 企业多元化：基于能力理论的研究［D］. 上海：复旦大学，2004.

二、武术教育集群资源与能力的统合路径

登封的武术学校能够成功地适应社会转型的挑战并不是因为登封在某一方面做得更好，而是因为登封武校行业能有效地把所要实施战略的几个方面有机地整合在一起，这就是竞争战略的要素，主要包括战略目标、学校资源、运营能力、战略组织、学校文化、产品 – 市场等。① 武术学校参与市场竞争如果没有组织资源、能力作为支撑，战略目标只能是空中楼阁，可望而不可即。同样，如果没有对市场、竞争格局清晰的洞察，没有明晰的学校发展方向和产业先见的指导，组织资源、能力都会因迷失发展方向而无所适从，除非组织架构、文化体现了武术学校战略目标及能力，否则竞争优势将是缺乏生命力的。武术教育集群之所以能长盛不衰，能在竞争中立于不败之地，在很大程度上就是因为它们能够巧妙地运用系统、相互作用的观点将战略目标、资源、能力、组织文化、市场等战略要素进行比竞争对手更有效的整合和创新，从而保持、创造了武术教育集群的竞争优势。②

武术教育的业务和服务是通过各种教育教学来实现的，所以其可持续发展的生命力来源于资源与能力的整合。登封武术教育集群主要是通过开展特色教育、创建品牌教育和特色专业等途径来实现战略转型发展的。当一所武术学校能够为学生提供与众不同的独特教育服务时，其竞争力必然会超过其他武术学校甚至是教育机构。例如在少林寺武术学校（小龙武院）以影视表演为其战略转型主导方向，学校设置的影视特技班主要学习影视拍摄专业知识、武打特技等，由影视明星释小龙亲自授课，并且可实践参与影视拍摄。虽然战略转型实施会在一定程度上提高武术学校的办学成本，因为品牌教育项目的建立、特色专业的开发和培育必然会使武术学校的成本开支有所增加，但由于家长、学生对学校声誉、教育特色的信任

---

① 张召龙 . 竞争的层次性与可竞争要素差异化战略——基于波特通用竞争战略缺陷之改进和拓展的新竞争战略［J］. 经济与管理研究，2007（5）：87 – 89.
② 汪秀婷 . 企业竞争战略的理论研究与实证分析［D］. 武汉：武汉理工大学，2004.

对培养学生成才的渴望，他们对高额的特色教育学费的敏感性会有所下降，这不但可以使武术教育集群战略转型的核心竞争力增强，特色教育服务所带来的高收费也可以进一步提高武术学校的办学效益，实现可持续健康发展。

第五节　组织文化变革：管理文化创新

一、武术教育集群的组织文化内涵

组织文化广义上被认为是组织在建设和发展中形成的物质文明和精神文明的总和。而狭义的组织文化是指组织为解决生存和发展的问题而树立形成的，被组织成员认为有效而共享，并共同遵循的基本信念和认知。组织文化是一个组织主动建构起来的文化，它与人类学意义上的文化的主要区别是：组织文化是人为的，是有意识建构出来的，人类学意义上的文化是在长期历史过程中自然而然形成的；组织文化需要不断进行调整和更新，甚至重塑，人类学意义上的文化具有很强的稳定性；组织文化有好坏之分，良好的组织文化能够营造积极向上的组织气氛，激励协调员工的行为，人类学意义上的各种文化没有优劣之分，都是人类文化有机组成部分。① 总之，管理活动要求把组织文化当成提高效益的有效资源，不断加以优化，人类学意义上的文化则要求管理活动主动地适应它。

最早使组织文化引起人们注意的当属美国的特伦斯·迪尔（Terrence E. Deal）和阿伦·肯尼迪（Allan Kennedy），1982年他们出版了第一本系统探讨企业文化的权威之作《企业文化——企业生存的习俗与礼仪》，影响极其深远，在各国的企业组织中掀起了一股"文化热"，组织文化的建设越来越受到重视。迪尔和肯尼迪把组织文化的整个理论系统概述为五个

---

① （美）埃德加·沙因. 组织文化与领导力［M］. 北京：中国人民大学出版社，2011.

要素，即价值观、企业环境、英雄人物、文化仪式和文化网络。① 对于武术教育行业而言，价值观是武术教育集群组织文化的核心，统一的价值观使学校组织内所有成员在判断自己行为时具有统一的标准，并以此来选择自己的行为。企业环境是指武术学校的办学性质、办学经营方向、外部环境、武校的社会形象、与外界的联系等方面，环境因素往往决定了武校的行为。英雄人物是武校文化的核心人物或学校文化的人格化，如武校的创办人或是学校培养的武术冠军等，其作用在于作为一种活的样板，给武校师生提供可供仿效的榜样，对学校组织文化的形成和强化也起着极为重要的作用。仪式是一种活动，把武术学校中的某些生活戏剧化、固定化、程式化，以宣传学校的价值观念，强化学校文化。抽象的价值观通过仪式的体现变化为有形、可见的东西，学校的升旗仪式、表彰大会、奖励活动以及各种文娱活动等都是典型的武校组织文化仪式。文化网络指非正式信息传递的主要渠道，它不用来传递官方信息，而是用来传递文化信息。由文化网络传递出的信息往往能反映事物发生的真正原因及其背景。非正式渠道一旦被人们所重视，能为武术学校事业的成功担负起重要的功能。最典型的文化网络就是学校内部编辑出版、用于学校内部信息、武校生活情境和情感沟通的内部报纸、杂志等刊物。

二、自主创新的组织文化构建

学校是培养人实现服务职能的组织场所，但现行学校组织行政化严重，赋予学校太多的意识形态意义，忽视了学校组织自身的特点，忽视了教育的文化传承及对人的教育发展功能。② 基于当前大环境下学校组织文化的问题，在现代学校制度建设的进程中，需要武术教育集群根据专业发展目标来选择最优的教育业务组合和模式，持续推动管理变革和创新，不

---

① （美）特伦斯·迪尔.企业文化——企业生活中的礼仪与仪式［M］.北京：中国人民大学出版社，2008.

② 周稽裘.教育现代化：一个特定历史时期的描述［M］.北京：教育科学出版社，2009：390-393.

断提升学校的竞争力，不断地创造新的机会并为所有师生提供均等的发展机会，使每一个学生都能够心情舒畅地接受智慧的启迪、获得专业技能，从而构建一种自主创新的学校组织文化。

武术教育集群的深层文化，如学校精神、学校价值观等，是最基本、最稳定的，是武校组织文化的根本，直接表现为精神活动，直接具有文化的性质，在组织文化中起着根本性的决定作用，是民办武术学校组织文化最重要的组成部分，但它具有内隐性，常常隐藏在显性的表层和中层文化背后，并决定着这两个层面。而武术教育集群组织文化的表层和中层文化，例如学校规章制度、学校环境等则属于组织文化的显性内容，以精神性行为和精神的物化产品为表现形式，是精神的外化，是学校组织文化的重要组成部分，具有外显性。它们以其外在的形式体现了武术教育集群组织文化的特色，体现了学校所特有的精神，但它们不是学校组织文化的根本内容。所以，民办武术学校组织文化建设时，不能仅仅把焦点放在外显的学校环境的改善和规章制度的建设上，而主要应该从学校组织文化的深层抓起。

教育工作的意义在于积极地创造而不是被动地反应，正如学习型组织之父彼得·圣吉（Peter M. Senge）所说："让大家在组织内由工作中活出生命的意义。"积极向上的学校组织文化，可以形成教职员工的精神风貌、性格和动力，可以积极地影响学校的能量、工作习惯、运营活动、各部门的合作程度以及对待教育对象的方式。民办武术学校的组织管理文化是创新性地整合主流文化、精英文化和大众文化，形成学校特色的组织文化。组织文化自主创新的主体是教师，学校文化强调对人的尊重和信任，认为人是一个完整、独特的，具有个性化、创造性和独立人格的个体。武术教育集群组织管理文化应该朝开放、民主的方向进行变革，组织文化的自主创新要着眼于学校组织价值观念的转换，重造学校教育的使命。在变革学校管理文化时，要着力于更新现有的学习观念，推崇共同学习的信念，提倡师生探索、交流和试验，建立良好的沟通环境和人际关系，为知识和思想的自由流通提供保障，激发组织成员的学习潜力。

第三章

武术教育集群战略转型亟待解决的实践问题

整体上看，我国武术教育行业从宏观的顶层设计到微观的制度建设，从办学理念、管理方略到办学体制、教学模式都需要重大的调整和改革，这种大变革、大调整的趋势将带领武术教育集群进入转型发展时期。武术教育集群的战略转型是持续不断变化的过程，是从结构到形态、从形式到内涵、从显性到隐性、从宏观到微观的整体性位移与变革，包含层次转型和内涵转型。其中内涵式发展战略转型是武术教育集群发展战略的核心，主要实践问题包括生源培养、特色课程体系构建、教学训练质量提高、师资队伍建设、内部管理的调整与变革和学生升学就业出路的拓宽等。

第一节　实现人才培养与社会需求的对接

生源是武术学校教育的生命线，是办学经费最主要的来源。随着我国各类教育机构的不断增多，教育行业之间存在着激烈的竞争。登封市的武术学校能够持续四十多年领跑武术教育行业，靠的就是发挥自身的武术文化办学特色，凭借良好的教育质量赢得了家长和社会的广泛认可。可以说，武术学校要想继续在现有的教育格局下营生下去，就必须要让不同的学生享受高质量的特色教学，做到全面培养、逐一雕琢，为社会培养文成武就、独树一帜的人才。没有这一点，武术学校在当前教育环境下难以长远发展。"一切为了学生，为了一切学生"。这是登封市武术学校行业的共同信念，暗含着武术学校的教育者对每个学生真诚的爱和默默的付出，这里面既折射出以学生为主体的教育观，也体现了现代素质教育的根本要求。武术学校秉承着"教育无差生"的理念，不论学生的起点和基础如何，都能公平耐心地对待每一个学生，并着重培养学生的学习能力，激发学生的潜能，调动学生的学习积极性、主动性和创新性，在教学训练中做到因材施教，促进每个学生的身心全面健康发展，使学生成为社会主义的合格人才。登封市的武术学校依靠严格的教育质量和高品质的教育人才输出，赢得了学生和家长的信任，打造出了属于自己的优质教育品牌。

科教兴国战略下，以人为本的自主创新是实现教育全面发展的核心。武术教育集群在顺应时代发展的潮流中，要积极创新发扬武德精神，将传统武德精神和社会主义核心价值观的时代要求紧密结合。百年大计，教育为本。科学技术的发展，关键在人才。而对于人才培养，以爱国主义为主导的社会主义核心价值观教育才是兴国之魂。中华民族之所以历经磨难而屹立不倒，成为世界历史上唯一文明不曾中断的伟大民族，正是因为爱国主义和民族精神已深深融入中华民族的热血之中。武术承载着民族文化，强化了青少年爱国主义思想，达成了使他们尚武、修身、立德的目的。习练武术，就是自觉接受中华传统文化熏陶，深化爱国主义教育的过程，振奋了青少年学生的民族自豪感。忘记历史等于背叛，丢弃传统等于割断血脉。在学校开展武术教育，是一件功在当代，利在千秋的大事，是强国强种的重要举措。① 中华武术所形成的独特文化是中华文化的重要组成部分，是增强国家软实力不可或缺的力量。传承发展好中华武术，形成良好的中华武术文化，必然能够进一步丰富中华文化内涵，增强国家文化软实力。《国家中长期教育改革和发展规划纲要（2010—2020 年）》把改革创新作为教育发展的强大动力，鼓励地方和学校大胆探索和试验，加快重要领域和关键环节的改革步伐。创新人才培养体制、办学体制、教育管理体制，改革质量评价和考试招生制度，改革教学内容、方法、手段，建设现代学

---

① 马麟，康涛．"去中国化"对学校体育的警醒［J］．青少年体育，2015（10）：
119.

校制度，并鼓励学校办出特色、办出水平，出名师，育英才。加快解决经济社会发展对高质量多样化人才的需要与教育培养能力不足的矛盾、人民群众期盼良好教育与资源相对短缺的矛盾、增强教育活力与体制机制约束的矛盾，为教育事业持续健康发展提供强大动力。① 《教育部2021年工作要点》中也提到要"以改革创新为根本动力"②。随着时代的发展，登封武术学校已经意识到了传统武术教学在内容和形式上的单一性与局限性，培养出的武术人才可能无法很好地在社会就业，因此开设了内容多样化和目的性较强的武术培训班。登封的大部分武术学校在文化教育方面，都专门开设了文化高考班、体院补习班、预科班等培训班，有针对性地培养高学历武术后备人才。

"生源是武术学校的生命线，就业就是生命线中的生命线。"就业涉及每个学生的切身利益，能为学生提供更多就业机会和渠道，是武术学校得以发展的核心问题，也是能争取更多生源的关键。③ 调查表明，武术教育集群学生就业意向的首选是考大学继续深造，其次是进入公安、武警系统和省、市专业队。由于近年来国家体育总局加强了对运动员等级认定的管理，各地高校也加强了对体育单招、体育加分的监管，只有取得省级（由省体育局主办）武术锦标赛的前三名，才具备申请国家二级武士（等同于国家二级运动员）的资格，而具备了国家二级武士的证书，才能够参加全国各个高校组织的民族传统体育专业的单独招生考试。这就无形中加剧了各个武术学校之间的竞争。学生、家长、用人单位、政府和社会共同构成了武术教育集群的需求压力。那么，武术学校教育就必须考虑社会市场和受教育者的教育消费需求。武术学校毕业生的高就业率、签约单位和雇主

① 国家中长期教育改革和发展规划纲要工作小组办公室．国家中长期教育改革和发展规划纲要（2010—2020年）［EB/OL］．中华人民共和国教育部官网，2010-07-29.

② 中华人民共和国教育部．教育部2021年工作要点［EB/OL］．中华人民共和国教育部官网，2021-02-03.

③ 刘劲松，肖鸿，陈盼．论我国武术馆校学生就业体系的构建［J］．湖北师范学院学报（自然科学版），2005（3）：50-52.

满意度是学校教育成果的直接体现。因为学校学员就业率高、就业后得到受雇单位的好评就是对武术学校教学教育成果的直接肯定。目前，登封一些武术学校已单独设立科室负责学校学员就业工作，如设立专门的就业指导中心、接待室、咨询室、档案室、招聘接待办公室等。此外，要加强与社会各界的合作联系，形成武术学校在招生、培养、实习、就业方面的准确定位，拓展毕业生就业途径，提升武校学生职业能力、促进毕业生就业。具体措施包括：单独设立科室负责学校学员就业工作，如设立专门的就业指导中心或科室，建立学生学业档案，跟踪学生学习、成长状况，在学生毕业的时候提供就业指导，保证学生能够学有所用；各个武术学校要建立高速有效的就业信息网络，培养选拔责任心强的、有魄力的就业指导队伍，主动与相关单位联系，建立亲密的战略合作伙伴关系，主动抢占就业市场并发掘潜在就业市场，优化就业市场环境，强化就业指导，鼓励学生自主创业，全方位开拓就业途径，提高学生就业率；加强与家长、校友的沟通，建立校群网络互动系统平台，发动家长、校友的力量，提供就业信息和指导，学校可将应届毕业生的情况和就业意愿等信息在平台发布，形成供需信息互动及时的良好局面；完善学校外部公关网络，建立与政府、企业、学校、周边社区等社会各界之间的联系，依托外部关系网络的建立，拓展学生就业的途径和选择，既为社会输送了有用人才，也为学生的就业找到了出路。武术教育集群要适应市场经济人才需求的培养模式，实现教育的全面发展，为将来全方位的学生就业、满足社会需求创造有利条件，这也是武术教育集群赖以生存和发展的重中之重。

第二节　完善特色课程体系的构建

哈佛大学原校长、著名的教育家埃利奥特曾说过："课程改革是人的改革，课程发展是人的发展。"地方区域性的差异和地方教育培训机构的发展历史以及现实基础条件，为武术学校特色化的发展理念提供了可能性。武术课程体系的特色化含义是指"人无我有、人有我优、人优我精"的武术专业特色建设之路。武术教育集群的特色化课程体系建设要根据学生的知识结构、能力结构、素质结构和社会实际需求之间的矛盾，调整课程教学计划，使设置的课程既能充分体现武术学校的培养特色，又能最大程度地满足教育对象和社会的实际需求。武术教育集群的课程体系要有利于充分发挥学生对教育质量的能动作用，以满足教育对象的个性、兴趣、特长的发展需求作为准则；还要以符合社会对武术专业细分方向人才的知识、能力、素质的规格要求为导向，从而建立以发展方向为特色的武术课程体系，实现课程设置方向化和市场需求化，武术课程体系的特色化建立就是要不断推动学校教学、训练的质量和成绩，使武校课程的教学内容、教学方法、教学质量既满足于受教育者的需求，又符合社会发展的实际需要。根据中共中央、国务院《关于深化教育改革全面推进素质教育的决定》，要"调整和改革课程体系、结构、内容，建立新的基础教育课程体系，实行国家课程、地方课程和学校课程"。① 通过完善的三级课程体系建构，使登封武校的课程体系具有多层次满足社会发展和学生需求的能力。

武术教育集群完善三级课程体系构建，首先要严格执行国家课程标准，形成以国家课程体系为主体的文化课主框架，认真落实地方课程标准，课程设置要以河南省出台的课程标准为主要参考依据，积极开发校本课程，建立武术特色课程和兴趣特长课程，还要积极寻求与国内外院校的合作，为校本课程的拓展开发注入新的契机和活力；其次，在教学实践中努力开拓创新，打造优秀课程案例，丰富新课标的课程理念和实践，有意识地培养学生发现问题和质疑、挑战权威的精神，学生可以对老师、教科书所教授的内容提出质疑，并在课下与教师形成良性探讨，真正做到让学生以课堂主人翁身份、教学主体地位、知识主宰的姿态出现在课程教学中；最后，建立开放、自主、平衡的课程体系，每个学校都有自身的特点，从差异性角度分析，各个武校的课程体系构建不可能模式统一，千篇

---

① 中华人民共和国教育部. 中共中央国务院关于深化教育改革全面推进素质教育的决定［EB/OL］. 中华人民共和国教育部官网，1999 – 06 – 13.

一律也会使学校没有特色，没有自主权。各武术学校在构建课程体系时，不论培养目标如何，都应全面设置德、智、体、美、劳、群方面的课程，保证普通科目和职业科目的平衡，学科课程和活动课程并重，形成课程间的相互配合、补充，提高教育质量，实现培养目标。

中国武术是我国传统文化的重要载体，积极发展和推广中国武术，对提升我国文化强国实力具有不可或缺的作用。一次访问调查时，一个大学生神采奕奕地对我说："我练的是韩国跆拳道，多潮多帅啊，跆拳道才是真正的武术"。作为一名武术教师，作为一个中国人，我惊恐悲愤不已。殊不知空手道、柔道、跆拳道等一些国外武技项目都是发源于中国武术的。作为中国人，对自己本民族的文化需要有一定的认知，淡漠自己的民族文化，不了解文化背景而盲目跟风追随，只会令祖辈蒙羞、引世人耻笑。笔者习武20年，深感武术不仅有利于增强学生体质，还是一种弘扬中华民族精神、增强学生对中华民族文化认同的有效实施途径。在文化强国战略背景下，国家、民族的强盛，必须要以民族文化的兴盛为支撑，如果没有中华文明的继承和发展，没有传统文化的弘扬和繁荣，就没有中国梦的实现。新形势下党和国家领导人高度重视对青少年实施传统文化的教育，国家体育总局积极响应并提出了在2014年向全国各级各类中小学推进武术教育的计划。普通学校的武术教育体现了国家传承武术文化的意识，而社会民间拳师组织是以传承武术文化为根基，两者根本目的相通但出发点不同，一个是从国家意识的视角，一个则是从个人自发的视角。而在两者之间的武术学校，作为新型的武术教育形式和主要传承场域，从组织目的来讲，它的目的更加多元，在传承武术文化的同时，注重市场规律，适应社会需求，极大丰富和满足了文化传承和教育多元化的诉求。

《国家中长期教育改革和发展规划纲要（2010—2020年）》提出"各学校要办出特色"，主要是针对当时中国学校实际上的千校一面、没有特色的问题。武术教育集群要办出特色，成为"特色学校"，是一个受制于多种现实条件的实践问题。武术教育集群首先实现了办学体制的创新，并开创了集团化多样性的办学新格局，努力推进了教育均衡化的发展，也是对教育公平的一种有益尝试。武术教育集群在集团化发展进程中，将优秀的办学传统、校园文化精神、教育思想理念等教育资源配置到不同区域，逐步提升了办学质量和办学效益。世界性的特色教育的发展主要是基于"多元文化教育"，"多元主义"文化价值观正逐步成为一种时代精神。当"多元主义"成为一种基本的教育价值观的时候，就自然要求承认并尊重教育的差异性与个性，同时要求用多元价值标准评价教育，当教育的差异性与个性得到尊重并得以提升的时候，当然就形成了特色教育。① 武术教育集群的特色化教育发展之路上，在保持自身独特的武术特色教学及相应运作形式的同时，应更加敢于正视各种各样的学生的个性，致力于培养出来一批又一批有一技傍身且具有独立思考和解决问题的能力的学生，让他们能够对社会有所担当，更加适应国家、社会的需求。就武术教育集群的特色化发展而言，特色的呈现如同人的个性形成，需要根据自身的条件和具体问题做出改变，在追寻教育真意的过程中，提升教育内涵、积淀文化。武术教育集群的特色化发展，需要在自主发展的基础上，不断对自身经验进行反省，明确自身的问题，并开阔思路、获得启迪、超越自身、形成特色，获得社会认同。

第三节　优化师资队伍的实践举措

武术学校的创办者大多是民间武术家或专业武术运动员出身，对办学及教育事务并不熟悉，而有的武术学校从外部聘任的校长和文化课老师几乎都是来自公办教育系统的退休校长或教师，其中虽有教学名师，但由于缺乏民办学校的管理经验和现代的教育理念，一些管理方式或教学方法与武术学校的实际情况、办学特色和风格并不相符，使武术学校的发展改革受限。目前，武术学校师资缺乏已经成为制约登封武校战略转型实施的关

---

① 张华．"特色教育"本质论［J］．教育理论与实践，1998（3）：16－18.

键因素。调查中还发现，多数武术学校并没有根据学校发展战略建立人才需求系统，缺乏有效的绩效评估体系和健全的教职工激励机制，主要体现在没有根据学校自身的整体发展需求确定未来需要的师资数量和职位分析定位上。现实中，武校管理层通常仅仅是对现有人员进行盘点，分析内部教职员工的素质与数量是否与教学、训练、管理相匹配，很少想到向社会广泛求贤纳良，充实学校的人力资源。没有合适的人才在合适的教学训练岗位上贡献智慧、积极工作，就会限制武术学校的发展，武术学校的战略转型就无法顺利进行。师资是武术学校教育教学工作的主导。武术学校属于基础教育阶段的一种社会力量办学机构，也是我国社会武术必不可少的组成部分。作为普及武术教育的专业学校，其教师水平和教练员素质直接影响着在校学生的总体素质，是决定学生能否成才的关键。据不完全统计，登封市 46 所武术学校的在校生共计 8 万余人，而专职武术教练员只有1000 多人，这些人大部分是武术学校自己培养的运动员退役后直接转为武术教师，虽然他们具有一定的武术竞技水平，基本上是高中以下文化程度，但所学的知识也不够系统。师资力量薄弱已成为限制武术教育集群发展的主要瓶颈，师资缺口大，整体水平也不高，所以优质师资的竞争尤为激烈。

武术学校的教练和教师除了工资以外，基本没有其他的福利待遇。此外，我国《全民健身条例》和《经营高危性体育项目许可管理办法》规定了武术是高危行业，所以武术教练员属于从事高危活动的从业者，但是一般武术学校不会为武术教练承担高额的意外险保费，加上薪酬待遇也比较低，所以师资整体呈现出不稳定的状态。登封武校要通过提高教师、教练的待遇和改善工作、生活环境来稳定师资队伍。例如在塔沟武校，学校为了提高教职工待遇，留住优秀的武术人才，解决他们的后顾之忧，让他们能够安心工作，于 2011 年出台了政策：凡是工龄在三年以上的教职工，均可由学校为其办理养老保险、医疗保险和生育保险。目前，学校已为 737 名教职工办理了养老保险和医疗保险，其中 2015 年新参保 55 人，每月新增保险金 30297 元，学校全年在保险一项上共支出 776 万多元，以确保教职工的权益，为他们谋福利。该校还引入了相应的激励竞争机制，对评优评先、考核等级、职称评定、奖金分配等问题做出具体的规定，体现公平竞争的原则，以求最大限度地调动教职工的积极性，激发他们潜心为学校工作的动力。此外，武术教育集群要注重师德建设，将思想政治工作摆在教育教学工作的首位；注重加强教师、教练的职业道德、奉献精神、事业心和责任感的培养，使其树立正确的人生观、价值观和教育观；杜绝打骂、体罚学生等不良现象的发生，树立教师的良好形象。

教职员工是武术教育集群发展战略转型实施中的基础。研究在调查中也发现，师资不足、水平不高，是限制武术教育集群发展的主要原因。教师作为武术学校人力资源的核心组成部分，针对其开展的培训与开发活动自然也就成为武术学校人力资源管理与开发的重要内容之一。师资管理问题中首要的问题是缺乏配套的人事制度保障。因此，建立完善的人力资源管理制度，营造良好的学校氛围，让广大教职员工能更好地融入武校，为学校做贡献，是武术教育集群全面健康可持续发展的战略需要。具体举措包括：第一，人才引进方面，武术学校要进一步加强教职员工的准入门槛，从严从细制定用人标准，规范教师、教练招聘流程，由党支部或办公室监督程序的具体落实情况，保证选拔过程的公正有序，避免出现不公行为，确保程序能够顺利执行。第二，对教职工建立科学系统的校本培训机制，不断强化教职工的职后培训和进修，推进教师、教练的专业发展。武术学校是从事教育教学的主要场所，而教师、教练是从事教学活动和武术训练的专业人才，按照教育学相关理论，一般将教师培训分为教师从教前接受教学理论知识素养训练的职前培训和教师从教后在职过程中参与的旨在提升教师专业素养的职后培训。武术教育集群的发展要重视教师的在职培训活动，形成入职培训和职后培训相衔接、校本研修培训与校外考察培训相结合、个人培训与集体培训相呼应的教师培训体系，各武校要根据实际情况制定教师、教练培训规划（五年）与学年培训计划，明确教师培训的目标任务及具体要求，使培训工作有计划有步骤地开展。第三，教师管理方面，要对教师和教练实施分类管理，建立科学的考核和评价机制，调整、完善教职工的考核、评价和晋升制度，从用人标准、职称评定等方面建立健全教职工的管理制度和评聘机制。各武校要建立学校听课、评课制度，教研组互听互评制度和教学、训练技能比赛的制度，将教学能力作为教师考核和评价的重要指标。鼓励教师开展围绕教育教学、武术训练、人才选拔、教改探索、学校管理、新课程改革等有关学校教育现实实践问题的科学研究或探讨，为教师总结实践经验、形成教育理论并进一步指导教学实践工作提供平台。

登封市的武术教育集群要紧跟素质教育的时代呼声，在文化课教学和武术专业训练上，要求教师、教练按照相应课程标准并结合学生的实际情况制订教学计划，并就升学、就业等问题对学生进行专门指导，充分发掘不同学生的潜质，做到有教无类。在培养武术师资方面，各武校都要不断加大对武术教练员的培训力度，结合国家和省武术主管部门的要求，积极改革培训模式，开放培训的内容、时间和空间，并对武术教练员的相关专业理论知识进行强化培训学习，使其在训练实践中运用掌握将先进的训练理念、科学的教学方法。武术学校内部还应定期进行训练、学习及考核，要求教练员参加武术段位评审和裁判相关知识的学习，推行持证上岗制度，强化了教练员的专业能力和上进心。在文化课教师的聘用上，应多选用师范类院校毕业的、持有教师资格证的教师，并通过较为严格的笔试、面试、试用期考核等流程遴选出优秀的文化课教师。在改善武术教育集群师资水平偏低、教学质量缺乏保障的现实处境上，要通过构建教学能力强、师德高尚、爱岗敬业、为人师表、年龄结构合理的师资梯队，以高品质的师资队伍来促进登封武校教学、训练质量和水平的提高。在具体措施上，建议严把教师、教练聘用关，逐渐提高入门条件、转正条件、晋升条件，逐步实施文化课教师非师范类院校毕业、没有教师资格证的不聘用，武术教练达不到二级武士、武术四段及以上的不聘，教师要通过笔试、面试、试用期考核，合格后方能聘用或转正；实施"传帮带"机制，把从教时间短、教学经验不足的教师与经验丰富的教师结成"师徒制"互助组，师傅要检查、指导徒弟教案的编写，互相听课，指导徒弟把握学生特点、吃透教材、驾驭课堂的能力；教师、教练的成长、成熟不仅要靠自我学习省思、同事协助，还要有专家引领，各武术学校除了加强内部师资学习培养外，还要每学期组织教师教练到各地名校参观学习，掌握教育、训练新动态、新方法、新模式。此外，还要聘请文化课名师、特级教师、武术领域专家、学者、优秀教练等名师专家来校讲座，进行指导和示范；学校各学科教研组要进行集体备课，促进交流学习；定期组织各种形式的教学竞赛；引导教师围绕学校发展、教学、训练、管理等办学实践情况开展科学研究，解决学校发展中的现实问题；积极为教师职业培训、职业发展提供条件和机会，为每位教师的职业生涯发展提供尽可能多的指导和帮助，辅以各种评价、培训、激励、奖惩制度，形成优质教师队伍的有效构建。

第四节　学校管理体系及制度建设

创办者独裁式管理和家族式管理是武术教育集群两种最为主要的管理模式，家族式管理尤为普遍。土生土长于农耕村落文明生产方式的老一代武术学校创办人，受教育程度普遍较低；生活单调，容易安于现状，进取心不足，缺乏创新精神，但却又抱残守缺，盲目排外。而武术教育集群战略转型所需要的恰恰就是抛弃旧有的发展理念。诚然，人们总是习惯于做自己所熟悉的工作，特别是在取得一定成绩之后，就越发不愿意去创新改变，认为转型意味着冒险。过去的成功经验、经营范式、知识理论等都会成为行为习惯，而许多武校领导者就囿于自身的行为习惯，缺少转变的紧迫感和压力。登封的一些武术学校能够长盛不衰，凭借的就是老一辈创办人能够与时俱进、不断开拓创新，他们是白手起家的实业家，从最初的创办武校，经过以学养学、以教养教的长期发展，使中国的武术学校从无到有、从小到大，逐步变强，再到其他相关产业的拓展，形成了武术学校持续稳定的发展基础，铸就了武术学校今天的辉煌。他们一般把握市场的能力较强，而且能够坚持正确的办学理念，如塔沟教育集团创办人刘宝山、鹅坡教育集团创办人梁以全等武林前辈。这些积累下来的、经过市场经济长期检验的宝贵经验，应该得到下一代接班人的传承和发扬。

随着现代组织的发展，组织内部的分工越来越细，专业化程度越来越高，加之现代领导体制的发展，"职业软专家领导体制"的出现，以管理为职业的"软专家"不可能再在各个具体的专业领域内都具有超过下属的知能，在这种情况下，强调以层级节制为基础的纪律控制和强调以客观事实为基础的专业知能控制之间的矛盾日益凸显，科层取向与专业取向的冲突由此产生。① 科层取向与专业取向代表着两种不同的价值观，科层取向是以科层体制的价值观念和是非标准作为学校管理的基本原则；而专业取向是在科层组织内部产生，同时又与科层体制的管理原则存在严重矛盾的一种学校管理倾向。专业取向与科层取向最为严重的管理冲突表现在武术教育行业发展的办学（专业）自主权与科层体制的纪律和控制之间的不可调和的矛盾。在价值取向上，专业性的发展方向是服务，而科层制的方向是原则性的服从上级。武术学校以传授专业武术技能和知识体系为根本，其不可替代的专业性决定了其办学经营、教育教学要以内在的专业取向为主导。然而，科层系统作为中国教育的保障体系，最终追求的是效率。制度约束就是通过固定不变的规则体系来限制成员的行动以实现效率的最大化。这种分歧导致了民办武术学校自主办学与行政效率的管理冲突。科层取向的最突出特点是强调严格的层级节制。在科层取向的学校组织中，每一级职位都赋予了其承担者对下属进行合法控制的权力，整个组织系统以"服从命令，遵守纪律"为最高控制原则，构成学校内部严格的层级节制系统。韦伯以理性作为科层制理论的学理预设，但官僚制的科层权威理性模式无视了一个事实，即人并不总是以理性的方式行事或在科层权威理性的结构体制下表现的效率最高。② 自古习武之人无拘无束的真性情和传统武术寻求超越自我、和平自由的终极理念，必然会和以效率、约束为基本

---

① 张新平. 论学校管理的科层取向与专业取向［J］. 教育评论，2001，05：36－38.

② （美）登哈特. 公共组织理论［M］. 项龙，刘俊生译. 北京：华夏出版社，2002：78.

价值取向的科层权威产生激烈碰撞，形成管理冲突。

　　武术教育集群在内部管理上应根据战略转型的需求调整完善学校管理机构，实行精细化的系统管理机制，建立健全学校以人为本、科学高效的管理运行机制。如上所述，武术学校的战略转型目标必须经过学校上下全体教职工的齐心协力才能实现。而非常现实的是，除非教职工明确学校战略转型带来的"利益"，否则他们可能并不会十分积极主动地为转型目标而努力。激励机制是战略转型实施过程中极为关键和困难的问题。关于"激励"一词，《辞海》将其解释为"激发使振作"，即激发人的动机，诱导人的行为，使其产生一种内在的动力，朝着所期望的目标努力的过程。通常来讲，院校管理实践过程中采取的激励措施按照主动和被动的区分划分为正激励和负激励两种机制。正激励是学校对教职工的"符合战略转型目标的行为进行奖励，以使这种行为更多地出现，提高个体的积极性"，主要表现为奖励现金、授予荣誉称号、表扬等。负激励是与正激励相反的一种机制，是反向的激励机制。它是指某个组织中的某个人与组织的目标相违背时，通过采取批评和惩罚等各种措施及时地对其予以否定，并制止当事人的有关行为的一种机制。负激励机制主要表现为批评、处分、减薪、降级、淘汰等形式，它通过给予当事人压力，使那些背离行为弱化乃至消退，并朝着有利于个体需要满足和战略目标实现的方向发展，进而对其他人产生教育作用的一种管理手段。科学严谨的激励机制可以激发每个教职工的工作热情，发挥大家的主动性、积极性和创造性。[1] 除了正、负激励机制外，民办武术学校还要将福利保障和制度激励作为主要激励渠道。可以通过多种途径来提高教师、教练的待遇和改善工作、生活环境作为激励。最后，还要引导教师进行自我激励，教师本身就代表着一种社会形象。"学为人师，行为世范"这八个字对于教师的要求和激励是时时刻刻、方方面面的。作为教师，时刻都要告诫自己为人师表，光明正大地成为社会模范。

---

[1]　康涛. "负激励"在高校科研管理绩效中的运用 [J]. 中国高校科技，2015（12）：21－23.

管理机制必须从加强制度建设入手，制定各项管理制度，不断规范办学行为，强化内部管理，校领导要明确分工，充分发挥各自职能，协调各部门之间的关系，实现统一领导与民主决策相结合，充分调动各部门工作的积极性和创造性；在教学训练常规管理和学生日常生活行为规范管理上多下功夫，通过建立德育处来负责学校德育工作的指导、督促、检查和评估；根据学校办学层次及人才培养定位，建立学部制的管理组织结构模式，形成分层次、多样化的管理体系；调整、优化学校直属行政机关部门的岗位职责，努力形成管理层次少、管理效率高、管理成本低的扁平化管理模式；武术教育集团在宏观管理层面实行董事会、监事会的"双会制"领导和决策体制，以保证学校运作的规范性，强化权力制约和监管机制，构筑科学化的运营管理模式。

第四章

武术教育集群发展的战略转型个案研究

登封塔沟武校依托少林武术的优势，在世界武术比赛上摘金夺银，在武术艺术表演上技惊四座，参演各种大型活动的规模和次数居行业之首，武术艺术表演团还先后到过 80 多个国家进行武术教学和表演，不断提高少林武术在国内外的影响力，为弘扬和传播少林武术做出了不可磨灭的贡献。塔沟武校已经成为登封乃至河南武文化的名片，有力地推动了少林武术的发展。四十多年来，塔沟武校内外兼修，凭着团结拼搏，奋发向上，勇往直前，不达目的誓不罢休的精神创造了属于自己的武林传奇，更是书写了不朽的教育史诗。

第一节 塔沟武校简介

河南省登封市少林寺塔沟武术学校（简称"塔沟武校"）位于中岳嵩山脚下，经过 30 多年的发展，目前已经成为一家集少林塔沟武术学校、嵩山少林武术职业学院、少林中等专业学校、少林中学、金塔汽车驾驶学校、塔沟武校青少年体育俱乐部六个教学单位和郑州神武少林武术用品有限公司等于一体的武术教育集团，简称少林塔沟教育集团（以下简称塔沟武校）。塔沟武校由出身于武术世家的著名拳师、中国民间文化杰出传承人、武术九段大师刘宝山先生于 1978 年创办。据刘老前辈回忆，当年，塔沟村来了一个外地人，自己背着面粉，非要学武艺，刘宝山走到哪里他就跟到哪里，刘宝山就收下了这个徒弟，后来刘宝山又收了个徒弟，塔沟武校就这样办了起来，最开始的地点就在少林寺入口处的两间窑洞里。徒弟们（学生们）的"学费"就是帮刘宝山家里干农活，家庭作坊式的办学模式就这样产生了。塔沟武校办了四年，没有收过一分钱学费，到了1982年，学生数量达到了二十几个，家里的粮食不够吃，刘宝山才开始小心翼翼地以每年5元、10元、15元的标准收费，就这样慢慢滚动发展。有一次，刘老前辈还问当时的登封县县长，自己收徒弟收学费算不算违法，算不算搞资本。随着改革开放的春风吹满华夏大地，1982年上映的《少林寺》一下点燃了整个武术市场，全国范围内掀起了一股少林热、武术热，武术学校遍地开花，仅登封市开办的武校就一度达到了近百所。塔沟武校从家庭作坊式的发展模式逐渐过渡到以学养学、以产养学、转制发展、挂靠发展，最终成为教育集团。可以说，塔沟武校的发展历程就是近代中国武术学校发展史的缩影，塔沟武校是业界的楷模和领头羊，国内众多武校的开办，都竞相模仿塔沟的经验，许多武术学校的校长、教练也都毕业于塔沟武校。①

目前，学校占地面积2300余亩，建筑面积73万余平方米，练功场地45万平方米，拥有大型练功房23座，文化课教室600多个，有设施一流的多媒体教室、语音室、生理化实验室、微机室、图书馆等。2014年，学员通过中招、高招和体育单招考试，先后被全国各专科、本科院校录取，升学率达到了86.7%，由于成绩突出，塔沟武校被河南省教育厅评为"投资规模较大民办学校"，少林中学、少林中专、职业学院多次被郑州市教育局评为"民办教育十佳学校"。多年来，学校通过体院单招考试、省市专业队特招、公安武警特招、参军入伍、出国任教、内部安排就业、其他学校任教、外派学员就业等途径，为学生的升学就业创造了更多机会。目前，学校已被确定为河南省散打训练基地、解放军散打训练基地、河南省重竞技运动训练基地、河南省拳击跆拳道训练基地、特种兵征兵基地、河

---

① 余省威．登封市武术馆校现状调查及发展对策研究［D］．郑州：郑州大学，2013.

南大学体育学院生源基地、河南大学体育硕士专业学位研究生教育实践基地、成都体院武术系教育实习实训基地等。办学至今，学校为社会培养了十五万余名文武兼备的优秀的复合型专业人才，学生升学和就业率达 86% 以上。

办学至今，塔沟武校始终秉承以文化教学为基础，以武术教学为特色，以培育英才为根本的教学理念，坚持"文武并重，德技双馨，传少林真功，育全新人才"的办学宗旨，在武术竞技、武术表演、文化教学、人才培养等方面都取得了优异的成绩。为了更好地弘扬和传播少林武术，塔沟武校武术艺术表演团应邀到世界 80 多个国家和地区进行了武术教学和表演，2003 至 2015 年连续十三年参加中央电视台春节联欢晚会并五次获奖。学员还先后参加了雅典奥运会闭幕式会旗交接仪式、上海世界特殊奥林匹克运动会开幕式、北京奥运会和残奥会开闭幕式、广州亚运会开幕式、南京青奥会开闭幕式等大型活动的演出，并得到了领导及导演们的高度评价。迄今，塔沟武校共参加国内外重大武术比赛 780 多场次，共获得奖牌 9872 枚，其中金牌 4799 枚；获得奥运、世界和国际级冠军的有 506 人次；获得全国冠军的有 769 人次，在全国性大型武术赛事中获得 42 次团体冠军。在河南省重大赛事中连续 27 年获得散打比赛团体冠军，连续 21 年获得拳击比赛团体冠军，连续 17 年获得跆拳道比赛团体冠军，连续 17 年获得套路比赛团体冠军。学员陈卫刚、李俊丽等先后在第三至第十一届世界武术锦标赛上获得金牌；学员张帅可在北京奥运会武术散打比赛上，夺得唯一的一枚男子散打金牌；学员刘泽东、孙勋昌、李新杰、孔洪星先后在第十四至十七届亚运会中获得金牌；学员张宇杰、李俊丽、夏瑞鑫、郭亮亮、陈彦召、李新杰先后在第十、十一、十二届全运会散打比赛中夺得金牌；学员张开印三次在中泰对抗赛上完胜对手；学员李亚各在南京青奥会上夺得男子散打 52 公斤级金牌。学校实现了在奥运会、青奥会、世锦赛、世界杯、亚运会、全运会等国内外重大武术赛事上夺得金牌大满贯的目标。塔沟武校的辉煌历史和卓越成绩也被誉为中国武术的"塔沟现象"。

第二节　塔沟武校的战略转型方向

一、重视教育质量和持续竞争力提升

四十多年的办学历程中，塔沟武校始终坚持"文武并重，德技双馨，传少林真功，育全新人才"的办学宗旨，将服务国家和人民的教育文化事业作为自身的终极目标和历史使命；遵循"认真学，刻苦练，勿执门派，悉归一宗，以继承发扬中华武术瑰宝为己任，益智强身，习武砺志，百尺竿头精进，报效祖国，匡扶正义"的校训精神，按照"砺志重文，崇德尚武"的培养目标，为社会培养素质全面的应用型武术人才，使受教育者满意，用人单位满意，社会满意；致力于以受教育者为中心，为了一切学生的服务思想，与时俱进，不断提高办学水平和教育质量，自我完善，尽善尽美。近年来，塔沟武校审时度势，在自身内外部条件、竞争因素、发展趋势的基础上，通过创造性的预测和谋划，提出了学校努力的总体方向和要实现的远景目标，确定了学校发展的战略使命与定位，从而保障了学校在激烈的教育竞争中处于优势地位。以塔沟武校下辖的少林中学为例，少林中学于 2004 年创办，是以实施普通高中教育为主的民办高级中学。学校在十年间呈现出发展快、规模大、办学特点突出的特征，先后从省内各地的重点高中聘请特级、高级教师 42 人，专家学者 4 人，实行专家治校，并从全市招聘最好的高三教师执教，严格把握教师团队和学生教学过程的管理，保证了较高的升学率。2015 年高考，少林中学一本上线 22 人，二本上线 228 人，三本上线 469 人，本科总上线率 83%，创造了优异的高考成绩。办学至今，少林中学先后获封登封教育教学贡献奖、登封市文明学校、郑州市民办教育办学先进单位、河南省人民满意的民办学校、河南省诚信办学先进单位。2014 年、2015 年两度荣获郑州市高中阶段"十佳民办高中"等光荣称号。

二、产业创新为学校发展提供经济支撑

塔沟武校的教育产业开发以武术教学为先导，在武术特色教学设置中几乎涵盖了所有的武术专业，而且创新地将传统武术和少林足球进行课程结合，作为学校的特色专业。在塔沟武校，武术教学设有套路、散打、拳击、跆拳道、武术表演、影视表演、太极、安保、养生、泰拳、综合格斗、少林足球等专业，仅武术教学班就有 800 多个。此外，塔沟武校在高等职业教育方面设置有 7 个系（部），20 余个本专科专业，涵盖文、管、工、经、艺、医等学科门类，开设有语文、数学、英语、政治、国学、音乐、书法、公关礼仪等课程。还结合国家和社会的需要，依照国家高校招生相关政策成立了"单招"升学速成班（体院补习班）。为了能够让更多的学员在学习武术的同时，也能够掌握汽车驾驶技术，成为一名综合型技术人才，塔沟武校紧密结合市场需求，专门成立了登封市金塔汽车驾驶学校，为学员提供驾驶课程。

在校办产业发展方面，塔沟武校下辖的郑州神武少林武术用品有限公司是一家综合性生产武术体育用品的有限公司，除了定点供应本部师生的服装、器材以外，也为其他的武校提供武术器材和服装，曾为中国国际少林历届武术节和河南省内大型活动的开幕式提供表演服装，也四次曾为塔沟武校四次参加央视春节晚会制作艺术表演服装。武术散打用品供应全国各武校的使用，受到了习武爱好者的一致好评，该公司的产品包括武术服装、器材、运动护具、体育用品、文化艺术品、运动鞋、制式服装、休闲服装和多种其他武术用品，目前已与全国七十三所武校和十多家体育学院形成了长期供需关系单位。这种校办产业创收反哺学校发展的转型思路，促进了塔沟武术学校的产业乃至整个集团的教育的良性循环发展。

三、从本土武术传承到教育国际化发展

学校的公众满意度和社会认可度是武校生存和发展的关键所在。塔沟武校总教练刘海科这样说道："我们为什么这么热衷于参加重大比赛，并

且要在比赛中拿奖,甚至有时人家不给我们钱也要参加?因为这是我们的命根子,没有品牌知名度,根本招不到学生。"这些比赛和活动的影响是巨大的,向人们展示了塔沟武校的办学质量和实力,也吸引了更多的学生和家长关注塔沟,选择塔沟。"积极参与各种活动,利用一切机会宣传自己,塑造学校和教育集团的形象。"已成为塔沟武校立足、成名的法宝。

武术是我国最具本土化特色和国际化程度最高的文化表现形式,作为武术文化的专门传承教育机构——武术学校,在发展中既要把握市场经济洪流中社会力量办学所面临的机遇和挑战,又要探究文化教育未来发展的大趋势,这样才能以更旺盛的生命力顺应社会对教育多元化发展的要求。武术学校的教育国际化发展也已不再是一个国家范畴的概念。一方面,塔沟武校在国际化过程中积极学习借鉴国外先进的办学理念、教育制度及科学技术文化,使武术学校在私立学校办学建设和教学、训练、管理、培养国际型武术人才等方面实现了跨越式的发展;另一方面,学校在国际化过程中充分利用中国在世界经济发展中的重要影响力和中国优秀传统文化的吸引力,拓展来华留学生武术教育,构建了具有中国风格、中国气派和中国特色的武术文化教育国际化体系。塔沟武校国际化发展是一个继承与创新中华优秀文化,消化与综合世界先进文化,在多样化观念的交流、碰撞中形成新的平衡的创新过程。文化的多样性和教育的国际化强调了开展中国武术国际化教育的必要性,国际化的武术教育不是脱离本土文化与民族精神的抽象"国际武术",本土传统文化必须要与现代教育有机整合。①塔沟武校转型的国际化发展平台要继续以本土传统武术文化为依托,致力于中华民族传统文化弘扬和汉语国际推广工作,培养文武双全的国际化人才;通过进一步发挥自身特色优势,立足国际化办学视野,建立特色课程体系、引进国际课程,开展双语教学,用更宽广的国际视野提升学校内涵建设和发展。其次,塔沟武校国际化发展要转向以提升内涵为中心的建设,拓展和国内外教育团体、各类学校、机构的实质交流与合作,扩大国

---

① 陈昌贵,翁丽霞.高等教育国际化与创新人才培养[J].高等教育研究,2008(6):77-82.

际影响力，提升武术学校品牌效应，将塔沟武校打造成国际上享有盛誉的一流武术教育基地。

第三节 塔沟武校战略转型的内容

一、战略定位的转型

在国家"全民健身"战略的指引下，在河南省"武术强省"战略工作的推动下，塔沟武校的战略发展立足河南、辐射全国，适应地方经济文化建设和社会发展需要，使学校的发展与河南体育强省建设和中原经济区建设相协调，武术教育综合实力和核心竞争力明显增强。同时，该校继续完善巩固办学体系，提高办学层次，逐渐形成文武并重，德技双馨的育人模式，在教学训练、科学研究、产业发展、管理制度、外事宣传、师资队伍建设等方面进一步加强，促进了校办产业规模不断扩大，产业链条逐渐完善，并提高了跨区域、国际化发展程度，使塔沟武校成为教学质量好、办学效益高的高水平民办学校，继续领跑整个武术教育行业，做民办教育领域的行业先锋，从而更好地宣传、传播武术文化，让更多人了解、体会武术的魅力，加入到练武的行列中来。塔沟武校站在战略发展的高度，通过建立学校资源配置管理体系，按照资源配置最优化的思路，对学校的办学资源实施了科学管理。一方面拓宽资金筹措渠道，实现学校产学研一体化发展格局，加强财务管理，实现财务资源的有效配置和保值增值；另一方面通过加强合作的方式，实现校内外资源的合理组合，增强了塔沟武校的整体办学实力，推动了相关教育业务范围的进一步拓展。此外，政府在教育资源配置格局中扮演着重要的角色，调整教育资源配置格局，政府必须有所作为，学校通过理顺与政府的关系，争取到了必要的政策支持和现实帮助，包括学校规模进一步扩大后的办学用地审批、贷款政策、融资渠道等。塔沟武校转型后的发展定位更加明确，市场竞争力更强，而且连锁办学，规模运作，也提高了抵御市场风险的能力。

二、办学理念的转型

在办学理念上，"一切为了学生，为了一切学生"。是塔沟武校的办学信念，暗含着学校的教育者对每个学生真诚的爱和默默的付出，这里面既折射出以学生为主体的教育观，也体现了现代素质教育的根本要求。塔沟武校能够持续三十多年领跑武术教育行业，靠的就是发挥自身的武术文化办学特色，凭借良好的教育质量赢得了家长和社会的广泛认可。塔沟武校秉承着"教育无差生"的理念，不论学生的起点和基础如何，都能公平耐心地对待每一个学生，并着重培养学生的学习能力，激发学生的潜能，调动学生的学习积极性、主动性和创新性，在教学训练中做到因材施教，促进每个学生的身心全面健康发展，使学生成为社会主义合格人才。塔沟武校依靠严格的教育质量和高品质的教育人才输出，赢得了学生和家长的信任，打造了属于自己的优质教育品牌。在教学投入上，为了提高课堂教学效率，实现现代化教学水平，集团 2016 年新增语音室 4 个，语音设备 4套；新增普通话测试设备 1 套，试卷保密设备 1 套，录播设备 1 套；新购进教学一体机 433 台、教师课堂电脑 1000 台、课桌 6875 张、方凳 5869个、办公桌椅 1000 套，共计投资 975 万元。为了继续改善师生学习、生活条件，集团董事会经过研究决定 2016 年投资 8000 万元用于购进教学和生活设备，新建教学楼、训练房、田径场、家属楼等。塔沟武校通过建立健全扎实的课程体系，实现了培养文武并重的全新人才的目标。在某种程度上，课程体系决定了培养人才的规格和质量。因此，塔沟武校对课程体系建设实施了科学管理，按照课程设置方向化的思路，针对学生个性、兴趣、特长的差异，根据社会对武术人才的知识结构、能力结构、素质结构的实际需求，调整学校的培养方案，建立以方向化、市场化为导向的课程体系，使学校的课程设置既能充分展示武术特色，又能最大限度地满足教育对象和社会的实际需求，塔沟武校这艘武术教育培训领域的航空母舰正是以此为目标而不断追求的。

三、办学模式的转型

从塔沟武校的办学经验来看，武术学校向教育集团化发展，能够逐渐形成统一的武术教育服务市场，可以有效阻止相互间的恶性竞争，增强核心竞争力，有利于学校的做大做强。塔沟武校通过内部优秀资源的带动，实现了人力、财力、物力等各种资源的融通、共享和互补，改善办学条件，避免重复建设，从而能够降低办学成本，提高办学效益。[1] 武术教育集团具有人才流通的优势，能够形成良好的教育人才互通流动平台，也为教育人才提供了更多更好的机会。仅塔沟教育集团下辖的嵩山少林武术职业学院，就在近十年先后承接了九届"汉语桥——国际学生夏令营"，并向美国、俄罗斯、意大利、西班牙、新西兰、韩国、日本、泰国、尼泊尔、肯尼亚等国家派出从事汉语教学和文化交流的师生百余人次。学生在学校学习的同时，还可以和几十个国家的留学生进行语言文化交流，开阔了每一位学生的视野，增长了他们的见识，培养了他们的协调沟通能力。国际化发展路径的选择有利于塔沟武校扩大市场，获取更高的资本回报和投资回报率，也有利于形成规模更大、范围更广的中国文化热和学习效应。

目前，塔沟武术教育集团已经形成了从幼儿园、小学、初中、高中、中职、高职到本科的完整教学体系，还拓展了国际教学，完整的教育教学体系不但稳定了生源，使学生有良好的武术专业学习背景，而且在一定程度上还能促进教育体系的平衡发展以及关于各级教育衔接的探索。塔沟武校下属的嵩山少林武术职业学院，是河南省人民政府批准、教育部备案成立的民办普通高等院校。学院于 2004 年升格成立，升格前已于 1998 年经教育部批准招收外国留学生，于 2000 年实施非学历大专教育。学院现有教职工近 200 人，其中专任教师 121 人，"双师型"教师 40 人，教授、副教授等高级职称人员 19 人，硕士以上学历的教职工 20 余人，在校全日制普

通专科生 3000 余人，五年制专科生 800 余人，与华北水利水电学院和河南中医学院联办全日制普通本科生 1200 余人（前两年在嵩山少林武术职业学院就读）。开设有 7 个系（部），20 余个本专科专业，涵盖文、管、工、经、艺、医等学科门类，形成了良好的专业体系。在多年的发展过程中，学院积累了丰富的办学经验和较深的文化底蕴，近几年来在汉语国际推广和对外文化交流等方面不断崭露头角，备受美誉。2007 年，学院被国家汉办确定为"国家汉语国际推广少林武术基地"，2010 年被河南省命名为"河南省文化改革发展人才培养基地"，2011 年院被河南省教育厅评为"河南省 2010 年度优秀民办学校"。

四、管理制度的转型

"家族式"管理模式就似一把双刃剑，如何用得好，如何让其扬长避短，使其产生的效能更有利于学校的良性发展，其实很大程度上都要依赖管理者对其的认识程度。① 塔沟武校的创办人虽然是农民出身，没有学过任何管理相关知识，但他们在办学实践中不断摸索，非常清楚要强化管理，必须从制度建设入手，规范办学行为，向管理要质量，在学校教学训练常规管理和学生日常行为规范管理方面下功夫，久而久之，实践出真知，塔沟武校已建立起了层次分明、结构合理、职责明确、团结奋发、充满活力的学校管理体系，并着力建设以人为本、科学高效的现代学校管理模式，进一步促进学校快速发展。塔沟武校在管理上赋予了校长充分的学校管理自主权，学校采取聘用优秀教师和教练，对教职员工进行定期考核等措施来提高教学训练业务水平。良好的人事机制和薪酬待遇能够使武术教育集团广纳人才并稳定师资，实现长期稳定发展。转型为武术教育集团化的发展模式后，有利于完善教育体系，在提高人才培养质量的同时，也能促进各层级教育的协调发展，进一步完善教育体系和教育事业的协调发展。

---

① 罗珅.论民办武术馆校的家族式管理［J］.科技信息，2009（23）：141、151.

第四节　塔沟武校战略转型的形式

一、"复合"能力提升

从复合式服务的提供来看，为了最大化满足家长、学生对延伸式、复合式的教育需求，塔沟武校在武术特色教学设置中涵盖了几乎所有的武术专业，并将传统武术和少林足球作为其特色专业，文化教学也形成了从幼儿园到大学本科以及国际教育的完整教学体系。从复合式竞争来看，塔沟武校的文化课学制与社会接轨，进行同步教学，学生毕业后均颁发国家承认学历的毕业证书。成立于2004年的五年制大专班主要招收塔沟武校初中毕业生，实行五年一贯制的高等职业教育，目前有7个系（部），20余个本专科专业，涵盖多个学科门类、开设了多种特色课程。依照国家高校招生相关政策成立的"单招"升学速成班（体院补习班），是与全国体育单招一致的补习班，开设语文、数学、英语、政治四个科目，自2003年开班以来，已为全国各高等院校输送一千余名优秀的武术专业学生，升学率超过了86%。塔沟武校为拓宽在校学员就业技能，特设了下属单位——登封市金塔汽车驾驶学校，金塔驾校成立以来，让更多的塔沟学员在学习武术的同时，也能够掌握汽车驾驶技术，成为一名综合型技术人才，实现了比其他武校更高的价值创造性价比。在复合能力上，塔沟武校按照教育部颁发的教学大纲开全课程，并形成了完整的升学链条，学生不出校门就可以完成从小学到大学本科的全部学业。由于办学成绩突出，塔沟武校多次被评为"教学一等先进单位""投资规模较大民办学校"等；所辖少林中学、少林中专、职业学院分别被授予"郑州市民办教育十佳学校""河南省民办教育名校""诚信办学先进单位""河南省民办教育十大名校"等荣誉称号。

二、"联合"增强实力

塔沟武校作为一家教育、学历培训机构，是国家承认学历的可正式对外招收学员的教育场所，《高考之友》《高考招生信息手册》均刊登了塔沟武校的招生信息。塔沟集团所辖各教学单位的升学率一直保持在85%以上。多年来，学员通过中招、高招和体育单招考试，先后被全国各专科、本科院校录取，升学率高达86.7%。集团设立的五年制大专班，主要就是为了让学习武术的学生在文化基础偏差的情况下也能在校接受高等教育，毕业后能够拿到高学历文凭，为将来的就业奠定坚实的基础。在毕业生就业上，塔沟武校先后与万科集团、中兴通讯股份有限公司、安博教育集团、首旅建国饭店管理公司、嵩山少林旅游集团、河南星星装饰公司、迪欧餐饮管理有限公司、解放军总政治部西直门宾馆等近百家企事业单位开展合作，共建校外实习基地、专业建设委员会和产学合作委员会，形成了校企合作、工学结合的长效机制，为毕业生就业提供了广阔的选择空间。根据《国家中长期教育改革和发展规划纲要（2010—2020年)》的指示，各级政府要支持民办学校创新体制机制和育人模式，提高质量，办出特色，办好一批高水平民办学校；对具备学士、硕士和博士学位授予单位条件的民办学校，按规定程序予以审批。目前，塔沟武校已和华北水利水电学院、河南中医药大学合办本科专业，学校正在争取独办本科，创办全国首所武术大学。

三、"结合"人性管理

一个好校长就是一所好学校，一个好校长会带出一个好的管理班子，一个好班子会带出一个好学校。源远流长的文明发展史长河里，人类社会存在着亘古不变的英雄主义情怀及对领袖人物的众星捧月式膜拜。塔沟武校的老校长刘宝山绝对是塔沟武校的灵魂。塔沟武校董事长刘宝山是国家武术九段大师、中国佛家功夫协会主席、河南省武术协会副主席、少林塔沟武术学校创始人。刘宝山先后获得了"全国十佳孝贤""中国民间文化杰出传承人（少林拳）""中国时代十大杰出人物""2013 中国乡土文化年度人物""全国劳动英模""河南省武术挖掘整理贡献奖"等荣誉，2010年被河南大学聘请为"客座教授"和"体育专业硕士学位研究生导师"，2014 年被授予"河南省武术家"称号，2015 年被授予首届"中原孝老敬贤模范"称号，

郑州少林塔沟教育集团副董事长刘海超是国家武术八段大师、教授、登封市人民政协委员，他自创了"武校英语规律教学法"，让学生在学习英语的过程中，能够把复杂的问题简单化，大大提高了英语教学效率。在从事少林武术研究的基础上，刘海超还历时五年主编了中英文《传统少林拳套路集成》，该书被评为河南省科普作品一等奖。他先后获得了"河南省教育科研特等奖""河南省科协特别奖""河南省教育厅学术技术带头人""登封市优秀教育工作者"等荣誉称号。

郑州少林塔沟教育集团副董事长刘海钦是国家武术八段大师、国家一级武术裁判、登封市人大常委会委员。刘海钦非常注重集团的文化教学和综合素质教育，坚持文武并重，加强学生的文化知识学习，促使文武教育并驾齐驱、交相辉映。要求学生不仅要有专业技术和文化知识，更重要的是要有高尚的思想道德和健康的心理，必须在德、智、体等方面全面发展。多年来，刘海钦非常重视自身学习和理论研究，他先后发表了《中国武术与中国文化》《论现代化进程中的武德教育》等十几篇论文，他参与编写的《传统少林武术套路集成》被评为河南省科普作品一等奖。刘海钦先后荣获"郑州市专业技术拔尖人才""郑州市民办教育杰出人物""登封市专业技术拔尖人才""登封市优秀馆校长"，还获得了"北京奥运会演出先进个人""国庆六十周年大典演出先进个人""第二届世界传统武术节筹备工作先进个人""登封市优秀教育工作者"等荣誉称号。2014 年，他被民进河南省教育委员会、河南省民办教育研究会授予"民办教育专家"称号。

郑州少林塔沟教育集团副董事长兼武术总教练、少林塔沟武校党总支部书记刘海科是国家级教练、国家武术八段大师、教授、河南省第九、十

届政协委员、郑州市人大代表、河南省武术散打队总教练。刘海科在中国武术界颇具传奇色彩，从传统到竞技，从民间到专业，他成为河南省武术散打队的主帅以来，把河南男、女散打队都带出了低谷，成为河南武术散打的领军人物。在教学、训练和比赛等实践的基础上，刘海科不断探索、深入钻研武术理论，为传承和弘扬少林武术奠定了坚实的理论基础。近年来，他主持了河南省政府招标课题《中原功夫文化研究》和河南省科技厅课题《中原功夫文化阐释》两个课题研究，目前他所申报的河南省哲学社会科学规划项目《地缘学视角下民办武术学校的战略研究》已经立项；他先后发表了《少林武术文化产业分类及其发展模式研究》《武术散打运动员战术能力的研究》等数十篇论文，他编写的《中华武术发展论》获得了河南省首届自然科学学术奖、河南省自然科学优秀学术著作一等奖；编写的《传统少林武术套路集成》被评为河南省科普作品一等奖；2010 年，由他创意发明的"头顶梅花桩"项目已获国家知识产权局颁发的发明专利证书。刘海科先后四次获得国家体育总局颁发的"中华人民共和国体育运动荣誉奖章"，多次受到河南省人民政府通令嘉奖；他先后被河南省教育厅授予"第八批河南省优秀专家""学术技术带头人"，被河南省总工会授予"五一劳动奖章"；被郑州市委市政府、郑州市委组织部确定为"郑州市专业技术拔尖人才"和"郑州市市领导直接联系高端人才"。同时，他还获得了"河南体育世纪十佳教练员""启蒙教练金奖""优秀教练员""河南省优秀馆校长"和"河南省武术工作先进个人"等荣誉称号。2014 年，他被中国武术协会评为"全国十佳教练"，被河南省人民政府记一等功奖励。

塔沟武校的领导者不仅武艺高超、卓尔不凡，而且具备一定的管理素养和办学经验，拥有机智果断、勇于创新、远见卓识、知识广博的管理能力和个人魅力。他们在多年的教育实践中不断学习完善，具备了良好的个人能力，为学校师生树立了良好的学习榜样；在办学管理中善于战略思维，具有战略能力，掌握战略实施艺术，从事研究和制定战略决策，能够引领塔沟武校开拓未来。

刘宝山 2009 年把塔沟教育集团董事长的位置交给了最小的儿子刘海科，但武校大小事务，三个儿子仍然得向他汇报和请示，每天早晨 7 点，老人家仍然会从位于塔沟村的家里赶来教育集团办公，凡事亲力亲为。刘宝山老校长总结塔沟武校的成功经验时，用得最多的词汇就是"诚信""诚实""讲信誉"。待人以诚信，则人不欺我；待事业以诚信，则事无不成。此外，作为领导，必须严于律己，宽以待人，要能容纳与自己性格不同、处事风格不同的人，善于集中大家的才能和智慧，为学校发展做贡献。在律己方面，塔沟武校的老校长刘宝山可谓是行业表率，他一生节俭，办公室里没有现代办公桌椅、沙发，用来办公的，仅是一张普通的书桌。多年来，一直也只是开一辆破旧的面包车。塔沟武校在人事管理和师资队伍建设方面，一方面继续加大对师资队伍建设的投入力度，保障师资建设的稳定发展，使学校"招得到人，留得住人"，建立科学的师资考核和评价机制；有目的、有步骤地引进高层次教学名师和知名教练，为学校教学、训练注入新鲜血液；另一方面鼓励在校教职工通过各种进修途径提高学历层次和教学训练水平，推进教职工的专业发展，强化职后培训和继续教育，建立科学的教学质量保障体系，切实打造一支朝气蓬勃的师资队伍，达到武术教育培训行业的一流水平，满足塔沟武校长远发展的战略需要。

四、"相合"天人共融

国际化是影响和塑造教育并使其能够应对 21 世纪挑战的主要力量。在经济全球化、文化多元化推动下的今天，教育资源在国际间进行配置、教育要素在国际间加速流动，教育国际交流与合作日益频繁，教育不仅要满足本土化要求，更要适应国际间的分工与互补。现在，几乎每个学校都在提国际化办学，国际化办学最重要的当然不是能够送多少学生出国，也不是学校能够开设多少门国际化课程，而是使学校、学生具备国际化的视野。显然，国际化已经成为新时期人才的总体要求，不论是公立学校，还是民办学校，国际化发展已经成为一种共识和趋势。那么，在 21 世纪国际一体化的大平台下，教育竞争关注的重点将会是真正的全球市场，而不是局限于世界的某个角落或特定地区。对于塔沟武校来说，实施国际化战略能够快速及时地寻找到国际竞争机会，建立自身独特的竞争优势。塔沟武校为了更好地弘扬和传播少林武术，自20世纪80年代开始，就已应邀到世界100多个国家和地区进行武术教学和表演。塔沟武校下辖的少林国际教学中心，是一所经教育部批准专门招收外籍学员学习少林武术的教育教学培训基地，也是一个以少林武术国际交流（留学生来华学习少林功夫）、武术教学（赴国外推广传授少林功夫）、武术表演（赴国外进行武术表演）为主，提供训练、食宿等服务为辅的综合性服务机构。同时该中心还负责接待夏令营到少林寺塔沟武术学校参观、学习、训练。国际中心现有8800平方米的多功能涉外教学大楼一座，内设教室、训练厅、标准套房、外事办，并配有闭路电视、程控电话、国际互联网等教学及生活服务设施。开设了少林功夫传统套路、自选套路、散打、跆拳道、自由搏击、拳击、太极拳、软硬气功及武术理论和初、中级汉语听力、阅读、会话等课程。国际教学中心创办十多年来，积极开展对外武术教学与交流，先后组团到世界50多个国家和地区进行武术表演和教学，先后接待了来自美国、英国、法国、德国、澳大利亚、加拿大、日本、韩国等40多个国家和地区的外籍学员9800余人。武术表演团还曾随国家领导人出访美、俄、英、法、德、澳、日、意、韩、非洲、拉美等诸多国家和地区，参与了奥运会四个仪式五个节目的演出，赢得了世界的掌声。登封市拥有世界上最大最齐全的武术教育培训机构集群，塔沟武校是世界上最大的武术学校，塔沟武校的品牌做大做强，就必须以国际视野来把握和发展武校教育。

近年来，塔沟武校围绕"少林功夫"主题，致力于武校教育与当地文化的融合融汇，学校把加快建设校园少林武术文化基础项目作为校园文化工程建设的重点，主要建设以少林武术为代表的中国武术文化展示传承基地、少林竞技演艺示范舞台、少林武术学术研究和交流的国际平台、尖端人才培养基地、嵩山少林核心景区延伸体验观光产品等。目前，总投资2.5亿元，占地203.31亩的嵩山少林武术博物院已经完成了静态展示区、功夫文化交流活动中心、演员生活区的建设，下一步将进行动态展示区

（武术擂台赛和武术演艺厅）的重点建设，还将在嵩山少林武术博物院投入 1600 万元建设办公楼、练功房、武术演艺馆等。学校还通过实施校园环境美化、绿化、学校标志形象塑造、少林文化物质建设，营造优美舒适、底蕴深厚的校园文化环境；不断扩充学校图书馆，丰富书刊和资料；设立了校园文化走廊，除了展示学校荣誉、培育人才的成绩外，还结合社会主义核心价值观展出优秀学员、道德模范、民族英雄的光荣事迹，进行社会主义正能量的弘扬。塔沟武校的成功转型发展，不仅提高了民办教育的凝聚力，增强了教育资源的合理配置，促进了教育的协调发展，还为结构良好的教育体系建设做出了贡献。三十八年的风雨兼程，三十八年的辉煌成就，塔沟武校内外兼修，凭着团结拼搏，奋发向上，勇往直前，不达目的誓不罢休的精神创造了属于自己的武林传奇，更是书写了不朽的教育奇迹。

第五章

武术教育集群发展战略转型的思路梳理

社会的转型变革迫使武术教育集群必须进行战略转型，随着人们的思想、价值观念的深刻变化，农耕社会形态下形成的武术越来越不受到重视，和书法、京剧、国画等其他中华传统文化一样，被国人所漠视。"大树底下好乘凉"的时代已经退却，武术教育集群以地域武术文化为标识的得天独厚的竞争力正逐渐被社会淡化，社会的发展将武术教育集群引领到了一个以教育质量和教学特色求生存、谋发展的时期。

第一节　武术教育集群战略转型的方向

一、从追求规模扩张转向持续竞争力提升

经济规模在一定程度上制约着武术教育集群的竞争力，扩大规模，培育一些可以与国内外成熟的教育集团相抗衡的大型、特大型武校，是武术教育集群今后发展的一项重要战略转型目标。然而，经济规模与学校的竞争力之间并非简单的正相关关系，规模大的武术学校未必竞争力强，单纯追求规模、甚至盲目扩张反而会直接削弱武校的竞争力。十年前，登封有武术学校 80 多家，如果想在登封武校行业站稳脚跟就必须上规模、搞硬件。在全国武术学校调研会上，小龙武术学校校长陈同山先生这样描述登封武校当时的办学情景："在登封办武术学校，首先得上规模，硬件上得

跟得上去。一些武术学校规模很小，教学条件和教学质量也不行，优胜劣汰下这些规模小的武术馆校就被淘汰了。如果上不了规模，硬件上不成，就没有竞争力。"如今，十年过去了，一些盲目追求规模效应和形象包装，忽视对核心竞争力或办学质量锤炼的武术学校也在历史的车轮下被碾灭。在调研中，笔者发现登封武校的校长们大多认为保持适当的、与自身软硬件相适应的办学规模，才能取得较好的规模效益，才能实现武校的持续健康发展。

武术教育相对其他教育培训行业的竞争对手而言，可能会有多方面的竞争优势，但是它们也可以归结为低成本、差异化和集中化三种基本形式。影响武术教育集群办学成本高低的因素主要是其办学规模、教学模式、管理模式等。诚然，武术教育集群要发展，扩大办学规模是关键，但也并不是越大越好，因为办学规模和效益并不总是成正比的。所以，应当加强其成本核算，建立起能够与有效办学规模相适应的教学训练设施，达到规模和效益的协调统一。差异化主要是通过开展特色教育、创建品牌教育和特色专业等途径来实现的，当一所武术学校能够为学生提供与众不同的独特教育服务时，其竞争力必然超过其他武术学校甚至是教育机构。实现差异化可以有许多途径：设计武校品牌形象、技术特点、外观特点、客户服务、经销网络或者其他方面的独特性。集中化可以使武术教育集群主攻某个特定的服务对象群或某一层次、类别的教育服务，通过较好地满足特定对象的教育需求而实现了特色取势，抑或是为特定对象服务时产生了较高效益。当然，采用集中化的前提是武术教育集群以更高的效率、更好的效果、更为优质的教育质量为某一特定的战略对象服务，从而使自己超越竞争对手。

武术教育集群提升持续竞争力转型的中心内容是在武术教育产业或培训市场中建立竞争优势，而所谓的竞争优势，不外是指武术学校具有某种其竞争对手所没有或相对缺乏的特殊能力，以便能更有效、更经济、更快捷地为顾客提供所需的武术教育产品或服务。① 通常一所武术学校能够成功地适应挑战并不是因为学校在某一方面做得更好，而是因为它能更有效地把所要实施战略的几个方面有机地整合在一起，这就是竞争战略的要素，主要包括战略目标、学校资源、运营能力、战略组织、学校文化、产品－市场等。② 武术学校参与市场竞争如果没有组织资源、能力作为支撑，战略目标只能是空中楼阁，可望而不可即。同样，如果没有对市场、竞争格局清晰的洞察、没有在明晰的学校发展方向和产业先见的指导下，组织资源、能力都会因迷失发展方向而无所适从。而且，除非组织架构、文化体现了武术学校战略目标及能力，否则竞争优势将会是缺乏生命力的。武术教育集群之所以能长盛不衰，能在竞争中立于不败之地，在很大程度上就是因为它们能够巧妙地运用系统的、相互作用的观点将战略目标、资源、能力、组织文化、市场等战略要素进行比竞争对手更有效的整合和创新，从而保持、创造学校的竞争优势。③ 任何一种既定形式的竞争优势都将在市场竞争的侵蚀下消散，武术教育集群只有不断地创新，才能够获得基于其整体发展的持续竞争优势，从而持续成长。因此，登封武校必须在"做大"和"做强"之间优先选择"做强"，把"做大"作为"做强"的重要手段和途径，不能过分强调扩大办学经营规模。实践证明，软环境的营造直接决定着硬件作用的发挥；也决定着武术教育集群的长远发展和最终命运。只有在保证不断提升教育质量的前提下，武术教育集群的规模扩大才具有持久的竞争力。

二、从纵向一体化供给转向多元化产业创新

登封市的部分武术学校创办较早，经历了家庭作坊式、以学养学式等主要依靠学费作为办学资金来源的初级发展时期，最早探索出了以产养学

---

① 戴开富. 高等学校核心竞争力研究［D］. 武汉：武汉理工大学，2007.

② 张召龙. 竞争的层次性与可竞争要素差异化战略——基于波特通用竞争战略缺陷之改进和拓展的新竞争战略［J］. 经济与管理研究，2007（5）：87－89.

③ 汪秀婷. 企业竞争战略的理论研究与实证分析［D］. 武汉：武汉理工大学，2004.

式的发展模式，摆脱了办校资金来源的单一性，通过大力兴办武术及其他相关产业来完成学校资金的注入，形成一个动态的资金循环，互相补给，为武术学校的正常运营提供了强有力的资金保证，促进了学校的整体发展。学校把产业作为事业的补充和发展壮大的支撑，通过积极调整产业结构，升级产业格局，开辟了更为广阔的发展空间，带动整个武术学校行业进入到了良性循环。登封因境内拥有武术名刹少林寺而闻名于世，现有注册登记的武术学校 46 家，目前已形成以少林寺与"少林功夫"为龙头，由武术旅游、武术培训、武术演艺和武术衍生产品等四大板块组成的武术产业化格局。同时，武术学校相关产业还直接带动了教育文化、交通、运输、金融、商业、饮食服务等行业的发展。近年来，登封不断调整发展思路，着力拉长武术文化旅游产业链条，发展武术观光旅游、武术教育、健康休闲养生等产业，着力打造郑州航空港经济综合实验区等文化旅游对外开放窗口，先后成功引进了 18 个投资十亿元以上的文化旅游项目。2015年，登封又被命名为国家体育产业基地。国家体育总局这样评价登封的体育产业："少林武术产业已经形成，特色鲜明，规模宏大，震撼力强。其他体育项目产业规划合理，起步高、链条长、势头猛、前景阔。"

　　登封坚持把中心城区作为全域旅游最大的游客服务中心，规划建设了2.2 平方公里的特色商业区，累计完成投资 32 亿元，将新区起步区作为登封市产业集聚区的生活配套服务区，规划建设了 5.5 平方公里的登封新区起步区，累计完成投资 54.6 亿元；把旅游新城作为少林景区的综合配套服务区，规划建设了 18 平方公里的旅游新城，累计完成投资 90.01 亿元，实现了以产兴城、依城促产，推动产城互动融合发展。① 2015 年 12 月 22 日，郑州市区到新郑国际机场的城际铁路正式开通，按照时间表，3 个月后，这条铁路将延伸到登封，给登封的经济发展带来新的希望，也将给登封武校的发展带来巨变。对于武术学校而言，通过分析国民生产总值、国民收入、人均国民收入、当地经济发展速度、居民消费价格水平、人均可支配

---

① 袁建龙. 建设美丽大登封［N］. 郑州晚报，2015－12－31.

收入等指标的变化趋势，可以认识和了解国家经济全局的发展状况和变化动向，借助全国各省市、各行业的统计资料，以及武术学校自身的历史数据，通过各年度数据的比较，从中认识宏观经济形势和自身武术教育行业中所处的地位。与此同时，武术学校可以依据环境的发展变化，制定或适度调整发展战略，提高战略的有效性。

登封市目前以塔沟、鹅坡、小龙和武僧团四大武术教育集团为依托，走武术产业化、规模化经营之路。为实现多元化产业创新，壮大武术产业，登封市早在 2006 年就出台了《登封市武术产业发展规划》，严格了新武校审批标准，提高了准入门槛，近年来几乎没有审批过一家新武校，而对于那些小型武校，则引导其同大型武校合并。根据该规划，登封市将打造全国乃至全世界最大的武术训练基地，目标是到 2015 年在校武术学员达到 10 万人，形成十大武术产业集团，并逐步形成跨国集团，开发国际武术表演市场，使少林武术文化覆盖全球。登封在武校战略转型中，还要在武术教育产业开发上充分发挥少林功夫为代表的传统武术资源优势，虽然目前已经形成了几所世界一流的武术教育集团，但少林武术的品牌建设仍需强化；还要通过进一步探索少林武术与青少年足球运动的深度融合，打造少林足球学校新品牌，这些都会为武术学校拉长产业链条，创新武术教育产业。武术学校要通过武术展演、武术旅游、武术文化、武术用品制造、武术动漫、武术影视娱乐等业态发展，为学校的长期发展奠定坚实基础，从而适应武术发展的新形势，满足社会对武术文化的新需求。随着市场经济的发展，武术运动和武术文化领域已逐步成为消费者关注的健身、娱乐、观赏和休闲场所。《国务院关于加快发展体育产业促进体育消费的若干意见》正式出台后，河南省也积极响应，结合武术文化特色和实际情况，出台了《河南省人民政府关于加快发展体育产业促进体育消费的实施意见》，这些利好政策的出台，也为登封市武术学校创新发展提供了大施拳脚的机会和空间，通过进一步挖掘武术学校的产业资源、发挥其产业优势，定能营造武术教育集群发展的大空间。

三、从立足区域优势转为面向世界文化输出

21 世纪是文化全球化的大发展时期。中华文化也必将融入这一世界化的文化发展浪潮中，并向世界全面展示自己的风采。"一带一路"倡议的提出真实地反映了我国在新时期主动迎接挑战、加强国际交流的和平发展思想，是党中央把握全球化发展趋势、协调统筹国际国内双重发展环境做出的重大战略部署，获得了国际众多友国的帮助与支持。中国正在经历从经济崛起的大国转向"文化强国"，从经济硬实力转向文化软实力，从文化产业转向文化硬实力的一个战略过程，是中华民族走向世界民族之林的一次大进发，是中华民族伟大复兴的一次大体现。随着文化强国战略的不断深入，国家软实力的不断增强，武术运动在对外交流上日趋活跃，成果丰硕，成为最具有中国特色的传统文化优势品牌。在"十二五"期间，我国在国际重大武术比赛中共获得世界冠军 74 个，亚洲冠军 36 个，世界青少年冠军 30 个，亚洲青少年冠军 55 个；累计派出共计 132 个武术出访团队共计 1312 人次，① 先后访问了五大洲的 156 个国家和地区，进一步彰显了中国传统武术文化的外交魅力，推动了中国与世界各国之间的友好交流与合作，凸显了中国传统文化的优势地位，而这些世界冠军或是出访人员有很多都是登封武校培养出来的。登封武校在近四十年的发展中，积累了强大的区域文化教育优势，并积极顺应国家文化传播需要，在弘扬和传播中国优秀传统文化方面做出了自己的贡献，为中国与世界各国人民的文化交流、友好往来架起了桥梁和纽带。从传播学的角度来看，武术运动国际传播的本质就是文化输出。1921 年，时任北京大学校长的蔡元培先生就提出了"文明输出"："我们一方面注意西方文明的输入，一方面也应该注意将我国固有文明输出。"② 武术以全球人民喜闻乐见的身体运动形式为载

---

① 陈国荣. 精准定位转型升级推动武术协会工作——中国武术协会 2015 年工作报告 [J]. 中华武术研究，2016（4）：11 - 14.

② 丛彩娥：论蔡元培"兼容并包"的中西文化观 [J]. 东岳论丛，2007（03）：201 - 202.

体，倍受世人青睐。显然，让外国人了解中国文化仅靠政府的宣传是有限的，它需要多种形式的载体进行转化对接，让中国传统文化能够真正地从"走出去"到"走进去"。正如世界武术锦标赛形象大使李连杰所说，武术展示了中华民族文化的风貌和精髓，使世界上更多的人民进一步全面了解了中国。在弘扬和传播中国优秀传统文化、服务文化强国战略上，武术教育集群可谓是功不可没。

登封武术教育集群的快速发展，吸引了众多国内外武术爱好者前来拜师学习少林功夫，一些人学成回国后还在自己的国家开办了武馆或武校。武术作为体育项目，因其丰富多彩的内容和独特的表演方式，成为中国外交活动中的一张名片，在政治交往中进一步地起到了架桥之效。国家多次组织武术代表团队出访表演，足迹遍及五大洲，既履行了人民外交的义务，同时也向世界传播了中国传统文化。这种文化输出的影响是深远的，不仅能直接促进我国武术项目输出种类的增加和市场的扩大，也将带动影音作品、电影电视、电子出版物等相关文化产品的出口。武术是我国最具本土化特色、国际化程度最高的文化表现形式之一，作为武术文化的专门传承教育机构，武术学校在发展中既要把握市场经济洪流中社会力量办学所面临的机遇和挑战，又要探究文化教育未来发展的大趋势，这样才能以更旺盛的生命力顺应社会对教育多元化发展的要求，满足武术文化大发展的需要。武术教育集群面向世界进行文化输出已不再是一个国家范畴的概念。一方面，武术教育集群要学习借鉴国外的先进办学经验，另一方面，也应利用中国优秀传统文化的吸引力，构建有中国特色的武术文化教育国际化体系。

第二节　武术教育集群战略转型的内容

一、战略定位的转型

战略定位是对武术教育集群生存和发展最基本问题的回答。战略定位决定了武术学校的发展方向、资源分配、经营优势的获取和保持，以及最终整个武术教育集群战略转型目标的实现。具体说来，战略定位对于武术教育集群发展的重要性主要体现在如下三个方面：首先，决定了武术学校的发展方向。国内一些武术学校经营失败、倒闭关门就是由于发展方向不明确，有限的资源不能集聚于特定的目标顾客和产品，从而导致学校耗费了资源，贻误了有利的发展机遇。发展方向的不明确或频繁变化，还容易导致教职工疲于奔命，没有成就感，最终影响工作的积极性和主动性。此外，武术学校战略发展方向定位的不清晰，还容易导致学生和家长对学校的专业性和发展的持续性的怀疑，影响教育消费者对武术学校的支持度和后续生源的补充。① 其次，决定了资源分配。任何学校的资源都是有限的，登封的武术学校也不例外。办学经营过程中，武术学校必须将有限的资源聚焦于能产生最大回报的事情上。武术学校的资源主要包括资金、教学训练场地、宿舍、政府及社会关系及人力资源等。目标客户定位决定了武术学校应在宣传、营销、销售和服务方面投入的资源，产品定位决定了武术学校应在教学训练质量方面投入的资源，办学模式定位则决定了武术学校在各个内部流程环节与管理机制方面应投入的资源。再次，决定了经营决策。战略定位是武术学校一系列经营决策的基础。目标客户定位是武术学校营销决策和销售渠道决策的基础，办学模式定位决定了武术学校的人力资源决策、业务流程决策和组织结构决策等。② 因此，做好战略定位是武术教育集群发展转型的前提和基础。正确的战略定位将保证武术学校获得和保持其办学优势，以尽可能低的成本实现学校的发展目标；而错误的战略定位则很容易使学校做出一系列低效甚至是自相矛盾的经营决策，浪费宝贵的资源，影响学校战略绩效，甚至危及武术教育集群的生存。

任何武校都有必要根据办学环境特征和自身实力条件，在正确的战略定位理论和方法的指引下，做好学校的战略定位工作，为获取和保持经营优势，最终实现武术教育集群发展的战略转型目标迈好第一步。战略定位

---

① 李庆华. 企业战略定位：一个理论分析构架［J］. 科研管理，2004（1）：7－13.

② 成海清. 基于顾客价值导向的战略定位研究［D］. 天津：天津大学，2006.

导向是武术学校进行战略定位的指导原则和价值取向。武术学校的战略定位是在综合分析各种条件、因素、趋势的基础上,通过创造性的预测和谋划,确定学校努力的总体方向和要实现的远景目标,以确保自己在竞争中处于某种优势地位。武术教育集群发展的指导思想要以深入贯彻党的十八大精神,全面落实《河南省建设体育强省规划纲要》的精神为基础,按照国家建设体育强国、全民健身的总要求以及河南省建设武术强省的工作方针,努力提升办学质量和人才培养规格,加快武术教育产业发展,提高武术竞技体育水平,推动武术文化、武术教育、武术科技等各项事业全面发展,为河南省努力建设具有中原特色的武术强省,实现中原崛起、河南振兴,为建设体育强国做出应有的贡献。武术教育集群的办学方针应该围绕"一切从学生出发,一切为了学生,为了学生的一切,为了一切的学生。"的价值取向具体制定各自学校的办学方针,以德育为核心,以志趣为基础,以创新为重点,以成才为目的对学生进行培养,继续完善巩固办学体系,提高办学层次,形成文武并重,德技双馨的育人模式。

二、办学理念的转型

办学理念是一所学校的灵魂,它具体包括学校的办学宗旨、办学目标和办学策略,体现在校训、校风、校规、校歌、教育理想、建校原则、育人取向、培养目标等方面。各武术学校具体的办学理念决定了该学校发展战略的目标,战略目标决定战略定位,而战略定位导向则受学校办学理念和战略目标的指引和决定。办学理念决定了学校的价值观,而价值观又是学校文化最重要的部分。① 所以说,武校办学理念决定了教职员工的态度、行为甚至行为结果。武术学校在办学理念的指引下,肯定希望在一定阶段内达成一定的战略目标,而战略目标的达成必须基于战略定位和决策。可以说,战略目标的实现是战略定位的目的,战略定位是实现战略目标的前提和手段。所以说,基于办学理念制定的战略目标将直接影响武校战略定

---

① 张炜,宋思远,郭立宏. 我国高校发展的战略定位与战术选择 [J]. 教育发展研究,2007(7):69-73.

位的导向。战略定位决定了战略实施和战略评价，所以战略定位导向也是战略实施和评价的指导思想。[①] 武术学校在战略实施和评价时，不但要知其然（战略定位），更应知其所以然（战略定位导向）。只有在合适的战略定位导向的指引下，教职员工才有可能真正以达成最终目标为原则去工作和完成任务。例如，登封市鹅坡武校就有完善具体的办学理念，学校的办学宗旨是"注重素质，激励潜能"；办学方针是"一切从学生出发，一切为了学生，为了学生的一切，为了一切的学生"；办学特色是"全面培养，逐一雕琢，文成武就，独树一帜"；校风是"团结拼搏，务实创新"；校训是"明理、砺志、惜时、成功"；学风是"刻苦好学，奋发向上，严肃活泼，砺志成才"；教风是"教严、育慈、动情、知理"；警言是"文无武则馁，武无文则蛮，文武兼修者，全才也。"

三、办学模式的转型

目前武术学校的办学模式主要包括：以学养学式、以产养学式和教育集团式。登封已形成少林塔沟教育集团（塔沟武校）、少林鹅坡教育集团（鹅坡武校）、释小龙武术教育集团（小龙武校）、少林寺武僧团教育集团（少林寺武僧团培训基地）四大武术教育集团。武术教育集团化模式较其他办学模式有何区别和优势，研究选取了近五年被中国武术协会评选过"全国十佳武术学校"的 14 所具有代表性的武术学校进行了 Q 型聚类分析。获得"全国十佳武术学校"的优秀武术学校办学情况见表 5 – 1。在反映武术学校办学规模和办学质量的主要指标中，变量"在校学生""学校占地面积""国内外比赛获奖""高招升学率"的方差分析结果为：P = 0.000 < 0.01，如表 5 – 2 所示。所以，以教育集团式、以产养学式、以学养学式三种不同办学模式的武术学校的在校学生数量、占地面积、国内外比赛获奖情况之间具有非常显著性的差异。以塔沟武校、鹅坡武校、小龙武校、少林寺武僧团培训基地、西山武校、中华武校、神行太保文武学

[①] 蔡宗模，姜峰. 学校战略定位：概念、策略与误区［J］. 重庆文理学院学报（社会科学版），2007（3）：11 – 14.

校、清泉文武学校为代表的武术教育集团化办学模式在办学规模、在校学生数量、比赛成绩、升学就业率等指标上，明显比采取以学养学式和以产养学式办学模式的武术学校占据优势。

教育集团式办学模式，在管理上赋予了校长充分的学校管理自主权，学校采取聘用优秀教师和教练，对教职员工进行定期考核等措施来提高教学训练业务水平。良好的人事机制和薪酬待遇能够使武术教育集团广纳人才并稳定师资，实现长期稳定发展。以登封市少林中学为例，它下属于少林塔沟教育集团，于2004年创办，是以实施普通高中教育为主的民办高级中学。学校在十年间呈现出发展快、规模大，办学特点突出的特征，先后从省内各地的重点高中聘请特级、高级教师42人、专家学者4人，实行专家治校，名师执教，保证了较高的升学率。武术教育集团的发展定位更加明确，市场竞争力更强，而且连锁办学，规模运作，也提高了抗击市场风险的能力。武术教育集团化的发展有利于完善教育体系，在提高人才培养质量的同时，也能促进各层级教育的协调发展，进一步完善教育体系和教育事业的协调发展。目前，登封市内大型的武术教育集团已经形成了从幼儿园、小学、初中、高中、中职、高职到本科的完整教学体系，还拓展了国际教学，完整的教育教学体系不但稳定了生源，使学生有良好的武术专业学习背景，而且在一定程度上还能促进教育体系的平衡发展，各级教育衔接的探索，不但能提高教育集团的凝聚力，还能增强教育资源的合理配置，促进教育的协调发展，为良好结构的教育体系建设做出贡献。当然，并非登封每一所武术学校都要走集团式办学模式的路子，但集团化办学模式发展应该成为武术教育集群战略转型的主要方向，因为产业集聚条件下的集团式办学模式才能实现武术教育集群的可持续健康发展。

表 5-1 全国优秀武术学校办学情况对比表

学校名称	创办时间	办学模式	在校学生	占地面积	国内外比赛获奖	高招升学率	学生就业率
塔沟武校（河南）	1978 年	教育集团式	39000 人	2300 亩	10085 枚奖牌	86.7%	85%
鹅坡武校（河南）	1977 年	教育集团式	8700 人	750 亩	4500 枚奖牌	98.7%	100%
小龙武院（河南）	1980 年	教育集团式	6000 人	200 亩	1316 枚奖牌	100%	100%
少林寺武僧团培训基地（河南）	1997 年	教育集团式	15000 人	1500 亩	835 枚奖牌	100%	100%
南少林武术学校（福建）	1995 年	以产养学式	2000 人	1000 亩	2000 枚奖牌	100%	100%
西山武校（福建）	1994 年	教育集团式	17000 人	2000 亩	1000 枚奖牌	100%	100%
莱江武校（山东）	1985 年	以产养学式	4000 人	270 亩	1300 枚奖牌	80%	100%
中华武校（山东）	1992 年	教育集团式	7000 人	460 亩	1500 枚奖牌	95%	100%
湛江少林武术学校（广东）	1995 年	以产养学式	2000 人	200 亩	1700 枚奖牌	83%	100%
北京少林武术学校（北京）	1991 年	以产养学式	8000 人	500 亩	1000 枚奖牌	88%	100%
神行太保武术学校（安徽）	1993 年	教育集团式	3000 人	100 亩	1000 枚奖牌	100%	100%
西北武院（陕西）	1988 年	以学养学式	2000 人	120 亩	2000 枚奖牌	100%	100%
育英体校（浙江）	1988 年	以学养学式	2000 人	160 亩	1500 枚奖牌	100%	100%
清泉文武校（浙江）	1990 年	教育集团式	2600 人	560 亩	1500 枚奖牌	92.5%	100%

数据来源于各学校官网统计。

147

表 5 - 2 全国十佳武术学校聚类分析结果（ANOVA）

	Cluster		Error		F	Sig.
	Mean Square	df	Mean Square	df		
创办时间	103.935	2	34.490	10	3.013	.095
在校学生	4.885E8	2	6788100	10	71.968	.000
占地面积	2899341.538	2	93824.000	10	30.901	.000
比赛获奖	3.356E7	2	933448.290	10	35.950	.000
升学率	.006	2	.006	10	1.090	.373
就业率	.018	2	.000	10		

四、办学制度的转型

近年来，我国政府为加快民办教育法制化进程，在健全法制、加强法治等方面取得了明显进步，先后制定和颁布了一系列法制法规，《民办教育促进法》《民办非企业单位登记管理暂行条例》《体育法》《教育类民办非企业单位登记办法》《休育类民办非企业单位登记审查与管理暂行办法》《关于经营性武术馆校的管理规定》《关于加强各类武术学校及习武场所管理的通知》等一系列法律法规的相继出台，为武术教育集群发展提供了制度保证，在一定程度上促进了武术学校健康有序地发展。各地也纷纷出台了富有地方特色的地方性法规和政府（部门）规章，如《河南省武术学校、习武场所管理办法》《湖北省武术活动管理暂行规定》《安徽省社会武术管理办法》等等，标志着政府对武术学校的管理逐渐纳入法治的轨道。制度是要求成员共同遵守的，按一定程序办事的规程。在武术学校办学制度的战略转型中，主要包括招生、人才培养和就业三个方面。

武术教育行业实行的是自主招生，凡是有习武意向的学生均可入校学习，对学生的入学年龄和学习成绩都没有硬性规定。此外，在招生方式上，武术学校不受地方教育主管部门限制，又因自身性质属于私人教育企业，其运营的主要资金来源就在于学生的学习的费用，因此武术学校往往是主动出击，甚至进行有偿招生鼓励性机制。① 庞大的武术学校产业极大地带动了登封经济的发展，但近几年，随着武校学生人数增长变缓，"招生大战"也愈演愈烈，给回扣、虚假宣传、私下抢夺生源等旁门左道的招生之术仍然存在，亟待进一步规范管理。登封的武术学校在招生方面主要以少林寺武术之乡的声望、学生口碑和广告招生为主，但良好的办学环境、突出的办学成绩和过硬的教育质量才是家长和学生最为看重的择校标准，武术教育集群也只有向内涵式的发展进行战略转型，才能吸引生源。

---

① 张海鹏. 河南省民办武术学校现状调查研究［D］. 重庆：重庆师范大学，2015.

人才培养是武术教育的核心使命，也是武术教育集群存在的意义。近年来，武术学校为高等院校输送了大批高素质的人才，有的学生毕业后还留在高校任教。仅塔沟武校在40多年来就为社会培养了十五万余名文武兼备的优秀的复合型专业人才，学生升学和就业率达85%以上。该校长期坚持正规系统的全面教育，注重素质和专业技能教育，使学生在德、智、体等方面得以全面发展，连年被主管部门评为"教学一等先进单位"；先后被确定为"特种兵征兵基地"，"河南大学体育学院生源基地""河南大学体育硕士专业学位研究生教育实践基地""成都体院武术系教育实习实训基地"。成绩优秀者有可能入选省、市专业运动队、进入大专院校或公安部门，有的可到企业、公司、厂矿担任保安工作，或加入中国人民解放军、武警及特种兵部队，在解放军部队里，由于训练有素，他们大多数都担任侦察兵，比如在国际特种兵比武中获得冠军的中国雪豹突击队，共100人的编制，仅塔沟武校的学员就占了43人，为我国反恐安保、维护稳定和平做出了贡献。此外，武术学校还拓宽了武术专业人才的培养渠道，并凭借在各种比赛中获得的成绩，正在逐步取代业余体校而成为培养竞技武术后备人才的摇篮。① 武术教育集群已成为我国竞技武术的中坚力量和后备人才基地。社会体制的转轨，出现了人才需求格局的变化，武术教育集群的人才培养目标也必须呈现多元化发展趋势，适应社会对武术人才的不同需求。目前，登封的塔沟武校和华北水利水电学院、河南中医药大学合办本科专业，学校正在争取独办本科，创办全国首所武术大学。武术教育集群接下来的办学层次战略转型要以武术职业专科为主，大力发展本科教育，创造条件发展更高层次的研究生教育，实现高层次武术专业人才的培养目标。

从实地调查的情况来看，学生就业形势良好的武术学校都有自己独特的就业渠道。如塔沟武校，它先后被确定为河南省散打训练基地、解放军散打训练基地、河南省重竞技运动训练基地、河南省拳击跆拳道训练基

---

① 朱奋飞. 武术学校价值及可持续发展研究 [J]. 四川体育科学，2008（2）：135 - 137.

地、全国青少年体育俱乐部等，这就促使培养的学生成为专业性武术人才，学校的人才培养实现了与竞技武术人才需求的无缝链接；有的主动融入国家需求，如少林寺鹅坡武校先后向全国各地武警、公安、保卫等部门输送优秀人才4500多名，连年保持年满18周岁的毕业生安置就业率达100%的纪录，很好地解决了学生就业问题。结合调查研究，武术学校学生就业意向最高的是考大学继续深造，其次是进入公安、武警系统和省市专业队。那么，武术教育集群在发展转型中就要注重文武兼修，提高学生单招升学率，并通过省市专业队特招、公安武警特招、参军入伍、出国任教、内部安排就业、赴其他学校任教、外派学员就业等途径，为学生的升学就业创造更多机会。

五、行业结构的转型

行业是一组生产相似产品或服务的企业的集合。管理学认为，企业的战略环境范围很广，既有社会因素，又有经济因素。但是，企业所面临的一个直接环境因素就是企业所在的行业环境。与宏观环境相比，行业环境对于企业的行为、绩效及竞争优势产生的影响更为直接。所以，研究武术教育集群的战略转型，除了分析宏观环境外，还必须考虑行业环境（也称作产业环境或竞争环境）。行业的环境在决定竞争原则和学校可能采取的战略等方面具有强烈的影响。[1] 一个行业的激烈竞争不是事物的巧合，根源于其内在的经济结构。根据波特的"行业五种竞争力模型"，如图5-1所示。武术教育行业存在的各种竞争力量主要包括各武术学校之间的竞争、潜在进入者威胁（有意向发展武术特色教育的我国大型教育集团或学校）、替代品威胁（主要包括普通中小学、体校、职业教育，以及武术培训市场和境外武技项目等因素）、供应方压力（主要包括教练、教师等因素）、需求方压力（包括学生、家长、用人单位、社会、政府等因素）这五大力量，各方力量的角逐形成合力，共同左右着武术教育集群的发展趋

---

① 李玉刚. 战略管理［M］. 上海：科学出版社，2005.

势。① 此外，行业中现有武校之间的竞争是最重要，也是最直接的威胁因素。在武术教育行业内部，还存在着生源、师资、学生就业情况、社会关系和政府资源等方面的竞争。

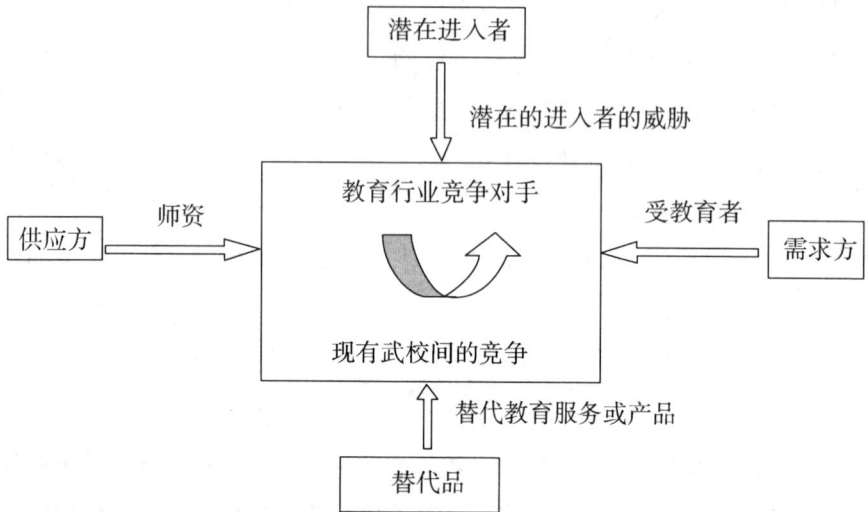

图 5 - 1 武术教育行业竞争力模型

根据武术教育组织的生命周期图，如图 5 - 2 所示。处于创业初期的武术学校，其内部的各种机制和制度尚未建立和健全，相应的市场份额较小，呈现出运营不稳定、负担过重、没有利润或者亏损的状态。武术学校在该阶段往往会因处于资金不足、生源不稳定等尴尬处境而使其面临夭折的风险。因此，武术学校在创业期面临的主要问题是迅速拓展教育培训市场和所提供的教育产品服务的创新。当武术学校所能提供的教育产品逐步打开市场局面，其业务会快速发展，武术学校进入成长期。为了能够扩大办学规模，武术学校一般不再满足单一教育产品的发展，发展重点将转向产品服务多元化开发，学校形态走向正规化，其机构相对完善，学校规章制度不断建立健全，相应的学校文化逐步形成。成长期的武术学校面临大量新的工作，新的问题，所以这个阶段武术学校会尽量寻找能够保障其持

---

① 熊彼特. 经济发展理论 [M] 北京：北京出版社，2009：46.

续、稳定、健康、有序发展的制度和机制。处于成熟期的武术学校要想扩大市场份额比较困难，稍不努力则面临市场份额下降，甚至是整个学校的发展走下坡路。教职工进入循规蹈矩的思维和按部就班的节奏，学校内部组织和流程的僵化问题也日趋严重，这时学校的制度和组织结构就会充分发挥作用。当武术学校的生命周期处于衰落阶段，预示着真正的危机到来了，如果其不进行重整和再造，很可能被市场淘汰出局。一些武术学校在衰退期会表现出资金链断裂、学生家长诉求被忽视、师资不稳定等危险信号。武术学校要想在这种境地中起死回生，就必须进行战略转型，要通过重塑战略愿景，再造工作流程，重新进行战略规划，组织工作架构，不断创新业务，掌握市场焦点，注入新技能等方式，在投资组合、资源分配、运营战略等方面重新进行战略选择。

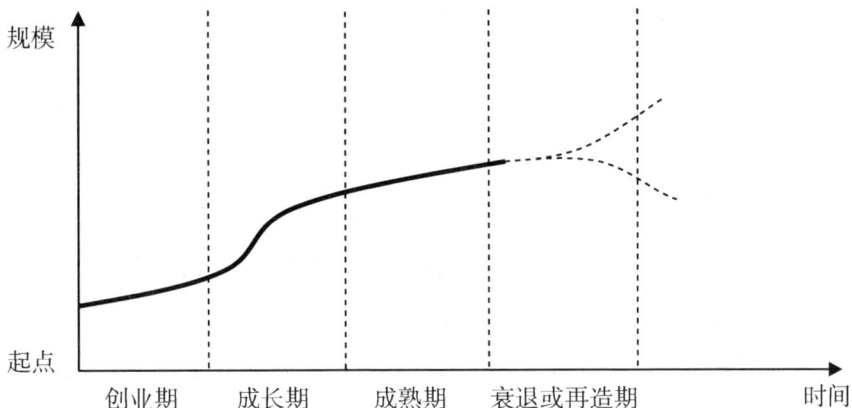

图 5-2 武术教育组织生命周期图

经历成长期进入成熟期后，行业结构的竞争环境发生了很大的变化，这就要求学校在经营战略上做出相应的反应，这是非常重要的，但有时又是非常困难的。目前，武术教育集群的教育产品特色正在逐渐减少，利润也会逐渐下降，为此就需要进行教育产品结构分析，淘汰那些与社会需求不相适应的教育产品，将学校的注意力集中于那些社会需求高的、利润较高的、用户急需的项目和教育产品上，努力使产品结构合理化。按照《登封武术产业发展规划》对武校行业结构调整的设想，登封市力争将武校数量控制在 20 所以内，通过整合武校资源，组建十大武术产业集团，并逐步形成跨国集团，开发国际武术教育、表演市场，使少林武术覆盖全球。实际上，在行业成熟期前武术学校就应当把注意力放到产业结构调整上，及时开发新产业、新业务和新的教育产品，只有这样才能预防学校在行业成熟期后期陷入被动。此外，扩大销售额比较容易的方法就是保证生源稳定，这比获得新生源更有效，因为招生环节往往会引起剧烈的竞争，而使现有学生在校的消费额增加可以用提高教育等级、扩展教育产品系列、提供高质量的教育服务等方法来实现，武校应当保持住一定的学生量，努力满足其需要，争取扩大现有学生的消费规模。为此，登封大部分武术学校都采取了逐年递减学费，甚至缴满三年学费后免学费，学生只需要缴纳杂费（包括住宿费、书本费、水、电、管理费、保险费等）的措施，以此吸引学生和家长，持续在武校进行教育投入。行业处于成熟期时，会出现一批经营不好或处境艰难的武术学校，此时一些竞争地位较强的武校可以考虑购买、兼并这些武校，设法使自己达到一定办学规模，创造低成本的运营模式，进一步增强自身的竞争力。最后，当国内市场趋于饱和后，有条件的武校可采用开拓国际市场的方针。我国武术教育集群行业已进入成熟期，而其他国家的武术学校还未兴起，属于幼稚期或成长期，竞争者较少，可以充分利用国外办学资源，使自己的办学经营成本更低、收益更高。目前，武术教育集群可采取在国内开设国际班的形式迈出国际化办学脚步，一方面要培养国内本土学生学文习武，让他们日后能够走出国门教授武术、传播文化，成为国际人才；另一方面，武术学校可以创办有武术国际教学中心，招收外国"洋学生"。按照登封创建"世界功夫之都"的战略设想，登封武校的学员要达到十万人，其中外国学员要有两万人。当然，除了教授武术外，还要丰富教学内容，为外国学生开设初、中级汉语听力、阅读、会话、中国历史文化等多门课程，迈出武术教育集群国际化教育的坚实步伐。

第三节　合文化下武术教育集群战略转型的形式

一、内外兼修提升"复合"竞争能力

登封的武术教育集群在四十多年的发展中非常注重品牌效应，其中念好"武"字诀就是重中之重。也可以说登封武校今天的武林霸主地位可谓是靠拳脚"打拼"出来的（以塔沟武校为例，比赛竞技的成绩已上升到关乎学校生存的高度），这与其他地方武术学校铺天盖地的广告宣传截然不同。塔沟武校坚持以竞赛成绩树立学校品牌，以点带面，促进学校发展。它在办校之初招生活动一直秉承的宗旨就是：一不做广告，二不设招生摊点。他们凭借的就是依靠过硬的教学质量，严格训练学生，并创造多种机会让学生参加各类各级比赛。学生频频在国际、国内重大武术比赛中获奖，为自己学校赢得了荣誉和声望，同时也得到了媒体的争相报道，提高了知名度。[①] 这使得塔沟武校早早走上了一条以武术竞技、表演为代表的商业化之路，这也是登封武术教育市场长期以来发展的一个主流导向，[②]即通过教学质量来促进学生武术技能水平提升，进而获得各级各类比赛奖项，被媒体广泛宣传，知名度提升，以此吸引更多的学生前来武校学习。尤其是近年来，随着河南省"武术强省"战略建设的不断深入，竞赛杠杆的作用被充分挖掘，通过不断创新赛制、丰富赛事，登封市也相继设立了"锦标赛""精英赛""武协杯""单项赛""邀请赛""区域赛"等比赛形式，并积极协同郑州市承担国内外重大赛事，坚持以"以武会友，共同进步"为宗旨，充分发挥少林功夫的发源地优势，多次成功举办世界传统武

---

① 饶彦．河南省少林寺塔沟武术学校办学现状的调查与研究［D］．上海：上海体育学院，2010．

② 夏宏，李冰．少林塔沟：一所武校和一个家族的纠结［J］．创业家，2010（8）：116－121．

术节和国际少林武术节，比赛规格不断提高，影响深远，形成了中国武术特有的"河南现象"，也为登封武校的发展创造了更为广阔的空间。塔沟武校副董事长刘海科认为，学生能够参加高规格的展演，在国际重大比赛中获得优异成绩，是对武校教学训练水平的直接反映，优良的教学质量是对一所武术学校最基本的要求，是学校形成良性循环的最基本的保障，优质的教学得以良性循环，学生越来越多，学校的知名度越来越高，学校才有更多的资金投入校园建设、学校发展中，以适应社会的发展，更好地服务学生。此外，登封的武术学校还应邀到世界 100 多个国家和地区进行了武术教学和表演，国内功夫片中的武打替身 80% 都出自登封，中国 70% 的武校校长都是从登封走出去的。凡有大型赛事的武术表演，几乎都有登封武校学员的身影。

从复合式服务的提供来看，登封的武术教育集群要最大化满足家长、学生对延伸式、复合式的教育需求，在武术特色教学设置中涵盖更多专业，形成包含各层次教育的完整教学体系。从复合式竞争来看，要采用组合式的竞争手段并将这些手段有效地整合在办学价值创造中，实现更高的教育性价比。[①] 在复合能力提升上，登封武术教育集群要能够协同整合来自其内部和外部现有的有形或无形资源，内外相合加强持续竞争力。[②]

二、强强联手形成"联合"聚势协同

近些年来，登封各武校的教育投入大幅度增加，教学训练场地设备条件有了很大改善，登封武校的一些办学硬件条件已经超过了同类学校，甚至是武术专业队。登封武术教育集群逐渐形成了"内强质量，外强形象"的强势聚力。例如，塔沟武校多年来利用"特种兵征兵基地"的优势，为多支解放军部队输送了五万余名优秀学员，其中两名毕业生已经成为师级

---

① 陆亚东，孙金云. 复合基础观的动因及其对竞争优势的影响研究［J］. 管理世界，2014（7）：93 – 106 + 188.

② 陆亚东，孙金云，武亚军. "合"理论——基于东方文化背景的战略理论新范式［J］. 外国经济与管理，2015（6）：3 – 25 + 38.

干部，五个任职正团级干部。学校向河南、天津、湖北、浙江、新疆、贵州等地的武警以及公安特警支队输送了大量人才，2014 至 2015 年，仅贵州省公安局就在塔沟武校招录特警队员 107 人，学员郭行行直接被任命为贵州省黔南州特警支队中队长。同时，学校每年还向河南、上海、四川、云南、新疆、北京等省市级专业队输送数百名优秀学员，部分学员已成为省市级专业队的教练员，如毕业生靳帅武现任新疆省散打队教练、毕业生张树根任湖北省散打队主教练、毕业生毛广杰任云南省散打队主教练、毕业生王祥权任四川省散打队主教练、毕业生孙勋昌任深圳市散打队主教练、毕业生黄鹏任北京武警跆拳道女队主教练等。塔沟武校的建设和发展也得到了各级领导的亲切关怀和大力支持。目前，学校已被确定为中国武术推广基地、中国武术段位制培训考试基地、河南省散打训练基地、解放军散打训练基地、河南省重竞技运动训练基地、河南省拳击跆拳道训练基地、河南省青少年少林足球训练基地、特种兵征兵基地、河南大学体育学院生源基地、河南大学体育硕士专业学位研究生教育实践基地、成都体院武术系教育实习实训基地、全国奥林匹克示范学校。2006 年，国家汉办视察后将塔沟武校确定为与北京大学等知名高校并列的十所国家汉语国际推广基地之一，首批拨款 1000 万元用于加强现有软硬件的建设。2015 年，塔沟武校通过与河南省体育局"少林足球"项目的合作实践，促进禅武并修的少林武术与现代体育融合发展，探索学校创新教育路径的发展。尤其是党的十八大以来，以习近平总书记为核心的党中央把振兴足球作为发展体育运动、建设体育强国的首要任务提上日程，河南省体育局经过审批将河南省青少年少林足球训练基地建在塔沟武校。学校提出了通过"三、五、八"战略目标（三年大普及，五年出成绩，八年树品牌）为河南足球培养出一批生力军，振兴中国足球的计划，"少林足球"这块传统与现代化结合的金字招牌将为塔沟武校的长远发展带来不可估量的品牌效应。

登封武术教育集群在产业化协同发展方面，应主要从以下几方面进行战略转型布局：第一，大力发展武校校办产业，提高自主研发能力和产品质量。除了传统的服装、器材、音像、书籍等武术用品外，武术学校还要积极兴办其他校办产业，与信息、数字媒体、动漫、创意等产业融合合作，开发出基于互联网、智能手机的新教育产品，不仅致力于把校办产业规模做大，还要加强自主研发和创新能力，努力提高武术产品的技术、质量、档次，形成登封武校自己的品牌，加大对登封武术品牌的推广与传播，提升其在国内外的影响力，将登封的武术教育优势转换成产业集聚的经济优势与产业优势。第二，推进武术职业联赛进程，加强武术俱乐部发展。市场经济发展下，武术竞赛市场、武术表演市场、武术劳务市场、武术文化市场、武术商品市场等不断扩大，人们对武术的消费意识及消费能力不断提高，开设武术俱乐部作为一种新的组织形式，是实现武术产业化和武术社会化的有效方法，是武术发展的大势所趋。① 登封武校在中国武术界举足轻重，应该积极推进武术职业联赛、开创连锁武馆、组建各种形式类型的武术俱乐部，促进武术竞技产业化发展和大众化发展。目前，登封一些武校的青少年体育俱乐部正在积极地发挥市场化作用。近些年来，我国国内武术搏击赛事发展迅速，武术搏击产业如雨后春笋般蓬勃发展，以《武林风》《昆仑决》为代表的武术搏击赛事更是让中国进入了武术发展的全新时代。在国家大力倡导体育产业发展的大背景下，推进武术职业联赛进程，有利于大众传播，不管是业余武术俱乐部还是职业武术俱乐部，对武术赛事的策划与运作来说都是必要的，既要有拳种内部竞技，也要在不同拳种之间较技，还要促进和不同国家搏击术的较量，如此方能促进武术技艺水平的不断改进与提高，促成传统武术的繁荣，开拓登封武校发展的广阔天地。此外，武馆和俱乐部是向社会群众传播武术文化、实施武术教育培训的主要形式，在全民健身的国家战略的引导下，武术俱乐部、武馆发展将成为武术教育集群战略转型的重要举措和主要途径之一。

三、形神一体实现"结合"权变智慧

登封武校在多年的办学经历中，非常注重提高自身的管理效率和品

---

① 林枝波. 武术教育集团发展的调查研究［D］. 北京：北京体育大学，2011.

质，这就为武术学校顺利完成各项教学训练任务提供了机制保障。虽然目前在管理形式上，登封武校和全国大多数武术学校一样，采取家族式管理，即在武校中设立校委会，以校长一职为主导，由创办者担任校长或董事长，其下的副校长、副董事长、办公室主任等重要管理职权岗位由其亲属担任。一些学者认为，家族式的管理模式容易造成家族对学校管理权利的垄断，那些非家族人员基本不能参与到武校的各项重大事件的管理中去，造成了一定程度上的管理信息传达不畅，一些实际问题不能得到迅速而有效的解决，长此以往，必定危及学校的健康持续发展。但为什么登封武校的家族式管理能够长盛不衰，还形成了武术教育集团化、集群式发展的态势呢？最重要的就是他们不断加强领导层的学习能力，提高办学的管理水平，制定了切实、完善的规章制度，并能依照制度严格执行。对于具有东方文化背景的登封武校而言，从校领导到基层管理者多具备习武经历，武术最强调的就是"内外相合""形神一体"，尤以少林拳最为注重"内三合"和"外三合"，在身体"合"的体悟下，这种悟道的修为势必影响其办学思维和组织行为管理的实践，甚至影响其生活的方方面面，"合"的思想已成为登封武校领导者办学实践中"体用合一"的管理能力。

　　武术学校的领导者是学校发展航行的总舵手，如果校领导不具备相应的战略素质，就无法对武术学校所处的战略环境进行具体的分析，没有办法根据自己学校的实际情况和发展需要进行发展战略目标的确立和战略规划的设计，没有清晰明确的学校发展战略目标体系，就注定要随波逐流，久而久之，也必将在教育大发展的国际化趋势下落后失势，丧失应有的发展机遇，另外，校领导缺乏战略眼光，也很有可能对发展中存在的危机不敏感，不能控制办学可能存在的风险。从战略管理的角度出发，登封武校的校领导不仅要具备一定的武术专业素养和管理经验，而且必须要具备机智果断、勇于创新、远见卓识、知识广博的管理能力和人格魅力，能够引领武校开拓未来。某种程度来看，登封武校的领导者更像是纵横武林中的谋略家、战略家。

　　武术教育集群在战略转型中只有更加团结才能够发挥出更大的力量，

要把领导班子成员的主人翁精神统一起来，增强责任感、荣誉感、使命感，校领导要和教职员工真诚相待，通力合作，才能把学校发展好。推进武术教育集群的战略转型，必须统一思想，取得共识，把学校发展和个人发展，学校利益和个人利益相结合，通过理论与实践相结合把管理层的思想统一到一起，将团结拼搏内化为学校各级领导的自觉行为，形成上下一致的战略管理行动。在校务管理上，武校领导要能够主动提高自身管理水平，在此基础之上，以身作则，为教职员工树立榜样，而且要定期组织学校管理层参加管理培训，强化整个学校管理组织的管理意识，使管理层积极主动地要求学习管理知识、强化自身管理水平、提高管理服务质量，以此达到提高登封武校整体管理意识和水平的目的。在内部管理中，各职能部门要制定明确详尽的岗位责任书，要求各部门互相沟通，达到工作无阻碍、业务无迟滞的状态。登封武校在办学中要不断注重建立健全学校的机构设置，建立健全学校内部管理权限的科学划分，这样才能保证武校各部门之间的运行有条不紊、畅通无阻。武术教育集群战略转型中要以强化内部管理为主线，使人治转为法治，用制度约束人、规范人，使学校管理运行逐步走向规范化、科学化、法制化的道路。

四、天人合一铸就"相合"平衡统一

武术教育行业多为家族式管理，在"家"文化背景下的企业家，通过不断的修炼，培养自己在"天人合一"的视野中"执两用中"的技能，才不仅能够符合天、地、人、物、我协调发展的理论，有助于保护人类生存的生态环境，更加能够在物质空前丰富而人文精神沉沦的当下，为人类带来精神层面的慰藉和终极关怀。[①] 由此而培养出的武术学校，则无疑是具有全球视野和更持久的生命力的。在塔沟武校，40 多年的办学历史形成了"认真学、刻苦练、勿执门派、悉归一宗、以继承发扬中华武术瑰宝为己任、益志强身、习气砺志、百尺竿头精进、报效祖国、匡扶正义""文武

---

① 陆亚东，孙金云，武亚军．"合"理论——基于东方文化背景的战略理论新范式
　　［J］．外国经济与管理，2015（6）：3－25＋38.

并重、德技双馨、传少林真功、育全新人才""崇德尚武、砺志重文"的
学校文化，塔沟武校多年来的办学宗旨一直遵循："文武并重、德技双馨、
传少林真功、育全新人才。"这些都已融入学校发展的战略使命中，这是
塔沟人核心价值、终极追求的体现，也是塔沟武校区别于其他院校的独特
学校文化。建立战略支持型学校文化，可以形成教职员工的精神风貌、性
格和动力，可以对学校的能量、工作习惯、运营活动、各部门的合作程度
以及对待教育对象的方式等方面产生积极的影响。良好的战略支持型学校
文化也有助于形成轻松、独立的民主氛围，在登封武校的战略转型过程
中，主管部门和武校各级领导要"任贤不认亲、举贤不避亲"，认真听取、
采纳基层领导和教职员工的合理化建议。在发展转型过程中领导班子难免
有意见分歧，要通过民主协商解决学校战略实施过程中出现的问题，疏通
隔阂、增进团结，保证战略决策的民主化和规范化。努力形成各级领导和
武校全体教职员工自我管理、自我控制、独立自主完成工作任务的战略运
行机制，共同推进登封武校战略转型的实施。各武校的负责人要高度重
视，努力形成履行社会责任的校园文化。

　　武术教育集群发展是以武术为根、文化为魂、育人为本的，在向学生
传授现代化知识理论和高技术应用技能的同时，可以适当穿插武术和传统
文化课程，让学生感受传统文化的魅力，接受传统文化的熏陶，陶冶情
操，习气励志。各武术学校要围绕"少林功夫"为主题，把加快建设校园
少林武术文化基础项目作为校园文化工程建设的重点，实施校园环境美
化、绿化、学校标志形象塑造和少林文化物质建设，营造优美舒适、底蕴
深厚的校园文化环境；扩充学校图书馆，丰富书刊和资料；设立校园文化
走廊，除了展示学校荣誉、培育人才的成绩外，还要结合社会主义核心价
值观展出优秀学员、道德模范、民族英雄的光荣事迹，进行社会主义正能
量的弘扬；武术学校要通过定期举办文化节、读书日、文化讲座等活动，
形成浓厚的校园文化氛围，让学生参与学生管理制度的制定、参与社团、
活动的组织与管理，使学生积极学习进步、遵守校规，提高生活自理能
力，形成良好的学生文化氛围；要强化教职工的日常行为管理，为学生树

立优良的行为榜样，形成良好的校园行为规范和精神风貌；注重师德建设，将思想政治工作摆在教育教学工作的首位，注重加强教师、教练的职业道德、奉献精神、事业心和责任感的培养，使师资队伍树立正确的人生观、价值观和教育观，杜绝打骂、体罚学生等不良现象的发生，树立教师的良好形象；还应让教师参与到学校的决策和管理中，让教师、教练感受到学校作为家的温暖，营造民主、平等、和谐的校园管理文化氛围，不以行政命令压制教师的个性，让教师的精神和人格得到尊重，鼓励教师建立自己的教育思想和训练理念，支持教师进行教学改革实验和训练方法创新，形成自己的教学风格，使教师的职业意识、角色认同、教育理念、教学风格、价值取向与学校的主体文化协调一致，让温馨典雅、务实奋进的精神成为武术教育集群校园文化的主流。在创建精神文化校园建设中，登封武校要始终坚持依法治校、以德立校，践行"一切为了学生"的教育理念，实现学校的物质文化、精神文化与学校行为文化之间的相合统一，保证校园文化发展的一致性。

第四节　武术教育集群战略转型的评估

一、战略转型评估指标体系设计①

（一）建立战略转型指标体系的依据及步骤

第一，以战略转型的本质属性和构建战略转型的相关要素为总体方向；第二，以武术教育集群发展的实际情况和决定其办学水平的相关要素为依据；第三，要渗透发展型评价思想，评估指标要力求简化易操作；第四，结合民办教育和武术运动的发展现状及其发展趋势。因此，本次研究

---

① 曾红颖. 发展的刻度—中国发展水平评价指标体系研究 ［M］. 北京：中国水利水电出版社：145 – 173.

认为武术教育集群战略转型的评估应包括战略转型动力层、战略转型支撑层和战略转型环境层三个基本内容，这也成为建立武术教育集群战略转型评估指标体系的重要依据。

武术教育集群战略转型评估体系的建立一方面为武术教育行业整体的战略控制提供了基点和依据；另一方面为武术教育行业的管理者提供了战略转型实施状况的相关信息，判断战略转型是否能够实现战略目标。战略转型评估的直接目标是发现战略转型实施的绩效偏差，根本目的是采取必要的矫正措施而扭转偏差，强化战略转型的成果。[①] 本次研究在文献综述的基础上，采用德尔菲法请专家对指标进行识别和选择，根据专家组的意见对武术教育集群发展的影响因素指标进行修正和调整，详见附录 B。本次研究选择的专家小组人数为 42 人，主要包括战略管理研究方面的专家、武术教育研究方面的专家、武术学校的校长和武术运动管理部门的领导。在整个指标筛选和确定的过程中，各个环节紧密相连，通过反复检验和修正，不断完善并最终贴近武术教育集群战略转型的本质。如图 5 - 3 所示。

（二）战略转型评估指标体系的解释与说明[②]

1. 一级指标设置的解释与说明

（1）战略转型动力层

对武术教育集群发展的形成和提高起着推动作用的所有竞争力的综合体现，由武术教练员竞争力、文化课师资竞争力、科研与教学结合程度和人才培养能力四个方面组成。

① 赵明安. 高等职业院校发展规划的战略评估 [J]. 武汉船舶职业技术学院学报, 2011 (4)：5 - 9.
② 邓万金. 中国竞技田径核心竞争力指标体系构建研究 [D]. 北京：北京体育大学, 2008.

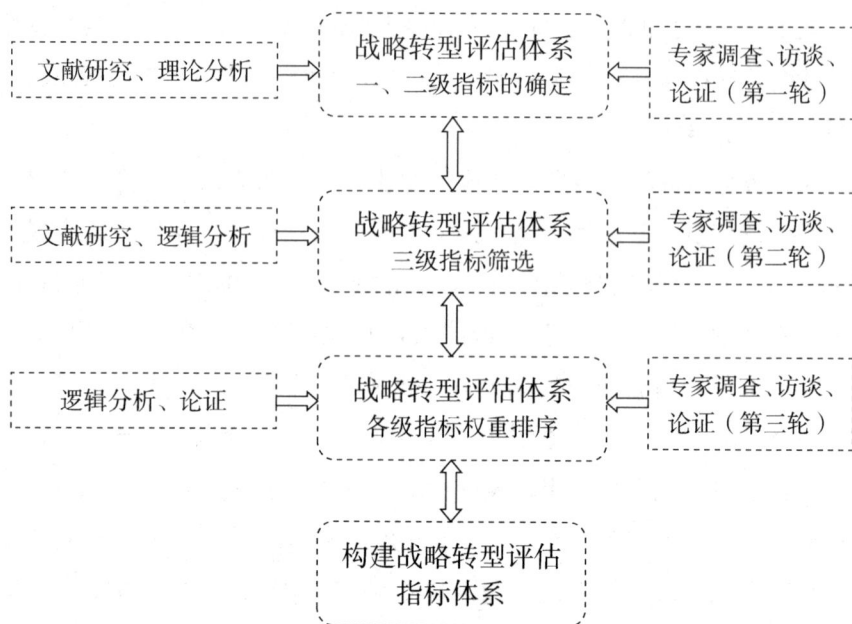

图5－3　武术教育集群战略转型指标体系构建流程图

（2）战略转型支撑层

为武术教育集群发展战略转型提供支撑平台，对武术教育集群战略转型的形成和提高起着间接作用的所有竞争力的综合体现，由办学力量、硬件设施、管理能力和后勤保障能力四个方面组成。

（3）战略转型环境层

对武术教育集群战略转型的形成和提高起着影响作用的有关外部条件竞争力的综合体现，由媒体宣传力度、政府政策力度、社会认可度和开放竞争力四个方面组成。

2. 二级指标设置的解释与说明

（1）武术教练员竞争力

武术教练员竞争力由拥有体育类本科学历的人数、获得一级武士以上等级的教练员人数和获得中段位的教练员人数构成，反映了武术学校教练员的武术技能状况和执教水平。武术教练员可以说是武术学校整体发展链条结构中最为重要的一环，武术学校以"武"为本，以"武"立足。武术学校的"武"能力由拥有中、高段位的武术教练员和运动等级高的教练员承担，他们对武术学校的发展提升起着决定性作用。

（2）文化课师资竞争力

文化课师资竞争力由教师的学历层次、职称和所获教学相关荣誉构成。文化课师资中的年轻师范类本科毕业生是武术教育集群向"文武并重"发展方向转型所依靠的主要力量，这支队伍的数量和质量直接影响武术教育行业的形象和地位。

此外，武术教育集群从各地教学第一线吸收退下来的优秀高级教师，他们爱岗敬业、乐于奉献，且富有教育教学管理经验和组织领导能力。这支师资队伍的数量和质量反映了武术教育集群文化课教学的基本实力和水平。

（3）科学研究与教学结合程度

教育科学研究是人类科学研究的一个组成部分，是探索教育规律的特殊活动。通过教育科研人们获得教育新认识、产生教育新思想、建立教育新理论、形成和发展教育科学并指导教育实践。科学研究与教学结合程度由学校科研经费投入总额、已批准的校教改课题数目和科研成果在教学训练中的转化率构成。

（4）人才培养能力

人才培养是武术学校的核心使命，也是武术学校存在的意义。武术教育集群已成为我国竞技武术的中坚力量和后备人才基地。社会体制的转轨，出现了对武术人才需求格局的变化。武术学校的人才培养目标必须符合多元化发展趋势，不断提高学校的升学率和就业率，适应社会对武术人才的不同需求。

（5）办学力量

武术学校是在政府教育部门许可的情况下，为减少政府负担、促进教育发展，集合社会力量开办学校的教育推广方式。拥有一定办学年限的武术学校，相应的办学经验和教学水平会较高；学校占地面积和在校学生数量反映了武术学校的办学规模，办学规模大，武术学校的发展格局、形式和范围才能进一步扩充改善，武术教育集群整体教学质量也才能进一步提升。

（6）硬件设施

学校的硬件设施通常指静态固定的辅助教学任务的设施，如教学楼、训练房、宿舍楼、食堂、图书馆、多媒体电脑及教学训练器材等等。本次研究主要选取了武术学校的建筑面积、武术训练场地面积和教学设施的完备程度作为指标。

（7）管理能力

武术教育集群管理能力主要由组织机构模式、领导决策体制和管理体系建设构成。武术学校管理实践中，组织机构模式、领导决策体制和管理体系建设相辅相成。

（8）后勤保障能力

一般认为，后勤管理包括财务管理（财务计划管理、预算资金管理、预算外资金管理、财务活动分析与财务监督），财产物资管理（固定资产管理、材料及低值易耗品的管理），基本建设管理（计划管理，设计管理，施工前准备，施工组织管理，竣工验收与结算），房产管理及维修（房产产权与档案管理、房屋使用管理、职工住宅分配管理、房屋及附属设备维修管理、经济管理），水暖电气管理（供用电管理、给水与排水管理、供暖管理、经济管理），伙食管理（食品质量管理、伙食成本管理、营养与卫生管理、伙食服务管理、伙食经济管理），汽车运输管理（车辆管理、服务管理、安全管理、经济管理），医疗卫生管理（医疗质量管理、医疗卫生经济管理），其他服务管理（接待服务管理、生活服务管理、幼儿园管理等）以及后勤服务经营实体管理。后勤保障是武校运营的前提，没有后勤保障，正常的教学训练工作根本无从谈起。后勤保障能力由教学训练投入经费、安保设置与投入经费和餐饮设施投入经费构成。

（9）媒体宣传力度

随着教育市场竞争日益激烈，武术教育集群要提高综合竞争实力、塑造良好的学校形象、扩大教育品牌知名度，就必须加强对外宣传的力度。

近年来，武术学校的学生表演频繁亮相各大媒体，在一定程度上增强了自身的影响力，也提高了高校品牌知名度。媒体宣传力度由媒体报道次数、参加大型演出次数、参加电视节目次数构成。

（10）政府政策力度

政府政策力度由各级政府对武校发展的重视程度、各项政策对武术教育集群的影响程度和国家武术产业规划的实施力度构成。可以说，政府政策是实现武术教育集群转型发展的最有力的支撑和保障，其力度直接影响武术教育集群办学水平的提升。

（11）社会认可度

社会认可度由武术教育集群与外界合作的实训实习基地数量、学生家长对武校的评价和社会对武术人才的需求构成。

（12）开放竞争力

武术教育集群的开放竞争力内涵是通过武校资源的优化配置，从而推动教学训练的融合和武校的发展，使武术学校有限的资金和教学、训练资源高效率地配置和使用，以推动武术教育集群在国际竞争格局中不断提升竞争实力的能力。开放竞争力由与外界相关机构联合培训教练员和运动员次数、参加重大比赛的次数和国际交流、出访表演次数构成。

二、登封武校战略转型评估指标体系层次分析

（一）登封武校战略转型评估指标体系层次结构的构建

在咨询专家意见的基础上，根据第一轮和第二轮专家对武术教育集群战略转型指标体系的筛选、论证，最终武术教育集群战略转型指标体系由表5-4的层次结构组成。

表 5-4 武术教育集群战略转型评估指标体系层次结构图

一级指标	二级指标	三级指标
武术教育集群战略转型评估体系（A）	战略转型动力层（B₁）＞武术教练员竞争力（C₁）	体育类本科学历人数（D₁）
		获得一级武士以上等级教练员人数（D₂）
		获得中段位教练员人数（D₃）
	文化课师资竞争力（C₂）	师范类本科学历人数（D₄）
		高级职称教师人数（D₅）
		省市级优秀教师人数（D₆）
	科研与教学结合程度（C₃）	学校科研经费投入总额（D₇）
		已批准的校教改课题数目（D₈）
		科研成果在教学训练中的转化率（D₉）
	人才培养能力（C₄）	国内外比赛获奖次数（D₁₀）
		升学率（D₁₁）
		就业率（D₁₂）
	战略转型支撑层（B₂）＞办学力量（C₅）	武校创办年限（D₁₃）
		学校占地面积（D₁₄）
		在校学生数量（D₁₅）
	硬件设施（C₆）	建筑面积（D₁₆）
		训练场地面积（D₁₇）
		教学设施（D₁₈）
	管理能力（C₇）	组织机构模式（D₁₉）
		领导决策体制（D₂₀）
		管理体系与制度建设（D₂₁）
	后勤保障能力（C₈）	教学训练投入经费（D₂₂）
		安保设置与投入经费（D₂₃）
		餐饮设施投入经费（D₂₄）

一级指标	二级指标	三级指标
武术教育集群战略转型评估体系（A） 战略转型环境层（B$_3$）	媒体宣传力度（C$_9$）	媒体报道次数（D$_{25}$）
		参加大型演出次数（D$_{26}$）
		参加电视节目次数（D$_{27}$）
	政府政策力度（C$_{10}$）	各级政府对武校发展的重视程度（D$_{28}$）
		各项政策对武校的影响程度（D$_{29}$）
		"武术产业规划"的实施力度（D$_{30}$）
	社会认可度（C$_{11}$）	与外界合作的实训实习基地数量（D$_{31}$）
		学生家长对武校的评价（D$_{32}$）
		社会对武术人才的需求（D$_{33}$）
	开放竞争力（C$_{12}$）	与外界相关机构联合培训教练员和运动员次数（D$_{34}$）
		参加重大比赛的次数（D$_{35}$）
		国际交流、出访表演次数（D$_{36}$）

（二）武术教育集群战略转型评估指标体系判断矩阵的建立

1. 战略转型评估体系一级指标判断矩阵的建立

根据层次分析法的有关原理和程序，首先对武术教育集群战略转型评估体系一级指标进行两两比较，列成矩阵表。战略转型动力层、战略转型支撑层、战略转型环境层矩阵的构建如表5-5。

表5-5 武术教育集群战略转型评估体系一级指标判断矩阵 A

战略转型体系	行码	战略转型动力层	战略转型支撑层	战略转型环境层
列码	R$_X$B$_X$	B$_1$	B$_2$	B$_3$
战略转型动力层	R$_1$			
战略转型支撑层	R$_2$			
战略转型环境层	R$_3$			

按照1~9标度法（1-同等重要；3-稍微重要；5-明显重要；7-特别重要；9-极端重要），依据专家们对武术教育集群战略转型评估体系

一级指标相互之间的相对重要性的综合意见，统计战略转型评估体系一级指标判断矩阵 A 数值如表 5-6。

表 5-6 武术教育集群战略转型评估体系一级指标判断矩阵 A 数值表

战略转型体系	行码	战略转型动力层	战略转型支撑层	战略转型环境层
列码	$R_X B_X$	B_1	B_2	B_3
战略转型动力层	R_1	1	1/3	3
战略转型支撑层	R_2	3	1	5
战略转型环境层	R_3	1/3	1/5	1

2. 战略转型评估体系二级指标判断矩阵的建立

依据层次分析法的比较思路，综合专家们对武术教育集群战略转型评估体系二级指标相互之间的相对重要性的意见，最后得到战略评估转型体系二级指标判断矩阵数值，见表 5-7 至表 5-9。

表 5-7 战略转型动力层 B_1 判断矩阵数值表

战略转型动力层	武术教练员竞争力	文化课师资竞争力	科研与教学结合程度	人才培养能力
武术教练员竞争力	1	1	3	1/3
文化课师资竞争力	1	1	3	1/3
科研与教学结合程度人才培养	1/3	1/3	1	1/5
能力	3	3	5	1

从战略转型动力层 B_1 判断矩阵数值（如表 5-7）来看，就衡量武术教育集群战略转型动力层而言，武术教练员竞争力较之文化课师资竞争力同等重要；武术教练员竞争力较之科研与教学结合程度稍微重要；武术教练员竞争力较之人才培养能力稍微不重要；文化课师资竞争力较之科研与教学结合程度稍微重要；文化课师资竞争力较之人才培养能力稍微不重

要；科研与教学结合程度较之人才培养能力明显不重要。

表5－8　战略转型支撑层 B₂ 判断矩阵数值表

战略转型支撑层	办学力量	硬件设施	管理能力	后勤保障能力
办学力量	1	3	3	7
硬件设施	1/3	1	1	3
管理能力	1/3	1	1	3
后勤保障能力	1/7	1/3	1/3	1

从战略转型支撑层 B₂ 判断矩阵数值（如表5－8）来看，就衡量武术教育集群战略转型支撑层而言，办学力量较之硬件设施稍微重要；办学力量较之管理能力稍微重要；办学力量较之后勤保障能力特别重要；硬件设施较之管理能力同等重要；硬件设施较之后勤保障能力稍微重要；管理能力较之后勤保障能力稍微重要。

表5－9　战略转型环境层 B₃ 判断矩阵数值表

战略转型环境层	媒体宣传力度	政府政策力度	社会认可度	开放竞争力
媒体宣传力度	1	1/3	1/5	1
政府政策力度	3	1	1/3	1
社会认可度	5	3	1	5
开放竞争力	1	1	1/5	1

从战略转型环境层 B₃ 判断矩阵数值（如表5－9）来看，就衡量武术教育集群战略转型环境层而言，媒体宣传力度较之政府政策力度稍微不重要；媒体宣传力度较之社会认可度明显不重要；媒体宣传力度较之开放竞争力同等重要；政府政策力度较之社会认可度稍微不重要；政府政策力度较之开放竞争力同等重要；社会认可度较之开放竞争力明显重要。

3. 战略转型评估体系三级指标判断矩阵的建立

采用同样方法，综合专家们对武术教育集群战略转型评估体系三级指标相互之间的相对重要性的意见，最后得到战略转型评估体系三级指标判断矩阵数值，如表5－10至表5－21所示。

表 5 - 10 武术教练员竞争力 C_1 判断矩阵数值表

武术教练员竞争力	体育类本科学历人数	二级武士以上运动等级人数	中段位教练员人数
体育类本科学历人数	1	1/7	1/5
二级武士以上运动等级人数	7	1	3
中段位教练员人数	5	1/3	1

表 5 - 11 文化课师资竞争力 C_2 判断矩阵数值表

文化课师资竞争力	师范类本科学历人数	高级职称教师人数	省市级优秀教师人数
师范类本科学历人数	1	3	5
高级职称教师人数	1/3	1	3
省市级优秀教师人数	1/5	1/3	1

表 5 - 12 科研与教学结合程度 C_3 判断矩阵数值表

科研与教学结合程度	学校科研经费投入总额	已批准的校教改课题数目	科研成果在教学训练中的转化率
学校科研经费投入总额	1	5	3
已批准的校教改课题数目	1/5	1	1/3
科研成果在教学训练中的转化率	1/3	3	1

表 5 – 13 人才培养能力 C_4 判断矩阵数值表

人才培养能力	国内外比赛获奖次数	升学率	就业率
国内外比赛获奖次数	1	1/3	1/7
升学率	3	1	1/3
就业率	7	3	1

表 5 – 14 办学力量 C_5 判断矩阵数值表

办学力量	武校创办年限	学校占地面积	在校学生数量
武校创办年限	1	7	5
学校占地面积	1/7	1	1/2
在校学生数量	1/5	2	1

表 5 – 15 硬件设施 C_6 判断矩阵数值表

硬件设施	建筑面积	训练场地面积	教学设施
建筑面积	1	3	3
训练场地面积	1/3	1	1
教学设施	1/3	1	1

表 5 – 16 管理能力 C_7 判断矩阵数值表

管理能力	组织机构模式	领导决策体制	管理体系与制度建设
组织机构模式	1	2	1/2
领导决策体制	1/2	1	1/3
管理体系与制度建设	2	3	1

表 5-17　后勤保障能力 C_8 判断矩阵数值表

后勤保障能力	教学训练投入经费	安保设置与投入经费	餐饮设施投入经费
教学训练投入经费	1	9	3
安保设置与投入经费	1/9	1	1/3
餐饮设施投入经费	1/3	3	1

表 5-18　媒体宣传力度 C_9 判断矩阵数值表

媒体宣传力度	媒体报道次数	参加大型演出次数	参加电视节目次数
媒体报道次数	1	1/4	1
参加大型演出次数	4	1	5
参加电视节目次数	1	1/5	1

表 5-19　政府政策力度 C_{10} 判断矩阵数值表

政府政策力度	各级政府对武校发展的重视程度	各项政策对武校的影响程度	“登封武术产业规划”的实施力度
各级政府对武校发展的重视程度	1	3	7
各项政策对武校的影响程度	1/3	1	5
“武术产业规划”的实施力度	1/7	1/5	1

表5-20　社会认可度 C_{11} 判断矩阵数值表

社会认可度	与外界合作的实训实习基地数量	学生家长对武校的评价	社会对武术人才的需求
与外界合作的实训实习基地数量	1	1/2	1/5
学生家长对武校的评价	2	1	1/4
社会对武术人才的需求	5	4	1

表5-21　开放竞争力 C_{12} 判断矩阵数值表

开放竞争力	与外界相关机构联合培训教练员和运动员次数	参加重大比赛的次数	国际交流、出访表演次数
与外界相关机构联合培训教练员和运动员次数	1	1/7	1/2
参加重大比赛的次数	7	1	3
国际交流、出访表演次数	2	1/3	1

（三）战略转型评估指标体系层次结构一致性检验

武术教育集群战略转型评估指标体系层次结构一致性检验的主要目的是计算判断矩阵最大特征根，特征根的含义是：设战略转型评估体系（A）为n阶矩阵，λ 是一个数，如果方程 $AX = \lambda X$ 存在非零解向量（n×1阶矩阵），则称 λ 为 A 的一个特征值，相应的非零解向量 X 成为与特征值 λ 对应的特征向量。

按照一致性检验计算程序，将方程 $AX = \lambda X$ 改写成 $|\lambda I - A|X = 0$，这一矩阵方程存在非零解的条件为系数行列式等于零，即

$$|\lambda I - A| = 0$$

其中 I 为单位矩阵，A 为已建立起来的判断矩阵，因此即可求出矩阵 A

的特征值。对武术教育集群战略转型评估体系一、二、三级指标判断矩阵一致性进行检验。

1. 武术教育集群战略转型评估体系一级指标判断矩阵一致性检验

武术教育集群战略转型评估体系一级指标判断矩阵 A 为：

$$A = \begin{vmatrix} 1 & 1/3 & 3 \\ 3 & 1 & 5 \\ 1/3 & 1/5 & 1 \end{vmatrix}$$

矩阵 A 的特征方程为：

$$|\lambda I - A| = \begin{vmatrix} \lambda - 1 & -1/3 & -3 \\ -3 & \lambda - 1 & -5 \\ -1/3 & -1/5 & \lambda - 1 \end{vmatrix} = 0$$

使用 Matlab 求解得特征值矩阵为：

$$D =$$

3.0385	0	0
0	$-0.0193 + 0.3415i$	0
0	0	$-0.0193 - 0.3415i$

故 $CI = \dfrac{\lambda \max - n}{n - 1} = \dfrac{3.0385 - 3}{3 - 1} = 0.01925$

$CR = \dfrac{CI}{RI} = \dfrac{0.01925}{0.52} = 0.037$

因此，武术教育集群战略评估转型体系一级指标判断矩阵 A 判断矩阵的 $CR(0.037) < 0.10$，说明其判断矩阵具有满意的一致性。

2. 武术教育集群战略转型评估体系二级指标判断矩阵一致性检验

战略转型动力层 B_1 判断矩阵为：

$$B_1 = \begin{vmatrix} 1 & 1 & 3 & 1/3 \\ 1 & 1 & 3 & 1/3 \\ 1/3 & 1/3 & 1 & 1/5 \\ 3 & 3 & 5 & 1 \end{vmatrix}$$

矩阵 B_1 的特征方程为：

$$|\lambda\mathrm{I} - B_1| = \begin{vmatrix} \lambda - 1 & -1 & -3 & -1/3 \\ -1 & \lambda - 1 & -3 & -1/3 \\ -1/3 & 1/3 & \lambda - 1 & -1/5 \\ -3 & -3 & -5 & \lambda - 1 \end{vmatrix} = 0$$

使用 Matlab 求解得特征值矩阵为：

D =

4.0435	0	0	0
0	$-0.0217 + 0.4188i$	0	0
0	0	$-0.0217 - 0.4188i$	0
0	0	0	-0.0000

故 $CI = \dfrac{\lambda\max - n}{n - 1} = \dfrac{4.0435 - 4}{4 - 1} = 0.0145$

$CR = \dfrac{CI}{RI} = \dfrac{0.0145}{0.89} = 0.016$

因此，战略转型动力层 B_1 判断矩阵 $CR(0.016) < 0.10$ ，说明其判断矩阵具有满意的一致性。

战略转型支撑层 B_2 判断矩阵为：

$$B_2 = \begin{vmatrix} 1 & 3 & 3 & 7 \\ 1/3 & 1 & 1 & 3 \\ 1/3 & 1 & 1 & 3 \\ 1/7 & 1/3 & 1/3 & 1 \end{vmatrix}$$

矩阵 B_2 的特征方程为：

$$|\lambda\mathrm{I} - B_2| = \begin{vmatrix} \lambda - 1 & -3 & -3 & -7 \\ -1/3 & \lambda - 1 & -1 & -3 \\ -1/3 & -1 & \lambda - 1 & -3 \\ -1/7 & -1/3 & -1/3 & \lambda - 1 \end{vmatrix} = 0$$

使用 Matlab 求解得特征值矩阵为：

D =

4.0079	0	0	0
0	-0.0040 + 0.1780i	0	0
0	0	-0.0040 - 0.1780i	0
0	0	0	0.0000

故 $CI = \dfrac{\lambda \max - n}{n - 1} = \dfrac{4.0079 - 4}{4 - 1} = 0.0026$

$CR = \dfrac{CI}{RI} = \dfrac{0.0026}{0.89} = 0.003$

因此，战略转型支撑层 B_2 判断矩阵 $CR(0.003) < 0.10$ ，说明其判断矩阵具有满意的一致性。

战略转型环境层 B_3 判断矩阵为：

$$B_3 = \begin{vmatrix} 1 & 1/3 & 1/5 & 1 \\ 3 & 1 & 1/3 & 1 \\ 5 & 3 & 1 & 5 \\ 1 & 1 & 1/5 & 1 \end{vmatrix}$$

矩阵 B_3 的特征方程为：

$$|\lambda I - B_3| = \begin{vmatrix} \lambda - 1 & -1/3 & -1/5 & -1 \\ -3 & \lambda - 1 & 1/3 & -1 \\ -5 & -3 & \lambda - 1 & -5 \\ -1 & -1 & -1/5 & \lambda - 1 \end{vmatrix} = 0$$

使用 Matlab 求解得特征值矩阵为：

D =

4.1155	0	0	0
0	-0.0577 + 0.6869i	0	0
0	0	-0.0577 - 0.6869i	0
0	0	0	-0.0000

故 $CI = \dfrac{\lambda \max - n}{n - 1} = \dfrac{4.1155 - 4}{4 - 1} = 0.0385$

$$CR = \frac{CI}{RI} = \frac{0.0385}{0.89} = 0.043$$

因此，战略转型环境层 B_3 判断矩阵 $CR(0.043) < 0.10$ ，说明其判断矩阵具有满意的一致性。

3. 武术教育集群战略转型评估体系三级指标判断矩阵一致性检验

武术教练员竞争力 C_1 判断矩阵为：

$$C_1 = \begin{vmatrix} 1 & 1/7 & 1/5 \\ 7 & 1 & 3 \\ 5 & 1/3 & 1 \end{vmatrix}$$

矩阵 C_1 的特征方程为：

$$|\lambda I - C_1| = \begin{vmatrix} \lambda - 1 & -1/7 & -1/5 \\ -7 & \lambda - 1 & -3 \\ -5 & -1/3 & \lambda - 1 \end{vmatrix} = 0$$

使用 Matlab 求解得特征值矩阵为：

D =

3.0649	0	0
0	$-0.0324 + 0.4448i$	0
0	0	$-0.0324 - 0.4448i$

故 $CI = \frac{\lambda \max - n}{n - 1} = \frac{3.0649 - 3}{3 - 1} = 0.03245$

$$CR = \frac{CI}{RI} = \frac{0.03245}{0.52} = 0.062$$

因此，武术教练员竞争力 C_1 判断矩阵 $CR(0.062) < 0.10$ ，说明其判断矩阵具有满意的一致性。

文化课师资竞争力 C_2 判断矩阵为：

$$C_2 = \begin{vmatrix} 1 & 3 & 5 \\ 1/3 & 1 & 3 \\ 1/5 & 1/3 & 1 \end{vmatrix}$$

矩阵 C_2 的特征方程为：

$$|\lambda I - C_2| = \begin{vmatrix} \lambda - 1 & -3 & -5 \\ -1/3 & \lambda - 1 & -3 \\ -1/5 & -1/3 & \lambda - 1 \end{vmatrix} = 0$$

使用 Matlab 求解得特征值矩阵为：

D =

3.0385	0	0
0	$-0.0193 + 0.3415i$	0
0	0	$-0.0193 - 0.3415i$

故 $CI = \dfrac{\lambda \max - n}{n - 1} = \dfrac{3.0385 - 3}{3 - 1} = 0.01925$

$CR = \dfrac{CI}{RI} = \dfrac{0.01925}{0.52} = 0.037$

因此，文化课师资竞争力 C_2 判断矩阵 $CR(0.037) < 0.10$，说明其判断矩阵具有满意的一致性。

科研与教学结合程度 C_3 判断矩阵为：

$$C_3 = \begin{vmatrix} 1 & 5 & 3 \\ 1/5 & 1 & 1/3 \\ 1/3 & 3 & 1 \end{vmatrix}$$

矩阵 C_3 的特征方程为：

$$|\lambda I - C_3| = \begin{vmatrix} \lambda - 1 & -5 & -3 \\ -1/5 & \lambda - 1 & -1/3 \\ -1/3 & -3 & \lambda - 1 \end{vmatrix} = 0$$

使用 Matlab 求解得特征值矩阵为：

D =

3.0385	0	0
0	$-0.0193 + 0.3415i$	0
0	0	$-0.0193 - 0.3415i$

故 $CI = \dfrac{\lambda \max - n}{n - 1} = \dfrac{3.0385 - 3}{3 - 1} = 0.01925$

$$CR = \frac{CI}{RI} = \frac{0.01925}{0.52} = 0.037$$

因此，科研与教学结合程度 C_3 判断矩阵 $CR(0.037) < 0.10$ ，说明其判断矩阵具有满意的一致性。

人才培养能力 C_4 判断矩阵为：

$$C_4 = \begin{vmatrix} 1 & 1/3 & 1/7 \\ 3 & 1 & 1/3 \\ 7 & 3 & 1 \end{vmatrix}$$

矩阵 C_4 的特征方程为：

$$|\lambda I - C_4| = \begin{vmatrix} \lambda - 1 & -1/3 & -1/7 \\ -3 & \lambda - 1 & -1/3 \\ -7 & -3 & \lambda - 1 \end{vmatrix} = 0$$

使用 Matlab 求解得特征值矩阵为：

D =

3.0070	0	0
0	$-0.0035 + 0.1453i$	0
0	0	$-0.0035 - 0.1453i$

故 $CI = \frac{\lambda \max - n}{n - 1} = \frac{3.0070 - 3}{3 - 1} = 0.0035$

$$CR = \frac{CI}{RI} = \frac{0.0035}{0.52} = 0.007$$

因此，人才培养能力 C_4 判断矩阵 $CR(0.007) < 0.10$ ，说明其判断矩阵具有满意的一致性。

办学力量 C_5 判断矩阵为：

$$C_5 = \begin{vmatrix} 1 & 7 & 5 \\ 1/7 & 1 & 1/2 \\ 1/5 & 2 & 1 \end{vmatrix}$$

矩阵 C_5 的特征方程为：

$$|\lambda I - C_5| = \begin{vmatrix} \lambda - 1 & -7 & -5 \\ -1/7 & \lambda - 1 & -1/2 \\ -1/5 & -2 & \lambda - 1 \end{vmatrix} = 0$$

使用 Matlab 求解得特征值矩阵为:

D =

3.0142	0	0
0	-0.0071 + 0.2064i	0
0	0	-0.0071 - 0.2064i

故 $CI = \dfrac{\lambda max - n}{n - 1} = \dfrac{3.0142 - 3}{3 - 1} = 0.0071$

$CR = \dfrac{CI}{RI} = \dfrac{0.0071}{0.52} = 0.014$

因此,办学力量 C_5 判断矩阵 $CR(0.014) < 0.10$,说明其判断矩阵具有满意的一致性。

硬件设施 C_6 判断矩阵为:

$$C_6 = \begin{vmatrix} 1 & 3 & 3 \\ 1/3 & 1 & 1 \\ 1/3 & 1 & 1 \end{vmatrix}$$

矩阵 C_6 的特征方程为:

$$|\lambda I - C_6| = \begin{vmatrix} \lambda - 1 & -3 & -3 \\ -1/3 & \lambda - 1 & -1 \\ -1/3 & -1 & \lambda - 1 \end{vmatrix} = 0$$

使用 Matlab 求解得特征值矩阵为:

D =

3.0000	0	0
0	-0.0000	0
0	0	0.0000

故 $CI = \dfrac{\lambda max - n}{n - 1} = \dfrac{3.0000 - 3}{3 - 1} = 0$

$$CR = \frac{CI}{RI} = \frac{0}{0.52} = 0$$

因此，硬件设施 C_6 判断矩阵 $CR(0) < 0.10$，说明其判断矩阵具有满意的一致性。

管理能力 C_7 判断矩阵为：

$$C_7 = \begin{vmatrix} 1 & 2 & 1/2 \\ 1/2 & 1 & 1/3 \\ 2 & 3 & 1 \end{vmatrix}$$

矩阵 C_7 的特征方程为：

$$|\lambda \mathrm{I} - C_7| = \begin{vmatrix} \lambda - 1 & -2 & -1/2 \\ -1/2 & \lambda - 1 & -1/3 \\ -2 & -3 & \lambda - 1 \end{vmatrix} = 0$$

使用 Matlab 求解得特征值矩阵为：

D =

3.0092	0	0
0	$-0.0046 + 0.1663i$	0
0	0	$-0.0046 - 0.1663i$

故 $CI = \dfrac{\lambda \max - n}{n - 1} = \dfrac{3.0092 - 3}{3 - 1} = 0.0046$

$$CR = \frac{CI}{RI} = \frac{0.0046}{0.52} = 0.009$$

因此，管理能力 C_7 判断矩阵 $CR(0.009) < 0.10$，说明其判断矩阵具有满意的一致性。

后勤保障能力 C_8 判断矩阵为：

$$C_8 = \begin{vmatrix} 1 & 9 & 3 \\ 1/9 & 1 & 1/3 \\ 1/3 & 3 & 1 \end{vmatrix}$$

矩阵 C_8 的特征方程为:

$$|\lambda I - C_8| = \begin{vmatrix} \lambda - 1 & -9 & -3 \\ -1/9 & \lambda - 1 & -1/3 \\ -1/3 & -3 & \lambda - 1 \end{vmatrix} = 0$$

使用 Matlab 求解得特征值矩阵为:

D =

$$\begin{matrix} 0 & 0 & 0 \\ 0 & 3.0000 & 0 \\ 0 & 0 & -0.0000 \end{matrix}$$

故 $CI = \dfrac{\lambda \max - n}{n - 1} = \dfrac{3.0000 - 3}{3 - 1} = 0$

$CR = \dfrac{CI}{RI} = \dfrac{0}{0.52} = 0$

因此,后勤保障能力 C_8 判断矩阵 $CR(0) < 0.10$,说明其判断矩阵具有满意的一致性。

媒体宣传力度 C_9 判断矩阵为:

$$C_9 = \begin{vmatrix} 1 & 1/4 & 1 \\ 4 & 1 & 5 \\ 1 & 1/5 & 1 \end{vmatrix}$$

矩阵 C_9 的特征方程为:

$$|\lambda I - C_9| = \begin{vmatrix} \lambda - 1 & -1/4 & -1 \\ -4 & \lambda - 1 & -5 \\ -1 & -1/5 & \lambda - 1 \end{vmatrix} = 0$$

使用 Matlab 求解得特征值矩阵为:

D =

$$\begin{matrix} 3.0055 & 0 & 0 \\ 0 & -0.0028 + 0.1290i & 0 \\ 0 & 0 & -0.0028 - 0.1290i \end{matrix}$$

故 $CI = \dfrac{\lambda\max - n}{n - 1} = \dfrac{3.0055 - 3}{3 - 1} = 0.00275$

$CR = \dfrac{CI}{RI} = \dfrac{0.00275}{0.52} = 0.005$

因此，媒体宣传力度 C_9 判断矩阵 $CR(0.005) < 0.10$，说明其判断矩阵具有满意的一致性。

政府政策力度 C_{10} 判断矩阵为：

$$C_{10} = \begin{vmatrix} 1 & 3 & 7 \\ 1/3 & 1 & 5 \\ 1/7 & 1/5 & 1 \end{vmatrix}$$

矩阵 C_{10} 的特征方程为：

$$|\lambda \mathbf{I} - C_{10}| = \begin{vmatrix} \lambda - 1 & -3 & -7 \\ -1/3 & \lambda - 1 & -5 \\ -1/7 & -1/5 & \lambda - 1 \end{vmatrix} = 0$$

使用 Matlab 求解得特征值矩阵为：

D =

3.0649	0	0
0	$-0.0324 + 0.4448\text{i}$	0
0	0	$-0.0324 - 0.4448\text{i}$

故 $CI = \dfrac{\lambda\max - n}{n - 1} = \dfrac{3.0649 - 3}{3 - 1} = 0.03245$

$CR = \dfrac{CI}{RI} = \dfrac{0.03245}{0.52} = 0.062$

因此，政府政策力度 C_{10} 判断矩阵 $CR(0.062) < 0.10$，说明其判断矩阵具有满意的一致性。

社会认可度 C_{11} 判断矩阵为：

$$C_{11} = \begin{vmatrix} 1 & 1/2 & 1/5 \\ 2 & 1 & 1/4 \\ 5 & 4 & 1 \end{vmatrix}$$

矩阵 C_{11} 的特征方程为：

$$\left| \lambda I - C_{11} \right| = \begin{vmatrix} \lambda - 1 & -1/2 & -1/5 \\ -2 & \lambda - 1 & -1/4 \\ -5 & -4 & \lambda - 1 \end{vmatrix} = 0$$

使用 Matlab 求解得特征值矩阵为：

D =

3.0246	0	0
0	$-0.0123 + 0.2725i$	0
0	0	$-0.0123 - 0.2725i$

故 $CI = \dfrac{\lambda\max - n}{n - 1} = \dfrac{3.0246 - 3}{3 - 1} = 0.0123$

$CR = \dfrac{CI}{RI} = \dfrac{0.0123}{0.52} = 0.024$

因此，社会认可度 C_{11} 判断矩阵 $CR(0.024) < 0.10$，说明其判断矩阵具有满意的一致性。

开放竞争力 C_{12} 判断矩阵为：

$$C_{12} = \begin{vmatrix} 1 & 1/7 & 1/2 \\ 7 & 1 & 3 \\ 2 & 1/3 & 1 \end{vmatrix}$$

矩阵 C_{12} 的特征方程为：

$$\left| \lambda I - C_{12} \right| = \begin{vmatrix} \lambda - 1 & -1/7 & -1/2 \\ -7 & \lambda - 1 & -3 \\ -2 & -1/3 & \lambda - 1 \end{vmatrix} = 0$$

使用 Matlab 求解得特征值矩阵为：

D =

3.0026	0	0
0	$-0.0013 + 0.0890i$	0
0	0	$-0.0013 - 0.0890i$

故 $CI = \dfrac{\lambda\max - n}{n - 1} = \dfrac{3.0026 - 3}{3 - 1} = 0.0013$

$$CR = \frac{CI}{RI} = \frac{0.0013}{0.52} = 0.0025$$

因此，武术教育集群战略转型开放竞争力 C_{12} 判断矩阵 CR（0.0025）< 0.10，说明其判断矩阵具有满意的一致性。

综合上述分析，研究结果表明武术教育集群战略转型体系一级、二级、三级指标的判断矩阵均具有满意的一致性，符合指标体系构建的指导思想。

（四）武术教育集群战略转型评估指标体系权重计算

1. 战略转型评估指标体系一级指标权重计算

采用和积法，以武术教育集群战略转型评估指标体系一级指标判断矩阵按列归1，即每列各元素除以该列全部元素之和，得到一个新的矩阵，然后按行求和得到一列，该列归1即为武术教育集群战略转型评估指标体系一级指标权重。[1]

表 5－22　一级指标对武术教育集群战略转型评估体系的权重（和积法）

战略转型体系	战略转型动力层	战略转型支撑层	战略转型环境层	权重
战略转型动力层	1	1/3	3	0.26
战略转型支撑层	3	1	5	0.63
战略转型环境层	1/3	1/5	1	0.11
求和	4.33	1.53	9	
归1	0.23	0.22	0.33	0.78
	0.69	0.65	0.56	1.90
	0.08	0.13	0.11	0.32

从表 5－22 可以看出，武术教育集群战略转型评估指标体系一级指标的权重排序为：战略转型支撑层（0.63）、战略转型动力层（0.26）、战略

---

① 邓万金. 中国竞技田径核心竞争力指标体系构建研究 ［D］. 北京：北京体育大学，2008.

转型环境层（0.11）。由此可见战略转型支撑层是武术教育集群战略转型的核心。

根据战略转型动力层、战略转型支撑层和战略转型环境层在武术教育集群战略转型评估体系的重要程度，依据战略转型理论和层次结构原理，本次研究认为三者在武术教育集群战略转型评估指标体系中的位置可以用图5-4来描述。

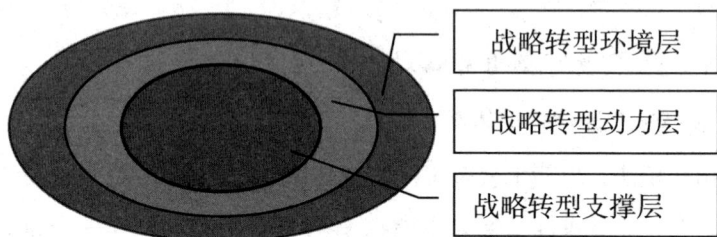

图5-4 武术教育集群战略转型评估体系一级指标层次结构图

2. 战略转型评估指标体系二级指标权重计算

采用和积法，依据B1判断矩阵数值表、B2判断矩阵数值表和B3判断矩阵数值表，即可计算出战略转型评估指标体系二级指标对武术教育集群战略转型评估指标体系一级指标的权重。

表5-23 战略转型动力层二级指标对战略转型动力层的权重（和积法）

战略转型动力层	武术教练员竞争力	文化课师资竞争力	科研与教学结合程度	人才培养能力	权重
武术教练员竞争力	1	1	3	1/3	0.27
文化课师资竞争力	1	1	3	1/3	0.27
科研与教学结合程度	1/3	1/3	1	1/5	0.11
人才培养能力能力	3	3	5	1	0.69
求和	5.33	5.33	12.00	1.87	

战略转型 动力层	武术教练员 竞争力	文化课师资 竞争力	科研与教学 结合程度	人才培养 能力	权重
归1	0.19	0.19	0.25	0.18	0.80
	0.19	0.19	0.25	0.18	0.80
	0.06	0.06	0.08	0.11	0.32
	0.56	0.56	0.42	0.54	2.08

表 5-24 战略转型支撑层二级指标对战略转型支撑层的权重（和积法）

战略转型支撑层	办学力量	硬件设施	管理能力	后勤保障能力	权重
办学力量	1	3	3	7	0.53
硬件设施	1/3	1	1	3	0.19
管理能力	1/3	1	1	3	0.19
后勤保障能力	1/3	1/3	1/3	1	0.09
求和	2.00	5.33	5.33	14.00	
归1	0.50	0.56	0.56	0.50	2.13
	0.17	0.19	0.19	0.21	0.76
	0.17	0.19	0.19	0.21	0.76
	0.17	0.06	0.06	0.07	0.36

表 5-25 战略转型环境层二级指标对战略转型环境层的权重（和积法）

战略转型环境层	媒体宣传 力度	政府政策 力度	社会认可度	开放竞争力	权重
媒体宣传力度	1	1/3	1/5	1	0.10
政府政策力度	3	1	1/3	1	0.20
社会认可度	5	3	1	5	0.57
开放竞争力	1	1	1/5	1	0.13
求和	10.00	5.33	1.73	8.00	

续表

战略转型环境层	媒体宣传力度	政府政策力度	社会认可度	开放竞争力	权重
归1	0.10	0.06	0.12	0.13	0.40
	0.30	0.19	0.19	0.13	0.80
	0.50	0.56	0.58	0.63	2.26
	0.10	0.19	0.12	0.13	0.53

有了二级指标对一级指标的权重和一级指标对武术教育集群战略转型评估指标体系的权重，现在可以计算出二级指标对武术教育集群战略转型评估指标体系的权重，如表5-26。

表5-26 二级指标对武术教育集群战略转型评估体系的权重表

一级指标		战略转型动力层	战略转型支持层	战略转型环境层	总权重
一级指标的权重		0.26	0.63	0.11	
二级指标	武术教练员竞争力（C_1）	0.27			0.07
	文化课师资竞争力（C_2）	0.27			0.07
	科研与教学结合程度（C_3）	0.11			0.03
	人才培养能力（C_4）	0.69			0.18
	办学力量（C_5）		0.53		0.33
	硬件设施（C_6）		0.19		0.12
	管理能力（C_7）		0.19		0.12
	后勤保障能力（C_8）		0.09		0.06
二级指标	媒体宣传力度（C_9）			0.1	0.01
	政府政策力度（C_{10}）			0.2	0.02
	社会认可度（C_{11}）			0.57	0.06
	开放竞争力（C_{12}）			0.13	0.01

从表5-26可以看出，武术教育集群战略转型评估体系二级指标的权重排序为：办学力量（0.33）＞人才培养能力（0.18）＞硬件设施

（0.12）＝管理能力（0.12）＞武术教练员竞争力（0.07）＝文化课师资竞争力（0.07）＞后勤保障能力（0.06）＝社会认可度（0.06）＞科研与教学结合程度（0.03）＞政府政策力度（0.02）＞媒体宣传力度（0.01）＝开放竞争力（0.01）。由此可见办学力量对武术教育集群战略转型的影响相对其他要素来说要大得多。

3. 战略转型评估指标体系三级指标权重计算

采用类似方法，依据 C_1、C_2、C_3……C_{12} 判断矩阵数值表和二级指标对武术教育集群战略转型评估指标体系的权重，即可计算出三级指标对武术教育集群战略转型评估指标体系的权重，见表5－27。（注：三级指标对二级指标的权重计算过程及结果见附录 C。）

表 5－27 三级指标对武术教育集群战略转型评估体系的权重表

二级指标	二级指标权重	三级指标	三级指标权重	总权重
武术教练员竞争力（C_1）	0.07	体育类本科学历人数（D_1）	0.0719	0.005
		获得二级武士以上运动等级人数（D_2）	0.6491	0.045
		获得中段位教练员人数（D_3）	0.279	0.020
文化课师资竞争力（C_2）	0.07	师范类本科学历人数（D_4）	0.637	0.045
		高级职称教师人数（D_5）	0.2583	0.018
		省市级优秀教师人数（D_6）	0.1047	0.007
科研与教学结合程度（C_3）	0.03	学校科研经费投入总额（D_7）	0.637	0.019
		已批准的校教改课题数目（D_8）	0.1047	0.003
		科研成果在教学训练中的转化率（D_9）	0.2583	0.008
人才培养能力（C_4）	0.18	国内外比赛获奖次数（D_{10}）	0.0879	0.016
		升学率（D_{11}）	0.2426	0.044
		就业率（D_{12}）	0.6694	0.120

二级指标	二级指标权重	三级指标	三级指标权重	总权重
办学力量（C_5）	0.33	武校创办年限（D_{13}）	0.7396	
		学校占地面积（D_{14}）	0.0938	
		在校学生数量（D_{15}）	0.1666	
硬件设施（C_6）	0.12	建筑面积（D_{16}）	0.6	
		训练场地面积（D_{17}）	0.2	
		教学设施（D_{18}）	0.2	
管理能力（C_7）	0.12	组织机构模式（D_{19}）	0.297	
		领导决策体制（D_{20}）	0.1634	
		管理体系与制度建设（D_{21}）	0.5396	
后勤保障能力（C_8）	0.06	教学训练投入经费（D_{22}）	0.6923	
		安保设置与投入经费（D_{23}）	0.0769	
		餐饮设施投入经费（D_{24}）	0.2308	
媒体宣传力度（C_9）	0.01	媒体报道次数（D_{25}）	0.1603	0.002
		参加大型演出次数（D_{26}）	0.6908	0.007
		参加电视节目次数（D_{27}）	0.1488	0.001
政府政策力度（C_{10}）	0.02	各级政府对武校发展的重视程度（D_{28}）	0.6491	0.013
		各项政策对武校的影响程度（D_{29}）	0.279	0.006
		"登封武术产业规划"的实施力度（D_{30}）	0.0719	0.001
社会认可度（C_{11}）	0.06	与外界合作的实训实习基地数量（D_{31}）	0.1168	0.007
		学生家长对武校的评价（D_{32}）	0.1998	0.012
		社会对武术人才的需求（D_{33}）	0.6833	0.041

续表

二级指标	二级指标权重	三级指标	三级指标权重	总权重
开放竞争力（C_{12}）	0.01	与外界相关机构联合培训教练员和运动员次数（D_{34}）	0.1025	
		参加重大比赛的次数（D_{35}）	0.6817	
		国际交流、出访表演次数（D_{36}）	0.2158	

第六章

武术教育集群战略转型的对策建议

第一节　做好顶层规划设计，完善政策法律保障

本次研究的调查地登封市因少林寺闻名于世，此地的武术学校目前已经形成了极具地方特色的武术产业化格局，同时也带动了其他行业的发展。近年来，登封市政府也不断调整思路，着力发展武术文化旅游产业，多次加大投资，为登封武术行业的发展提供了很大的帮助。武术教育集群应时刻关注国家和当地经济、政策、环境及本行业的变化，适时适度调整发展战略，提高战略的有效性。登封市近些年虽然提出过些许武术学校发展的构想，但并未形成具体的战略规划，也没有具体明确的战略目标，对于如何进行战略定位、实施发展构想、改进提高武术学校整体发展状况，没有清晰的思路和设定。仅在 2006 年出台过《登封市武术产业发展规划》，其中对新武校审批标准提高了准入门槛。根据该规划，战略目标是到 2015 年在校武术学员达到 10 万人，形成十大武术产业集团，并逐步形成跨国集团，开发国际武术表演市场，使少林武术文化覆盖全球。但其中并没有完整的战略管理过程，譬如：没有清晰的指导思想和明确的发展思路，对当时武术学校所处的战略环境没有做过深入具体的分析，没有具体的发展任务和执行措施，缺乏相应的保障措施和战略控制及评估，所以导致该发展规划的方向不明，任务不清，故而战略执行力不强。从调查的 46

所武术学校来看，它们均没有设立过学校发展战略规划组织，83.3% 的学校没有设定过战略规划，有过学校发展规划的，也拿不出学校进行战略管理的相关资料，在访谈中，有的甚至直言学校怎么发展校长说的算，虽然校领导是学校发展的总舵手，但也暴露出来，武术学校在重大决策、战略愿景上没有群策群力，也说明从地方政府到各学校单位都没有过清晰详尽的战略管理理论和实践经验。但武校校长们也都一致认为有必要进行武术学校的战略规划，对学校的发展实施战略管理，认为这样对武术学校的发展有好处。目前，国家层面缺乏对民办学校的战略规划，对于民办学校与公办学校的结构比例应该如何控制，怎样进行战略布局才能实现协同发展，促进我国整体教育发展进程都没有具体的指导。武术行政部门国家体育总局武术运动管理中心目前也未曾有过对全国武术学校的发展规划。在这种大环境下，各地市也缺乏战略发展意识，未根据自身的实际情况和发展需要进行战略目标确立和战略规划设计，也没有清晰明确的战略目标体系，缺乏前瞻性的战略规划，无法切合自身的实际情况进行发展实施策略，久而久之，必将在教育大发展的国际化趋势下落后失势，错过应有的发展机遇。另外，缺乏战略眼光也会出现对发展中存在的危机不敏感的情况，不能控制办学可能存在的风险。所以，从登封市行政部门的领导到武术学校的校长都有必要加强战略素质和战略管理相关理论的学习，这样才能够在武术学校发展中起到关键作用。此外，在登封市武术学校整体的发展战略规划基础上，各武术学校要根据自身实际情况制定符合校情的学校战略发展规划。

武术教育集群的发展已逐渐形成规模，但是一些法律法规仍难以适应武术学校教育实践的发展。法律既能为武术学校提供保障，又能对其行为起到制约作用，可有效预防违法活动的发生。民办教育促进法及其实施条例出台后，武术学校有了法律的支持，但在实践中仍难体会到其优越性，如得不到应有的法定补助等。建议国家要加快扶持引导武术学校发展的相关政策法规制定；地方政府要实施有利于加强武术学校自主创新基础能力建设的财税、金融政策，规范和促进武术学校基础设施的投资、建设、运行和管理；登封市政府要在武校项目审批、税收征管、经营环境等方面积极创造条件，最大限度地为武术学校发展营造空间。对于大型武校的重点项目，在经批准的土地使用合同规定的开发期内，应尽量免缴土地使用费，缓征土地出让金；对于使用到耕地的武校建设用地，土地出让金按国家规定的下线收取；对于结合少林武术文化或当地历史人文景观遗址进行开发、修复的教育项目，土地可以作价入股；对于新投资开发的校园建设项目，要优先办理立项、投标，免收各种手续费用，项目建设期间，除质量监督和消防安全监督外，其他政府部门只服务不收费，项目建成后，必收的行政事业性费用，实行收缴分离，一口对财政上缴，其他任何部门一律不得征收。

第二节　转变办学思想观念，提升治校管理能力

　　具备明晰的战略定位和现代的办学理念，才能保证武术教育集群战略转型的实施不会偏离既定的战略转型目标。因此，战略定位和办学理念是武术教育集群战略转型实施中的重中之重。武术学校必须要坚持武德为先、武为特色、文武兼修的教育理念，不断深化教育教学改革、改进教学训练方法、全面推进素质教育、提高教学训练质量。当武术教育具有很强的文化特色时，会通过学校的办学理念、核心价值观等表现出武术学校的特殊性，这样有利于为武校的成功奠定文化基础，武术学校只有具备个性鲜明的核心价值观，才能显现出强有力的办学治校能力，才能够有一定的竞争能力和竞争优势。[①] 武术教育集群的整体发展立足于区域行业集聚，武术学校必须不断培育、提高自身的办学实力，巩固加强武术学校在当地教育培训行业的地位和竞争力。仅 2015 年，登封全市就实现旅游总收入83 亿元，比 2014 年增长 16%；文化旅游产业增加值达到 50 亿元，比 2014

---

　　① 王虎成. 文化管理与战略管理互补研究［D］. 武汉：华中师范大学, 2013.

年增长13%，占地区生产总值比重达到9.6%。迅猛发展的武术产业，每年给登封创造的社会综合效益已达20亿元，武术产业在登封经济总量中的份额已超10%，武术学校已成为登封的一项支柱产业。① 登封在武术学校发展过程中，关键要根深步稳，切莫盲目扩张、四面出击，办学者必须深谙"根深方可叶茂，本固才能枝荣"的办学规律。此外，武术学校战略定位必须满足学生个人和国家社会的需要，适应社会发展是武校存在的价值，武术学校办学定位必须以个人和社会需要为价值追求，依据现有办学条件和教学训练水平，打造学校的核心竞争力，形成区域化、特色化的教育优势。

办学理念影响着一所学校的发展方向与发展方式。武术学校领导者必须对办什么样的学校以及怎样办好学校进行深层次思考。具体实施举措如下：首先，武术学校要有提供优质教育服务，一切为了学生的教育理念，保障每一个学生的安全，坚持德育为先，育人为重点，促进每一个学生的全面发展。其次，要树立特色的办学理念，武术学校在办学过程中会形成相对持久稳定的发展方式和被社会公认的、独特的、优良的办学特征，明显区别于其他教育机构的办学风格或优良特点。特色的办学理念和教育思想是一所优秀武校必须具备的精神，也唯有这种特立独行的办学理念才能使武校达成其战略目标。登封要建设区域品牌武术学校，进而打造全国乃至世界武术名校，从内涵上提升登封武校的办学思想和境界，形成个性鲜明的办学特色，促进武术教育集群的教育质量提高和人才培养，具体的措施应包括：以先进的办学理念引导武术教育集群的品牌建设，秉承"一切为了孩子，为了一切孩子"的办学理念，树立服务学生的理念，围绕办学理念导引下的学校品牌建设落实好日常教学、训练工作，努力提高服务学生的水平；以先进的校园文化作为品牌武术学校的支撑，加强校园环境建设，营造绿色、人文、科学、开放的育人环境，充分调动学校全体教职员工的全员积极性，形成良好的校风、教风、学风，立足学校办学实践，积

---

① 河南日报. 武术产业发展规划 登封打造"功夫之都"［EB/OL］. 河南省人民政府门户网站，2006 – 08 – 08.

极构建和谐民主的校园文化，全面提升学校的文化品位，以校园文化建设为突破口建设品牌学校；以鲜明的办学特色作为品牌学校建设的基础，发挥自身的办学特色，如塔沟武校的散打项目、鹅坡武校的传统武术套路、小龙武校的武打影视表演等，把办学特色或特色的教育服务项目作为品牌学校建设的立足点；注重品牌的推广与宣传，加强家校联动，以家长的口碑为学校的品牌声誉树立威信，增添色彩。围绕品牌学校坚持正确的舆论宣传导向，不断加大正面宣传力度，全面、客观、真实、具体、多层次地反映武术学校的办学思路、人才培养、办学成绩、名师名生，为品牌学校建立营造良好社会舆论氛围，让武术学校的品牌深入人心。

登封市的武术学校多年来非常注重提高自身的管理效率和品质。虽然目前还多为家族式管理，但是这些武校的领导非常注重自身学习能力及办学管理水平的提升，制定了切实、完善的规章制度且对其严格执行，所以并未出现以往家族式管理模式下常见的问题（如信息传达不畅、问题处理效率低下等）。在实地调查中发现，登封市武术学校的校长们不仅武艺超群，而且多具备较高的学历水平，能够起到很好的文武双重模范作用，在校务管理上，他们能够主动提高自身管理水平，在此基础之上，以身作则，为教职员工树立了榜样，而且会定期组织学校管理层参加管理培训，强化整个学校管理组织的管理意识，使管理层积极主动地要求学习管理知识、强化自身管理水平、提高管理服务质量，以此达到提高学校整体管理意识和水平的目的。在内部管理中，各职能部门都制定了明确详尽的岗位责任书，要求各部门互相沟通，达到工作无阻碍，业务无迟滞的状态。

武术学校的组织结构最主要的功能就是为贯彻学校整体战略提供一个科学、合理、协调的管理机制，保障战略实施的顺利进行。武术学校的组织结构应通过转型进一步提升管理的系统性，以此规避管理职责分配中形式的重叠或空缺，故而战略实施中要注意在梳理现行管理体制的基础上，进行职能部门优化改革，根据工作属性的相似性和联系性重新理顺各组织机构的职责，提高组织运营水平，强化管理的效率和效益。作为武校最高决策层的管理领导，他们负责武校发展整体战略的制定和实施过程中的宏观调控和管理，而这些校长或高层领导者大都是武术专业运动员、教练员出身，武术运动员的特质是刚勇果敢，但是对于组织管理来说，必须具备刚柔并济的领导理念和团队协作的凝聚力，所以必须扭转运动员争强好胜、英雄主义的观念，在武校管理实践中形成团队合作的共识。具体举措包括：要坚持"武德为先、武为特色、文武兼修"的教育理念，不断深化教育教学改革、改进教学训练方法、全面推进素质教育、提高教学训练质量。武术学校管理机制的建立必须从制度建设入手，规范办学行为，校领导要明确分工，强化内部管理，在教学训练常规管理和学生日常生活行为规范管理上多下功夫，建立以人为本、科学高效的武术学校管理模式。

第三节　创新教学训练模式，实现人才培养目标

创新作为战略目标之一，能够使登封武术教育集群的发展之路充满活力。武术学校要追寻新的发展机会和新的产业市场，充分挖掘自身的价值，开拓新的市场或者新的业务，为学校发展创造新的经济增长点，就必须加强科学研究能力，开展校本科研项目，努力营造促进科研建设的利好氛围。另外，武术教育行业的制度创新可以改进和创新学校资源配置方式，使学校不断适应变化的环境和市场，通过对管理进行创新，可以设计一套规则和程序以降低学校运营成本，这里面包括办学理念、校园文化、组织架构、管理风格、管理模式和具体措施等内容。武术学校的教学训练水平直接体现着办学水平，文化课教学和武术训练模式的创新才能更好地激发教育潜能，不断提升教育质量和办学水平。

我国著名的教育学家，北京师范大学教育管理学院院长顾明远教授认为："教育现代化是以现代信息社会为基础，以先进教育观念为指导，运用先进信息技术的教育变革的过程，是传统教育向现代教育转变的过

程。"① 在武术教育集群现代化发展中，最为关键的就是教学训练现代化和学校管理现代化。教学训练的现代化改革是武术学校培养文武兼备全新人才的有效保障，也是武术学校战略转型实施过程中的重中之重。以塔沟武校为例，近些年来，随着塔沟武校的教育资金投入大量增加，学校的一些硬件条件已经超过了同类学校，甚至是专业队。随着当代信息技术向教育领域的迅速扩展，教育技术环境不断革新，呈现出应用现代化技术手段来优化教育、教学过程的趋势。② 通过人们的不断应用，现代教育技术发挥出优化教学、提高教育质量等价值。此外，在武术专业技术训练方面，随着现代科技、教育、文化、医疗、心理、信息等技术知识在武术训练教学过程中的渗透和应用，竞技武术的水平越来越高，要求武术学校必须不断地创新训练观念、技术、方法和手段。例如，为了提高武术套路运动员空中旋转后落地的稳定性，国家武术运动队和个别训练条件较好的武术学校，引进了专门订制的武术脚踝运动器。套路运动员在进行空中旋转后落地是否稳健是武术套路比赛中重要的评分标准，因此，套路运动员的脚踝力量就变得很关键，强大的脚踝力量可以为运动员平稳落地提供强有力的支撑，减少比赛失误，获得稳定发挥。这些创新技术改变着社会和经济的发展，影响着人们的生活方式，也必将为武术教育集群的发展带来更光明的前景。

在提高教学质量方面，首先要立足建立科学合理的分层次的教学管理模式，教学管理组织结构清晰、管理职责分明的模式能够确保学校对教学训练重大事件的科学决策，并保证具体教学实践的开展。其次，要根据学制层次结合先进的现代教学理念和教学训练手段，以"为了一切学生"的价值导向不断提高教学质量，形成一套符合自身办学实际的特色教学训练模式。教学训练模式的形成不仅仅是理论上的创新发展，更是武术学校在丰富的教学训练实践活动中所形成的经验总结，教学模式应成为一种相对

---

① 顾明远. 试论教育现代化的基本特征［J］. 教育研究，2012，33（09）：4－10，26.

② 郝兆杰. 以人为本的教育技术价值取向研究［D］. 开封：河南大学，2012.

稳定的教学活动组织框架，应能在教学过程中给学校带来切实的好处。在文化课教学中要努力结合多媒体手段，实施影像教学模式、开拓式教学模式、跨学科交叉式进行模式等，围绕学生喜闻乐见的内容展开教学，帮助他们开拓思维、养成课下主动学习的习惯。大胆对教学模式进行创新，不断完善课程结构体系，总结出一套学科视角下的创新教学模式，真正做到以办学质量、教学质量来兴校的目标。

在教育国际化、多元化大发展的背景下，武术学校必将承载新的历史使命，为社会培育文武兼修的全新人才。办学者必须审时度势重新进行武术学校发展的全新战略定位，在分析武校自身状况以及其所处的社会政治、经济、文化环境基础上，依据教育发展规律，通过合理的预测与筹划，确定武校发展的总体方向和预期达到的目标状态。如果还按照以往传统思维方式发展，武术教育行业将会脱离时代，与社会经济发展渐行渐远。因此，必须打破传统办学思维方式，面向实现转型发展的社会教育需求进行根本性的战略实施变革，在办学定位、理念、人才培养、课程体系和教师队伍改革等方面进行发展变革。武术教育集群的战略转型应注意和区域经济文化社会发展相融合，致力于服务区域经济建设，努力为当地培养实际应用型文武人才。习近平总书记曾高度评价说："武术练出了中国的传统文化。"武术是一本中国文化百科全书，每一页都记载着中华民族广博深厚的文化，延续着炎黄子孙的思维方式；武术所给予学生的不仅仅是一门技艺的掌握，更是无尽的人生财富，它所锻造出来的坚毅勇敢、永不言败的精神是常人所不能理解的。回顾历史，每次国难当头时，便是习武之人纵马乾坤、奋勇杀敌、保家卫国之日。习近平总书记说："中国武术是中国一种特有文化，是中国的一种文化品牌，是国家形象的代表，它具有深厚的文化底蕴。通过武术作为载体进行教育，对传承与弘扬中国传统文化，增强民族认同感和凝聚力都具有重要价值，练习武术对提高国民身体素质、增强民族自信心和增加民族凝聚力显得尤为重要。"武术学校为武术文化的延续发展提供了传承场域，它作为中国武术文化传承延续的依托，它的兴衰发展直接关系到中华武术的存亡。

教育是有目的地培养人的实践活动，培养目标就是教育目的的具体反映。[①] 武术学校以培养文武兼备的武术人才为主要目标，要求学生在学习文化课的同时，以武术为特色，进行系统的武术理论学习与武术技术训练，成为社会所需要的合格人才。学校培养文武并重全新人才的目标最后总要通过课程来实现，武术教育集群的发展也要求必须建立健全扎实的课程体系。某种程度上，课程体系决定了人才培养的规格和质量。因此，建立与培养目标匹配一致的课程结构和武术特色的课程体系是每个武校必须要完成的目标。武术学校应根据社会对武术人才的实际需求，调整学校的培养方案，建立以方向化、市场化为导向的课程体系，使学校的课程设置既能充分展示武术特色，又能最大限度地满足教育对象和社会的实际需求。

第四节 建立健全保障体系，发挥人力资源优势

在组织保障方面，要成立专门负责武术教育集群发展战略转型的领导小组。以理念创新为先导，以规划创新为引领，统筹武术教育集群发展转型计划的制定、学习、宣传和执行工作，切实履职尽责，密切协作配合，形成工作合力。领导小组下设八个工程落实小组，分别制定具体实施方案。武术学校各级管理人员特别是行政领导班子要坚定信念，严肃认真地对待战略转型，强化执行意识，切实做好武校转型的宣传、解释、动员和落实工作，为转型的实施奠定坚实的思想和组织基础。在战略转型实施过程中，及时发现新情况，研究新对策，解决新问题，各武校要把推进武术教育集群发展战略转型的实施作为全校教职工年度业绩考核的重要内容，建立相应的考核和问责机制；在经费保障方面，要完善各武术学校办学经费筹措与运行机制，建立健全科学规范的学校财务管理制度，并制定详细

---

① 杨志坚. 中国本科教育培养目标研究（之二）——本科教育培养目标的基本理论问题 [J]. 辽宁教育研究，2004 (6)：4-17＋97.

的资产管理办法，对各类财产实施分类入账；设立战略转型专项建设经费，专款专用，重点投入，择优支持，调动战略目标实施的积极性，确保武术教育集群的战略转型能够顺利实施；在监督保障方面，要组建武术教育集群战略转型评估小组，由主管部门领导和有关专家组成，为武术教育集群战略转型执行提供全程指导与评估。评估小组每学年对执行转型情况进行年度考核，对有关观念的落实、制度的创新、工程的进展进行总结反思，对学校发展转型的执行效果进行系统、科学的评估，形成年度报告。定期召开战略转型任务实施小组负责人报告会议，提出转型执行意见，确定转型执行重点，报告转型进展情况，提高转型实施成效，武术教育集群战略转型领导小组要及时总结转型执行中的好经验、好做法、好成果并加以推广，对武术教育集群战略转型执行中的问题和障碍及时反馈并统筹解决。

武术教育集群战略转型领导小组主要从以下几个方面加强对学校战略转型实施的监控：首先，要重视学校的教育质量和学生出路。因为家长和学生在选择武术学校时最为注重孩子成才的问题。一些卓有成效的武术学校致力于提高教育质量，同时广开门路、为学生提供更好的升学、就业出路。其次，重视业务流程管理和业务整合功能。武术教育集群要从各自为政的家庭作坊式管理模式转向现代专业化基本业务流程，以集团化多样性引领登封武校办学新格局，促进教育资源的整合和业务功能的增强，推进教育均衡化的发展，一些大型的武术学校要转型建设成为涵盖义务教育、中等职业教育、高等教育在内的新型武术教育集团。再次，要重视关系建设和竞争导向。武术教育集群要主动出击，采取家长式的教育管理培养家长和学生们的忠诚度，从交易过程转向关系建设，一些武校已建立起了比较完善的家校联系机制，有条件的武校还要邀请家长参与到学生管理中，使武校和家长、学生保持了和谐融洽的关系。最后，要重视国际导向和区域规划。现代武术学校的边界日益扩张，武术学校在集团化发展进程中，将优秀的办学传统、校园文化精神、教育思想理念、师资优势、课程教学、社会影响力等教育资源配置到不同区域、甚至不同国家。武术教育集群发展应当从国际化的角度进行战略谋划，但战略的计划和实施必须以自身的现实情况为基础，从区域战略转型做起。

各武术学校要努力完善支持学校战略转型的后勤保障，要强化各武校后勤服务意识，为学校的教学、训练、生活提供优质高效的服务；完成现有教学楼、学生宿舍、教工宿舍的修缮加固工程；跟踪落实学校工程建设、校园绿化和硬件配套的立项审批、设计预算、招标建设等工作；逐步配齐教学训练设备；完善训练场馆和生活设施的建设；加强学校安全保卫工作，建设平安文明校园。具体措施包括：定期组织后勤相关人员学习业务知识，提高服务意识和技能；加强对后勤的管理和监督，从制度上保护师生的合法权益和人身安全，加强对校园超市、食堂的监管，确保师生饮食的卫生与安全；加速教学楼、训练场馆和生活设施的建设；加强对学校师生的安全教育，加强值班管理，对实验室、楼梯、电梯等易产生安全隐患的地区加强巡逻督导，后勤部门要逐级签订安全责任书，建立健全安全工作的长效管理机制，落实安全事故问责制；定期与不定期排查安全隐患，广泛宣传、提高认识，增强校园安全意识，利用宣传栏、广播等形式广泛宣传安全教育，安全工作要常抓不懈，对学生进行防火、防盗、交通规则、自然危害逃生等方面的安全教育并定期开展演习活动，加强网络信息安全管理；严禁教职工以任何形式体罚、打骂学生，加强对各阶段学生的管理，安排教练、生活老师值班，严防校园暴力事件，以保障师生的身心健康；改善校园安全设施，完善校园突发事件应急预案，增强师生应对危机的能力。

人才是学校发展的基础，人力资源战略规划是为了实现学校发展战略而运用科学方法对学校的人才需求和供应进行预测，并在此基础上制定出相应方案的过程。从数量角度来看，随着武术教育集群办学规模的不断扩大，在校生人数的持续增长，尤其是境外学生数量的不断增加，武术教育集群也必然要建立与之相匹配的教师教学、学校管理以及后勤保障系统。与此同时，学校也面临着控制人力成本、提高人力资源利用效率、提升办学效益的生存压力，在数量与效益、生存与发展的抉择中把握人力资源发展的总体方向。从质量角度看，必须重视学校人力资源的发展质量，拥有一支训练有素、专业过硬、师德高尚的师资队伍是保证学校教育质量和办学水平的关键。从结构角度来看，组织规模的扩大也影响着组织中各个相关职能模块功能和结构转变。在集团化发展的思路下，武术学校教育人才、管理人才以及为人才提供后勤保障之间在结构比例关系上同样需要顺应调整，因此在制定人力资源规划时，需重视对不同人才在学校内部所占的比重及其相应关系的思考，要兼顾各职能部门自身的发展现状和实际需求，在人力资源的专业结构、年龄结构、学历结构上实现匹配。从人力资源专业的结构角度，鉴于各武术学校的办学层次不同以及各职能部门所面对的学生群体在学龄上的差异，学校在确定人力资源规划时要与各部门的现实需求相适应。幼儿、小学、初高中、职业教育、高等教育的发展虽然都需要综合不同学科的专业人才共同培养，但各教育层次在专业需求结构上显然也是各有偏重的。要注重形成阶梯式的人力资源年龄结构比例关系，建设形成师资梯队，发挥不同年龄段人才的优势，为学校的传承和延续提供人力资源基础。

教师是教育行业行为文化建设的塑造者、传播者，教师的思想政治工作应摆在教育教学工作的首位，注重加强对教师、教练的职业道德、奉献精神、事业心和责任感的培养，使师资队伍树立正确的人生观、价值观和教育观，对待学生一视同仁，关爱每一个学生。教师职业是世界上组织得最紧密的职业之一，所以教师组织在社会中能够发挥并且正在发挥极大的作用。教师职业的作用主要依托于教师道德的巨大感染力，拥有高尚的"师德"一直是全体教师共同追求的目标。自从教育科学的先驱者夸美纽斯（Johann Amos Comenius）将教师职业赞誉为"天底下最光辉的职业"之后，著名教育家洛克（John Locke）、裴斯泰济齐（Johan Heinrich Pestalozzi）、第斯多惠（Friedrich Adolph Wilhelm Diesterweg）、马申斯基（Konstantin Dmitrievich Ushinski）等都对教师职业及教师道德做出了各种各样的解释，充分体现出人类对教师职道德理想的最高追求。① 中国传统武术教育者重视言传身教，以身作则，而且把身教放在突出的地位上，但应当注意的是，要坚决杜绝打骂、体罚学生等不良现象的发生。"师者，人之模范也"。教师应以平等、尊重、引导为原则，构建师生一体的教师行为文化。武术学校不仅应该让教师、教练参与到学校的决策和管理过程中，还应该给予他们一定的教学自主权，让其积极探索新的、有特色的教学和训练方法，形成自己的教学风络。这有助于增强他们的职业认同感，让他们能够享受在学校的教学过程，更好地服务学生，促进温馨和谐的校园氛围的形成。

第五节　协调内外战略互动，促进协同创新发展

《国务院关于加快发展体育产业促进体育消费的若干意见》（国发〔014〕46 号），将"全民健身"上升为国家战略，并提出了进一步加快发展体育产业，促进体育消费的具体指导意见。武术本体产业是以武术文化资源为开发基础直接进行生产经营的活动，主要包括武术培训、竞赛、表演等。在武术培训方面，随着全民健身的持续升温，人们亟须科学的体育健身指导，这也对武术提出了新的要求，建立科学、规范、标准、有效的武术运动技术体系，满足人们强身健体的愿望，以实现对武术文化的生产性保护，创造经济价值。竞赛和表演是宣传推广武术的主要手段，国际武术比赛、武术节等大型赛事的举办不仅赢得了世人的眼球，还创造了巨大的经济价值。武术产业集群是武术产业发展的必然趋势，武术产业核心竞争力的提升离不开完善而高效的文化产业集群。

随着近年来"体育强国""全民健身"战略建设工作的不断深入推进，武术文化产业中介机构、信息咨询、广告传媒、投融资平台和公共服务平

---

① 张桂春. 国外教师职业道德建设的经验及启示［J］. 教育科学，2001（01）：33 - 36.

台的建设得以加强，武术产业发展链条逐步拓宽，各省市的武术文化产业园区建设也日趋完善。其中河南省登封市在武术教育、武术产业、武术旅游、武术演艺等方面都走在全国前列，"少林武术"已成为河南省重点打造的职业教育知名品牌，功夫文化、修学旅游与武术产业基地等品牌建设也在积极推进中。其实早在 2006 年，登封市就出台了《登封市武术产业发展规划》。根据该规划，登封市将打造全国乃至世界最大的武术训练基地，到 2015 年，在校武术学员达到 10 万人，形成十大武术产业集团，并逐步形成跨国集团，开发国际武术表演市场，使少林武术覆盖全球。在 20世纪 90 年代末的统计数据中，全国各类武术馆校超过了一万家，这一数字比全国所有其他业余体校的总数还要多几倍，武术学校遍布全国各地，影响较大的武术学校集中分布在河南、山东和湖南三省。根据当时的保守估算，武术学校在校学生达到了近百万，产业总量突破了 1200 亿元。其中，登封武校占据武术教育培训市场的龙头位置，也必然要朝着产业化方向发展，开发武术器材、武术文化产品、武术表演等有更大潜力产业。虽然中国是武术的发源地，国内的生产经营武术用品的企业也非常多，包括登封很多武术学校都有自己的校办武术用品产业，但多采用的是粗放型生产经营模式，在产品开发和市场营销方面，我们国内的品牌和产品表现了出知名度低、技术含量低等问题。

近年来，登封将新型城镇化建设与世界历史文化旅游名城建设相结合，大力推进其建设进程确立了一年规划调整变更方案到位、两年试点示范到位、三年初见成效、2020 年建成世界历史文化旅游名城的总体目标，市区建成区面积由"十一五"末的 19.2 平方公里扩展到现在的 21.5 平方公里，市区人口由"十一五"末的 19 万增加到现在的 22.2 万。结合登封嵩山地域和文化特色，"特色中国登封馆"大力推动"少林旅游、武术培训、农特产品"电商化。登封连续举办了四届嵩山论坛年会、两届中国郑州少林国际武术节、2015 文化遗产保护和数字化国际论坛、2015 全国超级越野摩托车大奖赛、2015 全国汽车拉力锦标赛等重大活动。① 尤其是这几年来，登封市始终坚持建设国际级旅游景区和"进入登封就是进入景区"的发展理念，统筹核心景区和乡村两种旅游资源，培育了画家村、禅心居等新兴旅游业态，形成了文化旅游、文化产业的发展态势。通过发挥得天独厚的文化旅游资源优势，登封加快推进了华夏历史文明传承创新示范工程建设，同步推进嵩山论坛永久性会址和嵩山论坛国际生态文化示范区建设，并先后成功引进了投资 70 亿元的嵩山国际文化养生度假区、投资 50 亿元的登封文化创意园等 18 个投资金额在 10 亿元以上文化旅游项目。登封以华夏历史文明传承创新示范工程为统揽，坚持全市一盘棋、城乡一体化，突出"大转型、大旅游、大民生、大党建"，进一步加快经济转型，着力调结构稳增长、抓城乡促统筹、惠民生保稳定、优环境强保障，通过建设具有天地之中文化特色的世界历史文化旅游名城，促进了经济持续健康发展、社会和谐稳定，实现了登封发展的新跨越。例如登封市鹅坡教育集团，是由少林鹅坡武术专修院发展起来的，其下辖有酒店、连锁超市、餐饮、武术表演等单位，其中鹅坡禅武大酒店是鹅坡教育集团按四星级标准投资兴建，集武术文化展览、住宿、餐饮、演艺、娱乐、购物、会议接待于一体的大型酒店，总面积近三万平方米。美真宜商贸有限公司是主要从事农副产品、百货、洗化等商品的批发与零售的连锁经营机构，固定资产 5000 万元，年销售额超过 6000 万元。这些下属子公司已具备反哺少林鹅坡武术学校的能力。登封武校必须要依托少林寺景区，围绕建设少林武术城、少林影视城、少林禅街、少林功夫展示中心等发展战略规划进行协同发展，使武术教育集群成为国际性的武术文化研究传播基地。由鹅坡武术教育集团投资 5000 余万元建成的"少林武术文化博览中心"，是一家集少林武术科研、展览、训练、表演等为一体的综合性场所，不但是"少林武术城"的标志性建筑，也是全国二十大体育景观之一。此项建设就是登封武校在传承少林文化的基础上实现创新发展的新举措。登封市武术学校

---

① 袁建龙. 勾勒发展新蓝图 腾飞经济排头兵 转型升级——登封经济发展的发动机 [N]. 郑州晚报，2016 - 06 - 23.

30 多年的发展历程中，整体规模数量较大，但教育教学水平不高，而且武术学校较为集中在同一地区，学校专业设置又大都相同或相近，造成了教育资源严重浪费，对外竞争力不强。武术教育集群转向教育集团化发展，能够更好地将教育资源的分散投入转为集中优化投入，有效整合内部教育资源，并进行合理配置和共享，提高办学效益，提升办学水平。登封武术教育集团化发展具有空间和地域优势，实行集团化发展，可以使校企之间、校校之间达到纵向沟通、横向联合、资源共享、优势互补的境界，立体交融、特色各异的地域和空间优势，可以给学校带来连锁互动、互补发展的契机，而通过组织校际的活动，能够开阔学生视野，为学生成长提供大环境和大课堂，也为武术教育集群的教育教学带来新的生机。

武术教育集群在产业化协同发展方面，应主要从以下几方面进行转型布局：一是大力发展校办产业，提高自主研发能力和产品质量。除了传统的武术用品外，武术教育集群还要积极兴办其他产业，与信息、数字媒体等产业融合发展，形成自己的品牌并加以推广传播，提升其在国内外的影响力，将自身的教育优势转化为经济优势和产业优势。二是推进武术职业联赛 进程，加强武术俱乐部发展。职业武术联赛不仅有利于不同拳种及我国与其他国家的搏击术间的切磋，促进我国武术技艺水平的提高，促成传统武术行业的繁荣，而且可以使武术的社会化程度得到提升（如《武术风》等武术搏击比赛就受到了大家的广泛关注与喜爱）。人们对武术热爱比以往更甚，也有越来越多的人愿意为此消费。武馆和武术俱乐部是武术赛 事的策划与运作中不可或缺的一部分，也是向社会群众传播武术文化、开展武术教育培训的主要地点，开设武术俱乐部是实现武术产业化和社会化的有效方法。在全民健身的国家战略的引导下，发展武馆和武术俱乐部的建设将成为武术教育集群战略转型升级的重要举措和主要途径之一。

国家意识形态影响文化发展和社会全面进步的具体制度和措施，国家战略部署和政策方针决定着文化的发展道路和方向。对于武术教育集群的发展，要强化战略眼光，要把它提高到强国强种的战略高度来认识。武术非物质文化遗产的传承保护，是每一个有良知的中国人都应该积极参与的。武术教育行业肩负着武术非物质文化遗产创新发展的重任，内外战略互动时要以中国传统文化思想为主要资源，结合中华民族伟大复兴中国梦的一系列重大国策及伟大实践，在全面挖掘梳理武术非物质文化遗产中的积极元素的基础上，赋予传统武术文化新的内涵，为弘扬与实践传统文化，使民族体育在新的形势下 服务国策，造福国人，闪烁更耀眼的时代光芒。

结　语

武术，承载着中华儿女自强不息、厚德载物的民族精神，中华武术在构建社会主义核心价值体系、弘扬优秀传统文化、保障文化安全、维护社会稳定、构建和谐社会、提升国家形象等方面扮演着重要角色。习练武术，就是自觉接受中华传统文化熏陶，深化爱国主义教育的过程。武术学校的出现使传统神秘的武术传承抛开了"传男不传女，传内不传外"的陈旧落后思想，尽管目前武术教育集群的发展仍存在理论和实践上的问题、矛盾和冲突，但我们有理由相信，在科学教育的指引下，武术教育集群的创新能力会不断提升，在注重素质教育、紧抓教学质量的同时，提高学生的综合素质，必将在文化教育和武术教育两者中探索出一条文武兼并、性命双修的全新发展道路，使武术教育集群走上产业化、现代化、集团化、国际化发展的道路。

因研究的条件和笔者的时间、精力有限，本次研究在进行实地数据采集、资料收集时无法面面俱到，可能一些武术学校在发展中的实际困难或发展路径未能纳入研究中。在未来的研究中，笔者将努力扩大调查范围和研究深度，增加样本容量，提高样本的代表性，并尝试进行动态的历史性研究，以现有量表和数据为基础，再次系统地梳理相关文献，结合专家访谈和实地调研，对测度量表进行修正。同时，尝试把武术学校相关绩效的客观测度指标加入问卷量表，尽力获取能够反映武术教育集群发展的其他信息，以进一步分析相关变量之间的作用关系。在今后的研究中，笔者将会通过纵向历史数据、案例跟踪调查等方式方法，做多种结果之间的比较研究，努力提高实证研究的科学性，以更准确地把握武术教育集群发展的规律和脉络。虽然研究是首次将战略转型理论运用到武术教育行业研究中，但也只是构建了一个初步性的研究框架，对武术教育集群的发展规律和战略转型之间的其他相关内容的研究还有待进一步充实。

习武之人重视武德修为，凡事以和为贵。武术文化充分体现出了中国人追求"和谐"的价值取向，这在当今时代具有极其现实的社会意义，是对同心共筑中国梦的伟大实践，对实现中华民族伟大复兴具有极为直接的作用。我们坚信，只要思之以新，行之以实，顺应教育市场的需要，顺应武术自身发展的要求，武术教育集群就能以更加旺盛的生命力阔步走向灿烂辉煌的明天。

附　录

附录 A　武术教育集群发展状况的访谈提纲

附录 A1　武术教育集群发展状况的领导、专家访谈提纲

1. 武术学校对社会的价值是什么？

2. 武术教育集群的办学优势有哪些？

3. 武术学校在发展过程中会遇到哪些问题，该如何解决？

4. 如何定位武术学校在我国学校教育中的地位？

5. 您如何看待武术学校的规模扩张与教育质量问题？

6. 您对中小规模民办武术学校的发展有何建议？

7. 您对武术教育集团或大规模武术学校的发展有何建议？

8. 您觉得如何对武术教育集群的发展进行战略转型？

9. 您对武术教育集群的产业化发展有何看法？

10. 您对我国武术学校的发展有怎么样的战略思考？

附录 A2　武术学校发展状况的校长访谈提纲

1. 贵校的办学理念是什么，办学指导思想是什么？

2. 贵校的发展是如何定位的，办学模式是什么？

3. 贵校在发展过程中遇到哪些问题，主要困境是什么，贵校又是如何

解决的?

4. 贵校在发展过程中有哪些竞争优势,成功经验是什么?

5. 贵校的招生措施有哪些?如何保障生源?

6. 贵校在提高升学率、就业率方面做过哪些积极措施?

7. 您是怎么看待教育质量与办学规模之间的关系的?

8. 贵校以前是否制定过发展战略规划?如何制定的?发展规划的具体内容是什么?

9. 您觉得武术教育集群是否需要进行战略转型?如何对武术教育集群进行战略转型?

10. 您认为武术教育集群未来的发展趋势是怎么样的?

附录 A3　武术教育集群发展状况的管理人员访谈提纲

1. 贵校对管理人员选聘的标准和依据是什么?如何进行工作考评?

2. 贵校是否进行过管理人员相关培训和学习?效果如何?

3. 贵校如何进行权利分配和责任划分?

4. 您觉得贵校的管理部门设置是否合理?存在哪些问题?

5. 贵校在办学发展过程有哪些主要的管理方面的问题?如何解决?

6. 贵校在办学发展过程中有哪些主要的管理经验?

7. 您觉得学校现行的管理制度是否合理?需要加强哪些方面的管理制度建设?

8. 您觉得学校的发展是否有必要进行战略转型?

9. 贵校以前是否制定过发展战略规划?发展战略规划的具体内容是什么?

10. 您觉得行政部门是否应该加强对武术学校的监管?主要包括哪些方面?

附录 A4　武术教育行业发展状况的武术教练员访谈提纲

1. 武术教学训练中会出现哪些问题，您觉得应该怎么解决？

2. 您对职业发展有何规划？希望得到哪些方面的培训进修？提高哪些方面的职业技能？

3. 在您的生活方面，您希望贵校在哪些方面需要做得更好一些？

4. 贵校在武术专业课的课程设置上，您觉得哪些地方需要改进？

5. 您认为目前武术学校存在哪些不足？应该如何改进？

附录 A5　武术教育行业发展状况的文化课教师访谈提纲

1. 您在武术学校文化课教学中，遇到过哪些困难？您觉得应该怎样去解决？

2. 您觉得武术学校在文化课课程设置上哪些地方需要改进？

3. 在您的生活方面，您希望贵校在哪些方面需要做得更好一些？

4. 您对职业发展有何规划？希望得到哪些方面的培训进修？提高哪些方面的职业技能？

5. 您认为目前武术学校存在哪些不足？应该如何改进？

附录 A6　武术教育行业发展状况的学生访谈提纲

1. 你认为武术学校在哪些方面需要改进提高？

2. 你认为怎样才能提高自己的文化课和专业课成绩？

3. 你是因为什么才来武术学校学习的？对将来有什么打算？

附录 A7　武术教育行业发展状况的学生家长访谈提纲

1. 您为什么将孩子送到武术学校？

2. 您对武术学校是否满意（人才培养、生活学习条件等方面）？认为武术学校在哪些方面需要改进提高？

3. 您希望孩子在武术学校得到什么样的培养？对孩子未来就业有何想法？

附录 B 武术教育集群战略转型评估
指标的专家调查问卷

武术教育集群战略转型评估指标的专家调查问卷（1）

（第一轮：一、二级指标专家论证）

尊敬的专家：

　　您好！

　　本次调查旨在通过征求专家的意见了解有哪些指标可以用于评价武术教育集群发展状况，以便在此基础上设计武术教育集群战略转型的评估指标体系。您是国内知名的专家，您的意见对于我们设计这一评价体系具有重要意义。您所填写的所有内容，仅供学术研究使用，我们对您的回答不做个别分析，并将予以保密，请您放心作答。问卷仅作研究之用，研究中不会出现您的任何私密信息。若您有任何问题欢迎随时和我联系！

　　您的意见和建议将作为重要的参考依据，非常感谢您在百忙之中的填写！

　　祝您心情愉快，工作顺利！

中山大学管理学院博士后：康涛

　　您的姓名_____ 职称或职务 _____ 年龄 ____

　　工作单位_____

　　填表说明：

　　1. 请您在相应的"□"上打"√"；

　　2. 请您在相应的栏目上打"√"；

　　3. 若您有补充的内容和建议，烦请在补充栏内或"_____"填上。

附表 1　武术教育集群战略转型评估体系一、二级指标

	一级指标	同意	不同意	补充	二级指标	同意	不同意	补充
武术教育集群战略转型评估体系	战略转型动力层				武术教练员竞争力			
					文化课师资竞争力			
					科研与教学结合程度			
					人才培养能力			
	战略转型支撑层				办学力量			
					硬件设施			
					管理能力			
					后勤保障能力			
	战略转型环境层				媒体宣传力度			
					政府政策力度			
					社会认可度			
					开放竞争力			

除上述因素外，您认为还有哪些因素可以作为评价武术教育集群战略转型的影响因素，其重要程度如何？烦请补充说明。

武术教育集群战略转型评估指标的专家调查问卷（2）

（第二轮：三级指标筛选及专家论证）

尊敬的专家：

您好！

本次调查旨在通过征求专家的意见了解有哪些指标可以用于评价武术教育集群发展状况，以便在此基础上设计武术教育集群战略转型的评估指标体系。您是国内知名的专家，您的意见对于我们设计这一评价体系具有重要意义。您所填写的所有内容，仅供学术研究使用，我们对您的回答不做个别分析，并将予以保密，请您放心作答。问卷仅作研究之用，研究中

不会出现您的任何私密信息。若您有任何问题欢迎随时和我联系！

您的意见和建议将作为重要的参考依据，非常感谢您在百忙之中的填写！

祝您心情愉快，工作顺利！

中山大学管理学院博士后：康涛

您的姓名_____ 职称或职务_____ 年龄____

工作单位_____

填表说明：

1. 请您在相应的"□"上打"√"；

2. 请您在相应的栏目上打"√"；

3. 若您有补充的内容和建议，烦请在补充栏内或"_____"填上。

附表2　武术教育集群战略转型评估指标体系

	一级指标	二级指标	三级指标	同意	不同意	备注
武术教育集群战略转型体系	战略转型动力层	武术教练员竞争力	体育类本科学历人数			
			获得一级武士以上等级教练员人数			
			获得中段位教练员人数			
			补充：			
		文化课师资竞争力	师范类本科学历人数			
			高级职称教师人数			
			省市级优秀教师人数			
			补充：			
		科研与教学结合程度	学校科研经费投入总额			
			已批准的校教改课题数目			
			科研成果在教学训练中的转化率			
			补充：			
		人才培养能力	国内外比赛获奖次数			
			升学率			
			就业率			
			补充：			
	战略转型支撑层	办学力量	武校创办年限			
			学校占地面积			
			在校学生数量			
			补充：			
		硬件设施	建筑面积			
			训练场地面积			
			教学设施			
			补充：			

续表

一级指标	二级指标	三级指标	同意	不同意	备注
武术教育集群战略转型体系	战略转型支撑层	管理能力	组织机构模式			
			领导决策体制			
			管理体系与制度建设			
			补充：			
		后勤保障能力	教学训练投入经费			
			安保设置与投入经费			
			餐饮设施投入经费			
			补充：			
	战略转型环境层	媒体宣传力度	媒体报道次数			
			参加大型演出次数			
			参加电视节目次数			
			补充：			
		政府政策力度	各级政府对武校发展的重视程度			
			各项政策对武校的影响程度			
			武术产业规划的实施力度			
			补充：			
		社会认可度	与外界合作的实训实习基地数量			
			学生家长对武校的评价			
			社会对武术人才的需求			
			补充：			
		开放竞争力	与外界相关机构联合培训教练员和运动员次数			
			参加重大比赛的次数			
			国际交流、出访表演次数			
			补充：			

您对本研究的意见和建议：

再次感谢您的大力支持与无私帮助！

武术教育集群战略转型评估指标的专家调查问卷（3）

（第三轮：各级指标重要程度排序）

尊敬的专家：

　　您好！

　　本次调查旨在通过征求专家的意见了解有哪些指标可以用于评价武术教育集群发展状况，以便在此基础上设计武术教育集群战略转型的评估指标体系。您是国内知名的专家，您的意见对于我们设计这一评价体系具有重要意义。您所填写的所有内容，仅供学术研究使用，我们对您的回答不做个别分析，并将予以保密，请您放心作答。问卷仅作研究之用，研究中不会出现您的任何私密信息。若您有任何问题欢迎随时和我联系！

　　您的意见和建议将作为重要的参考依据，非常感谢您在百忙之中的填写！

　　祝您心情愉快，工作顺利！

中山大学管理学院博士后：康涛

　　您的姓名_____ 职称或职务_____ 年龄____

　　工作单位_____

　　填表说明：

　　请在您认为合适的重要性程度对应的数字选项上做出标记。感谢您的支持！所有问题都采用五分制，选项中的 1、2、3、4、5，分别表示"非常不重要""不重要""重要""比较重要""非常重要"。

附表3　武术教育集群战略转型评估指标体系

一级指标 非常不重要— 非常重要 1—5		二级指标 非常不重要— 非常重要 1—5		三级指标 非常不重要—非常重要 1—5	
指标 名称	重要 程度	指标 名称	重要 程度	指标名称	重要 程度
武术教育集群战略转型体系		战略转型动力层		武术教练员 竞争力		体育类本科学历人数	
						获得一级武士以上等级教练员人数	
						获得中段位教练员人数	
				文化课师资 竞争力		师范类本科学历人数	
						高级职称教师人数	
						省市级优秀教师人数	
				科研与教学 结合程度		学校科研经费投入总额	
						已批准的校教改课题数目	
						科研成果在教学训练中的转化率	
				人才培养 能力		国内外比赛获奖次数	
						升学率	
						就业率	
		战略转型支撑层		办学力量		武校创办年限	
						学校占地面积	
						在校学生数量	
				硬件设施		建筑面积	
						训练场地面积	
						教学设施	
				管理能力		组织机构模式	
						领导决策体制	
						管理体系与制度建设	
				后勤保障 能力		教学训练投入经费	
						安保设置与投入经费	
						餐饮设施投入经费	

续表

一级指标 非常不重要— 非常重要 1—5		二级指标 非常不重要— 非常重要 1—5		三级指标 非常不重要—非常重要 1—5	
指标 名称	重要 程度	指标 名称	重要 程度	指标名称	重要 程度
武术教育集群战略转型体系		媒体宣传力度		媒体报道次数	
				参加大型演出次数	
				参加电视节目次数	
				各级政府对武校发展的重视程度	
		政府政策力度		各项政策对武校的影响程度	
	战略转型环境层			武术产业规划的实施力度	
				与外界合作的实训实习基地数量	
		社会认可度		学生家长对武校的评价	
				社会对武术人才的需求	
				与外界相关机构联合培训教练员和运动员次数	
		开放竞争力		参加重大比赛的次数	
				国际交流、出访表演次数	
				体育类本科学历人数	

您对本研究的意见和建议：

再次感谢您的大力支持与无私帮助！

附录 C　武术教育集群战略转型评估指标体系
三级指标权重计算

三级指标权重的计算方式研究采用了特征值法。该方法的优势在于不用频繁建立矩阵的加总归 1，而通过判断矩阵的最大特征根的特征向量的归 1 就能得到相应权重。

例如：对于 C_1 矩阵

C_1 判断矩阵为：

$$C_1 = \begin{vmatrix} 1 & 1/7 & 1/5 \\ 7 & 1 & 3 \\ 5 & 1/3 & 1 \end{vmatrix}$$

使用 Matlab 求解得特征向量矩阵 V 和特征值矩阵 D 分别为：

V =

0.1013	−0.0506 − 0.0877i	−0.0506 + 0.0877i
0.9140	0.9140	0.9140
0.3928	−0.1964 + 0.3402i	−0.1964 − 0.3402i

D =

3.0649	0	0
0	−0.0324 + 0.4448i	0
0	0	−0.0324 − 0.4448i

这说明矩阵 C1 的最大特征值是 3.069，该特征值对应的特征向量是（0.1013，0.9140，0.3928），将这个特征向量归 1 后得到权重为（0.0719，0.6491，0.2790）

在此我们可以在 Matlab 中编程使得以上过程对归 1 计算仍然自动化，这样我们只需在 Matlab 中输入 C_i 判断矩阵即可得到权重向量 Weight = V（:，1）/sum（V（:，1））

以下是各个 C_i 判断矩阵的 Matlab 计算过程：

C1 =

1.0000	0.1429	0.2000
7.0000	1.0000	3.0000
5.0000	0.3333	1.0000

V =

0.1013	$-0.0506 - 0.0877i$	$-0.0506 + 0.0877i$
0.9140	0.9140	0.9140
0.3928	$-0.1964 + 0.3402i$	$-0.1964 - 0.3402i$

D =

3.0649	0	0
0	$-0.0324 + 0.4448i$	0
0	0	$-0.0324 - 0.4448i$

Weight =

0.0719

0.6491

0.2790

C2 =

1.0000	3.0000	5.0000
0.3333	1.0000	3.0000
0.2000	0.3333	1.0000

V =

0.9161	0.9161	0.9161
0.3715	−0.1857 + 0.3217i	−0.1857 − 0.3217i
0.1506	−0.0753 − 0.1304i	−0.0753 + 0.1304i

D =

3.0385	0	0
0	−0.0193 + 0.3415i	0
0	0	−0.0193 − 0.3415i

Weight =

0.6370
0.2583
0.1047

C3 =

1.0000	5.0000	3.0000
0.2000	1.0000	0.3333
0.3333	3.0000	1.0000

V =

0.9161	0.9161	0.9161
0.1506	−0.0753 − 0.1304i	−0.0753 + 0.1304i
0.3715	−0.1857 + 0.3217i	−0.1857 − 0.3217i

D =

3.0385	0	0
0	$-0.0193 + 0.3415i$	0
0	0	$-0.0193 - 0.3415i$

Weight =

0.6370

0.1047

0.2583

C4 =

1.0000	0.3333	0.1429
3.0000	1.0000	0.3333
7.0000	3.0000	1.0000

V =

0.1226	$-0.0613 - 0.1062i$	$-0.0613 + 0.1062i$
0.3382	$-0.1691 + 0.2929i$	$-0.1691 - 0.2929i$
0.9331	0.9331	0.9331

D =

3.0070	0	0
0	$-0.0035 + 0.1453i$	0
0	0	$-0.0035 - 0.1453i$

Weight =

0.0879

0.2426

0.6694

C5 =

1.0000	7.0000	5.0000
0.1429	1.0000	0.5000
0.2000	2.0000	1.0000

V =

0.9682	0.9682	0.9682
0.1228	$-0.0614 - 0.1064i$	$-0.0614 + 0.1064i$
0.2181	$-0.1090 + 0.1889i$	$-0.1090 - 0.1889i$

D =

3.0142	0	0
0	$-0.0071 + 0.2064i$	0
0	0	$-0.0071 - 0.2064i$

Weight =

0.7396

0.0938

0.1666

C6 =

1. 0000	3. 0000	3. 0000
0. 3333	1. 0000	1. 0000
0. 3333	1. 0000	1. 0000

V =

− 0. 9045	0. 8424	0. 8424
− 0. 3015	− 0. 4946	0. 2138
− 0. 3015	0. 2138	− 0. 4946

D =

3. 0000	0	0
0	− 0. 0000	0
0	0	0. 0000

Weight =

0. 6000

0. 2000

0. 2000

C7 =

1. 0000	2. 0000	0. 5000
0. 5000	1. 0000	0. 3333
2. 0000	3. 0000	1. 0000

V =

0.4660	−0.2330 + 0.4036i	−0.2330 − 0.4036i
0.2565	−0.1282 − 0.2221i	−0.1282 + 0.2221i
0.8468	0.8468	0.8468

D =

3.0092	0	0
0	−0.0046 + 0.1663i	0
0	0	−0.0046 − 0.1663i

Weight =

0.2970

0.1634

0.5396

C8 =

1.0000	9.0000	3.0000
0.1111	1.0000	0.3333
0.3333	3.0000	1.0000

V =

−0.9849	0.9435	0.6955
0.0547	0.1048	−0.2956
0.1642	0.3145	0.6549

D =

0	0	0
0	3.0000	0
0	0	−0.0000

Weight =

0.6923

0.0769

0.2308

C9 =

1.0000	0.2500	1.0000
4.0000	1.0000	5.0000
1.0000	0.2000	1.0000

V =

−0.2213	−0.1106 − 0.1916i	−0.1106 + 0.1916i
−0.9533	0.9533	0.9533
−0.2054	−0.1027 + 0.1779i	−0.1027 − 0.1779i

D =

3.0055	0	0
0	−0.0028 + 0.1290i	0
0	0	−0.0028 − 0.1290i

Weight =

    0. 1603

    0. 6908

    0. 1488

C10 =

1. 0000	3. 0000	7. 0000
0. 3333	1. 0000	5. 0000
0. 1429	0. 2000	1. 0000

V =

0. 9140	0. 9140	0. 9140
0. 3928	$-0. 1964 + 0. 3402i$	$-0. 1964 - 0. 3402i$
0. 1013	$-0. 0506 - 0. 0877i$	$-0. 0506 + 0. 0877i$

D =

3. 0649	0	0
0	$-0. 0324 + 0. 4448i$	0
0	0	$-0. 0324 - 0. 4448i$

Weight =

    0. 6491

    0. 2790

    0. 0719

C11 =

1.0000	0.5000	0.2000
2.0000	1.0000	0.2500
5.0000	4.0000	1.0000

V =

0.1620	0.0810 + 0.1403i	0.0810 − 0.1403i
0.2769	0.1385 − 0.2398i	0.1385 + 0.2398i
0.9471	− 0.9471	− 0.9471

D =

3.0246	0	0
0	− 0.0123 + 0.2725i	0
0	0	− 0.0123 − 0.2725i

Weight =

| 0.1168 |
| 0.1998 |
| 0.6833 |

C12 =

1.0000	0.1429	0.5000
7.0000	1.0000	3.0000
2.0000	0.3333	1.0000

V =

-0.1419	$0.0710 - 0.1229i$	$0.0710 + 0.1229i$
-0.9437	-0.9437	-0.9437
-0.2988	$0.1494 + 0.2588i$	$0.1494 - 0.2588i$

D =

3.0026	0	0
0	$-0.0013 + 0.0890i$	0
0	0	$-0.0013 - 0.0890i$

Weight =

0.1025

0.6817

0.2158

参考文献

［1］约翰・雷，沃尔特・哈克，卡尔・坎道里．学校经营管理——一种规划的趋向［M］．张新平，译．重庆：重庆大学出版社，2003.

［2］安迪・格林．教育、全球化与民族国家［M］．朱旭东等译．北京：教育科学出版社，2004.

［3］E. S. Savas. Privatization and Public – Private Partnerships［M］．周志忍，等译．北京：中国人民大学出版社，2003.

［4］陈昌贵，谢练高．走进国际化——中外教育交流与合作研究［M］．广州：广东教育出版社，2010.

［5］袁贵仁．中小学校管理评价［M］．北京：教育科学出版社，2014.

［6］顾明远．民族文化传统与教育现代化［M］．北京：北京师范大学出版社，1998.

［7］劳凯声．中国教育改革30年：政策与法律卷［M］．北京：北京师范大学出版社，2009.

［8］任荣伟．内部创业战略［M］．北京：清华大学出版社，2014.

［9］周海涛．中国民办教育发展报告（2012）［M］．北京：北京师范大学出版社，2014.

［10］刘献君．院校管理［M］．北京：高等教育出版社，2007.

［11］张文彬．民办学校集团化、专业化发展研究：以福建西山教育集团为例［M］．北京：人民出版社，2014.

[12] 南怀瑾. 漫谈中国文化：金融·企业·国学 [M]. 北京：东方出版社，2008.

[13] 张岱年. 中国文化与文化论争 [M]. 北京：中国人民大学出版社，1990.

[14] 中国法律出版社，编. 中华人民共和国民办教育促进法（修正版）[M]. 北京：法律出版社，2013.

[15] 托马斯·戴伊. 理解公共政策 [M]. 北京：北京大学出版社，2008.

[16] 陈桂生. 中国民办教育问题 [M]. 北京：教育科学出版社，2001.

[17] 戚继光. 纪效新书 [M]. 北京：人民体育出版社，1988.

[18] 菲利普·科特勒. 教育机构的战略营销 [M]. 北京：企业管理出版社，2005.

[19] 中国法制出版社，编. 国家中长期教育和改革规划纲要（2010－2020 年）[M]. 北京：中国法制出版社，2010.

[20] 迈克尔·W. 阿普尔. 阿普尔集·教育的"正确"之路：市场、标准、上帝和不平等（2 版）[M]. 黄忠敬，译. 上海：华东师范大学出版社，2008.

[21] 袁振国. 中国都市教育竞争力研究 [M]. 北京：教育科学出版社，2011.

[22] 王革非. 战略之巅：分析、规划与执行 [M]. 天津：南开大学出版社，2007.

[23] 徐华. 从家族主义到经理主义：中国企业的困境与中国式突围 [M]. 北京：清华大学出版社，2012.

[24] 伯克. 什么是文化史 [M]. 蔡玉辉，译. 北京：北京大学出版社，2009.

[25] 明航. 民办学校办学模式 [M]. 北京：教育科学出版社，2008.

［26］张立勤. 中国民办教育生存报告［M］. 北京：中国社会科学出版社，2004.

［27］李印东. 武术释义——武术本质及功能价值体系阐释［M］. 北京：北京体育大学出版社，2006.

［28］中共中央宣传部. 论弘扬和培育民族精神［M］. 北京：学习出版社，2003.

［29］国家教育发展研究中心.2008 中国教育绿皮书—中国教育政策年度分析报告［M］. 北京：教育科学出版社，2008.

［30］国家体委武术研究院. 中国武术史［M］. 北京：人民体育出版社，1997.

［31］康戈武. 中国武术实用大全［M］. 北京：今日中国出版社，1992.

［32］温力. 中国武术概论［M］. 北京：人民体育出版社，2005.

［33］乔凤杰. 文化符号：武术［M］. 北京：社会科学文献出版社，2014.

［34］宗桂. 中华民族精神概论［M］. 广州：广东人民出版社，2007.

［35］栗胜夫. 中国武术发展战略研究［M］. 北京：人民体育出版社，2003.

［36］张之江. 恢复民族体育与抗战的最后胜利［J］. 国民体育季刊（创刊号）//周伟良. 中国武术史［M］. 北京：高等教育出版社，2003.

［37］邱丕相. 中国武术史［M］. 北京：高等教育出版社，2008.

［38］孙培青. 中国教育管理史［M］. 北京：人民教育出版社，1997.

［39］崔乐泉. 中国体育思想史·近代卷［M］. 北京：首都师范大学出版社，2008.

［40］《中国武术百科全书》编撰委员会，编. 中国武术百科全书［M］. 北京：中国大百科全书出版社，1998.

［41］马力.中国古典武学秘籍录·下卷［M］.北京：人民体育出版社，2005.

［42］苏静.知日·武士道［M］.北京：中信出版社，2014.

［43］康保成.中国非物质文化遗产保护发展报告（2013）［M］.北京：社会科学文献出版社，2013.

［44］赵辰昕.唱响：非物质文化遗产保护专家访谈录［M］.北京：中国发展出版社，2012.

［45］刘彩平.当代学校武术教育价值刍论［M］.北京：北京体育大学出版社，2011.

［46］佟秀春.我国传统武术教学与创新发展研究［M］.北京：中国书籍出版社，2014.

［47］马剑.武术的人文逻辑［D］.上海：上海体育学院，2006.

［48］乔晓光.承传活态文化［N］.中国教育报，2002 - 07 - 09.

［49］教育部.中小学开展弘扬和培育民族精神教育实施纲要［N］.中国教育报，2004 - 04 - 03.

［50］马学智.中国民办武术学校可持续发展研究［D］.北京：北京体育大学，2010.

［51］王龙飞，文化社会学视野下武术在登封的存在与发展研究［D］.上海：上海体育学院，2010.

［52］陈琦.从终身体育思想审视我国学校体育的改革与发展［D］.北京：北京体育大学，2002.

［53］《关于学校武术教育改革与发展的研究》课题组.我国中小学武术教育状况调查研究［J］.体育科学，2009（3）.

［54］马麟，康涛."去中国化"对学校体育的警醒［J］.青少年体育，2015（10）.

［55］公安部、教育部、体育总局关于加强各类武术学校及习武场所管理的通知［J］.教育部政报，2000（9）.

［56］马克思，恩格斯.马克思恩格斯选集［M］.北京：人民出版

社，1995.

[57] 姚丽华.河南省武术学校现状与对策研究 ［D］.开封：河南大学，2001.

[58] 江百龙，黄治武.我国民办武术学校兴起的社会学原因探微 ［J］.武汉体育学院报，2005（2）.

[59] 李萍.论新形式下武术学校的作用 ［J］.体育文化导刊，2005 （1）.

[60] 晁岳春.山东省武术（馆）学校现状与对策研究 ［D］.桂林：广西师范大学，2007.

[61] 芮明杰，胡金星，张良森.企业战略转型中组织学习的效用分析 ［J］.研究与发展管理，2005（2）.

[62] 唐健雄.企业战略转型能力研究 ［D］.长沙：中南大学，2008.

[63] 张国有.战略转型——全力以赴迎接新趋势 ［J］.WTO 经济导刊，2005（5）.

[64] 武亚军.90 年代企业战略管理理论的发展与研究趋势 ［J］.南开管理评论，1999（2）.

[65] 张国有.企业战略的根基 ［J］.企业文化，2007（3）.

[66] 邱世兵.中国民族院校转型发展研究 ［D］.重庆：西南大学，2012.

[67] 周三多.管理学原理与方法 ［M］.上海：复旦大学出版社，1999.

[68] 薛有志，周杰，初旭.企业战略转型的概念框架：内涵、路径与模式 ［J］.经济管理，2012（7）.

[69] 金麒，孙继伟.论第二曲线与企业持续发展战略 ［J］.上海经济研究，1999，（7）.

[70] 祝锦祥.基于能力系统演进视角的企业转型成长过程研究 ［D］.上海：东华大学，2014.

［71］超明．基于战略转型的广告企业发展研究［D］．武汉：武汉大学，2014．

［72］曹振华．企业转型战略管理模型建构与实证研究［D］．上海：复旦大学，2006．

［73］田宇．中国电信企业战略转型研究［D］．沈阳：东北大学，2010．

［74］徐二明，王智慧．企业战略管理理论的发展与流派［J］．首都经济贸易大学学报，1999（1）．

［75］彼得·德鲁克．管理实践［M］．北京：工人出版社，1989．

［76］邓少军，焦豪，冯臻．复杂动态环境下企业战略转型的过程机制研究［J］．科研管理，2011（1）．

［77］赵春明．企业战略管理——理论与实践［M］．北京：人民出版社，2003．

［78］唐孝文，刘敦虎，肖进．动态能力视角下的战略转型过程机理研究［J］．科研管理，2015（1）．

［79］唐健雄，李允尧，黄健柏，王昶．组织学习对企业战略转型能力的影响研究［J］．管理世界，2012（9）．

［80］李小玉，薛有志，牛建波．企业战略转型研究述评与基本框架构建［J］．外国经济与管理，2015（12）．

［81］张召龙．竞争的层次性与可竞争要素差异化战略——基于波特通用竞争战略缺陷之改进和拓展的新竞争战略［J］．经济与管理研究，2007（5）．

［82］王满．基于竞争力的财务战略管理研究［D］．大连：东北财经大学，2006．

［83］曾于久，陈兴胜，肖红征，等．我国武术馆校现状与发展对策的研究［J］．武汉体育学院学报，2002（1）．

［84］栗胜夫，姚丽华，刘卫峰．我国武术学校发展现状与对策研究［J］．体育科学，2003（3）．

［85］张文普．我国民办武术馆校办学现状的调查与分析［J］．体育刊，2008（2）．

［86］王龙飞．文化社会学视野下武术在登封的存在与发展研究［D］．上海：上海体育学院，2010.

［87］余省威．登封市武术馆校现状调查及发展对策研究［D］．郑州：郑州大学，2013.

［88］段美玲．制约武术馆校发展因素的研究——以登封市武术馆校为例［J］．搏击（武术科学），2010（12）．

［89］王国琪，任海，黄凌海等．我国武术馆校之研究［J］．体育科学，2001（6）．

［90］马玉峰，姜传银．我国优秀武术馆校现状及发展对策研究［J］.武术科学，2004（4）．

［91］于晗．河南省武术学校管理人员配备与权责分配现状分析及发展对策［D］．开封：河南大学，2012.

［92］吕韶钧，彭芳．我国武术学校等级管理之研究［J］．北京体育大学学报，2006（3）．

［93］周之华，马建国．武术馆校评价体系研究［J］．首都体育学院学报，2011（5）．

［94］中华武术特刊．武术馆校散点透视［J］．中华武术，2002（11）．

［95］李勇，赵珍．我国武术学校的现状及对策研究［J］．武汉体育学院学报，2003（6）．

［96］范继军．河南省武术学校武术师资现状分析［D］．北京：北京体育大学，2005.

［97］吕墨竹．辽宁省地方武术学校套路教练员现状调查与分析［J］.武术科学，2007（9）．

［98］王美娟，张启华．山东省基层武校（馆）武术（套路、散打）教练员师资状况及培养规格的研究［J］．山东体育学院学报，2001（4）：

95-96.

[99] 姚丽华. 我国武术学校人力资源状况与开发研究 [J]. 天中学刊, 2009 (5).

[100] 花蕊. 民办武术学校研究的综述与分析 [J]. 运动, 2011 (1).

[101] 张海鹏. 河南省民办武术学校现状调查研究 [D]. 重庆: 重庆师范大学, 2015.

[102] 肖红征. 我国武术馆校理论教学与技术训练现状调查与分析 [J]. 上海体育学院学报, 2004 (5).

[103] 吕沧. 武校 (馆) 为什么要以文为主? [J]. 中华武术, 2002 (9).

[104] 王军涛. 河南省武术学校生源现状调查与研究 [J]. 改革与开放, 2010 (6): 106.

[105] 刘泳, 曹晓培, 朱绪玲, 张玉玲. 山东省武术 (馆) 学校办学现状及发展对策研究 [J]. 北京体育大学学报, 2005 (10).

[106] 刘海超, 陈永亮. 对武术学校 (馆) 教学模式的探讨 [J]. 安阳师范学院学报, 2005 (4).

[107] 李仁松. 福建省民办武术学校现状与发展对策研究 [D]. 武汉: 武汉体育学院, 2007.

[108] 邓晓峰. 我国民间武校的现状及其对策 [J]. 上海体育学院学报, 1996 (S1).

[109] 马宇峰. 武术馆校发展的现状、问题及对策 [J]. 体育文化导刊, 2005 (12).

[110] 朱奋飞. 武术学校价值及可持续发展研究 [J]. 四川体育科学, 2008 (2).

[111] 高松山, 云林森. 我国民办武术馆校发展的社会价值审视 [J]. 天津体育学院学报, 2010 (1).

[112] 李怀祖. 管理研究方法论 [M]. 西安: 西安交通大学出版

社，2004.

[113] 曾红颖. 发展的刻度——中国发展水平评价指标体系研究 [M]. 北京：中国水利水电出版社，2004.

[114] 郑国华. 社会转型与我国民族传统体育文化传承 [D]. 北京：北京体育大学，2007.

[115] 董柏生. 温县喜捧"最受全球网民关注的中国武术之乡"奖杯和证书 [N]. 焦作日报，2011 - 10 - 24.

[116]《中国武术馆校总览》编委会. 中国武术馆校总览 [M]. 北京：北京体育大学出版社，2006.

[117] 阎彬，马学智. 文化视野中的武术热：历史回溯与现实观照 [J]. 北京体育大学学报，2016 (2).

[118] 姚丽华. 河南省武术学校现状与对策研究 [D]. 开封：河南大学，2001.

[119] 胡卫，董圣足，方建锋. 民办学校资金来源及债务情况调查 [J]. 教育发展研究，2012 (Z1).

[120] 李凤成. 我国民办武校政府规制研究 [J]. 河北体育学院学报，2010 (2).

[121] 王涛，龚建新. 武术馆校生存发展之道 [J]. 中华武术，2008 (6).

[122] 曾凡鑫. 我国武术馆（校）师资现状与发展对策 [J]. 体育学刊，2006 (5).

[123] 于晗. 河南省武术学校管理人员配备与权责分配现状分析及发展对策 [D]. 开封：河南大学，2012.

[124] 刘文新. 重庆江龙武校突然关门，两百学生顿陷失学困境 [N]. 中国消费者报，2013 - 07 - 10.

[125] 匡芬. 登封市民办武术学校校办产业发展之研究 [D]. 北京：北京体育大学，2011.

[126] 刘爱菊. 浅谈武术馆校的管理与学生就业体系的构建 [J]. 湖

南环境生物职业技术学院学报, 2010 (3).

[127] 毕树文. "太极产业"方起步 [N]. 发展导报, 2012 - 02 - 17.

[128] 陈飒飒. 以家庭为单位的社区养老模式研究 [J]. 合作经济与科技, 2011 (9).

[129] 康涛, 马麟. 我国武术非物质文化遗产传承发展的思考 [J]. 中国学校体育 (高等教育), 2015 (3): 13 - 17.

[130] 刘锡成. 传承与传承人论 [J]. 河南教育学院学报 (哲社版), 2006, 25 (5): 24 - 36.

[131] 马文友. 重塑当代武术的文化价值——兼论其对实现中国梦的意义 [J]. 北京体育大学学报, 2015 (2).

[132] 戴开富. 高等学校核心竞争力研究 [D]. 武汉: 武汉理工大学, 2007.

[133] 张召龙. 竞争的层次性与可竞争要素差异化战略——基于波特通用竞争战略缺陷之改进和拓展的新竞争战略 [J]. 经济与管理研究, 2007 (5).

[134] 汪秀婷. 企业竞争战略的理论研究与实证分析 [D]. 武汉: 武汉理工大学, 2004.

[135] 陈国荣. 精准定位转型升级推动武术协会工作——中国武术协会 2015 年工作报告 [J]. 中华武术研究, 2016 (4).

[136] 李庆华. 企业战略定位: 一个理论分析构架 [J]. 科研管理, 2004 (1).

[137] 成海清. 基于顾客价值导向的战略定位研究 [D]. 天津: 天津大学, 2006.

[138] 张炜, 宋思远, 郭立宏. 我国高校发展的战略定位与战术选择 [J]. 教育发展研究, 2007 (7).

[139] 蔡宗模, 姜峰. 学校战略定位: 概念、策略与误区 [J]. 重庆文理学院学报 (社会科学版), 2007 (3).

［140］邓万金．中国竞技田径核心竞争力指标体系构建研究［D］．
北京：北京体育大学，2008.

［141］朱奋飞．武术学校价值及可持续发展研究［J］．四川体育科
学，2008（2）．

［142］李玉刚．战略管理［M］．上海：科学出版社，2005.

［143］熊彼特．经济发展理论［M］北京：北京出版社，2009：46.

［144］饶彦．河南省少林寺塔沟武术学校办学现状的调查与研究
［D］．上海：上海体育学院，2010.

［145］夏宏，李冰．少林塔沟：一所武校和一个家族的纠结［J］．创
业家，2010（8）．

［146］林枝波．武术教育集团发展的调查研究［D］．北京：北京体
育大学，2011.

［147］陆亚东，孙金云．复合基础观的动因及其对竞争优势的影响研
究［J］．管理世界，2014（7）．

［148］陆亚东，孙金云，武亚军．"合"理论——基于东方文化背景
的战略理论新范式［J］．外国经济与管理，2015（6）．

［149］曾红颖．发展的刻度—中国发展水平评价指标体系研究［M］．
北京：中国水利水电出版社，2004.

［150］单大圣．非营利性民办学校的困境与出路［J］．现代教育管
理，2013.

［151］赵明安．高等职业院校发展规划的战略评估［J］．武汉船舶职
业技术学院学报，2011（4）．

［152］石猛．论民办高校投资办学的非营利性［J］．中国成人教育，
2014（6）．

［153］潘懋元．我国高校产权制度改革的若干问题——兼论公、民办
高校产权问题［J］．教育发展研究，2005（14）．

［154］别敦荣．论民办教育发展的第三条道路［J］．华中师范大学学
报（人文社会科学版），2012（3）．

[155] 范敏，李岩．民办教育的盈利性研究 [J]．中国科教创新导刊，2012（17）．

[156] 康涛．刍论中国武术段位制推广普及的"三动三不动" [J]．山东体育科技，2015（3）．

[157] 曾志平．论民办学校的法律地位与法人治理结构的完善 [J]．教育学术月刊，2008（6）．

[158] 康涛．"负激励"在高校科研管理绩效中的运用 [J]．中国高校科技，2015（12）．

[159] 饶志明．东南亚华人企业集团战略态势分析 [J]．华侨大学学报（哲学社会科学版），2003（1）．

[160] 罗辉道，项保华．行业结构、战略资源与企业业绩的关系 [J]．山西财经大学学报，2004（1）．

[161] 楼永．企业多元化：基于能力理论的研究 [D]．上海：复旦大学，2004．

[162] 张召龙．竞争的层次性与可竞争要素差异化战略——基于波特通用竞争战略缺陷之改进和拓展的新竞争战略 [J]．经济与管理研究，2007（5）．

[163] 汪秀婷．企业竞争战略的理论研究与实证分析 [D]．武汉：武汉理工大学，2004．

[164] 刘劲松，肖鸿，陈盼．论我国武术馆校学生就业体系的构建 [J]．湖北师范学院学报（自然科学版），2005（3）．

[165] 张华．"特色教育"本质论 [J]．教育理论与实践，1998（3）．

[166] 罗坤．论民办武术馆校的家族式管理 [J]．科技信息，2009（23）．

[167] 余省威．登封市武术馆校现状调查及发展对策研究 [D]．郑州：郑州大学，2013．

[168] 柴建勋．构建武术学校的理论与实践体系研究——以少林寺塔

沟武术学校为例［D］. 呼和浩特：内蒙古师范大学，2010.

［169］郭庆国. 河南省登封市武术（馆）学校发展状况的研究［D］. 北京：北京体育大学，2010.

［170］肖婷. 提高核心竞争力，探索职业教育的集团化发展之路［J］. 企业家天地，2009（10）.

［171］陈昌贵，翁丽霞. 高等教育国际化与创新人才培养［J］. 高等教育研究，2008（6）.

［172］郝兆杰. 以人为本的教育技术价值取向研究［D］. 开封：河南大学，2012.

［173］王虎成. 文化管理与战略管理互补研究［D］. 武汉：华中师范大学，2013.

［174］杨志坚. 中国本科教育培养目标研究（之二）——本科教育培养目标的基本理论问题［J］. 辽宁教育研究，2004（6）.